ÉTICA E FICÇÃO

DE ARISTÓTELES A TOLKIEN

IVES GANDRA MARTINS FILHO
Ministro Presidente do Tribunal Superior do Trabalho
Doutor em Direito pela UFRGS
Mestre em Direito pela UnB
Professor de Deontologia Jurídica da ENAMAT

ÉTICA E FICÇÃO

DE ARISTÓTELES A TOLKIEN

2ª Edição

GZ
EDITORA

Rio de Janeiro
2017

2ª edição - 2017

CIP – Brasil. Catalogação-na-fonte.
Sindicato Nacional dos Editores de Livros, RJ.

M343e
2. ed.

Martins Filho, Ives Gandra da Silva, 1959 –
Ética e ficção : de Aristóteles a Tolkien / Ives Gandra Martins Filho. – 2. ed. – Rio de Janeiro: LMJ Mundo Juridico, 2017.
218 p.; 24 cm.

Inclui índice
ISBN: 978-85-952-4010-0

1. Aristoteles. Etica a Nicomaco. 2. Tolkien, J. R. R. (John Ronald Reuel), 1892-1973. O Senhor dos anéis. 3. Ética. 4. Ética e literatura. I. Título.

17-39401 CDD: 170 CDU: 17

contato@editoragz.com.br
www.editoragz.com.br

Av. Erasmo Braga, 299 - sala 202 - 2º andar – Centro
CEP: 20020-000 – Rio de Janeiro – RJ
Tels.: (0XX21) 2240-1406 / 2240-1416 – Fax: (0XX21) 2240-1511

Impresso no Brasil
Printed in Brazil

APRESENTAÇÃO

O presente opúsculo constitui um despretencioso ensaio sobre Ética, seguindo, comentando e resumindo a clássica obra de Aristóteles *"Ética a Nicômaco"*, mas procurando materializar a teoria na prática através dos exemplos que a literatura nos traz da conduta humana nas mais variadas situações.

Para tanto, a literatura de ficção, especialmente a obra prima de J.R.R. Tolkien *"O Senhor dos Anéis"*, serviu de fonte inspiradora e permeia grande parte dos capítulos. No entanto, outros autores de porte equivalente, como G.K. Chesterton, C.S. Lewis e Antoine de Saint-Exupéry, povoam as páginas seguintes, com suas idéias e intuições, que ajudam notavelmente a compreender o sentido ético mais profundo do agir humano.

Autores mais modernos como Stephen Ambrose e Patrick O'Brien, que tanto nos cativam com suas coleções de obras sobre a 2ª Grande Guerra e as Guerras Napoleônicas, relatando não as grandes estratégias, mas o dia-a-dia daqueles que viveram esses conturbados momentos da História da Humanidade, com suas grandezas e misérias, suas lutas, coragem e temores, oferecem material abundante para reflexão sobre o certo e o errado, o bem e o mal, o que enobrece e o que degrada o ser humano.

A espinhal dorsal do estudo é constituído pelas Virtudes Cardeais, que conformam o agir moral do homem: a Prudência, a Justiça, a Fortaleza e a Temperança. As demais virtudes que engalanam o homem justo são decorrência e especificação destas quatro principais virtudes.

A divulgação do ideal aristotélico da conjugação da excelência técnica (*recta ratio factibilium*) com a excelência ética (*recta ratio agibilium*), para se chegar à perfeição humana e profissional, é o que impulsiona a escrever e publicar o presente ensaio, também como texto para nossas aulas de Deontologia Jurídica na Escola Nacional de Formação e Aperfeiçoamento de Magistrados do Trabalho (ENAMAT), calcada na Ética Clássica e nas Virtudes Judiciais elencadas em nosso Código de Ética da Magistratura Nacional (2008), no Código Ibero-Americano de Ética Judical (2006) e nos Pirncípios de Bangalore de Conduta Judicial (2002).

Oxalá estas páginas possam servir de reflexão para um modo diferente de encarar a Ética, não como uma disciplina chata e um código de deveres e obrigações que nos acabrunham e constrangem, mas como o caminho para se chegar à felicidade pessoal e social.

Brasília, maio de 2016

Ives Gandra da Silva Martins Filho

PREFÁCIO

Recebi, honrado, o convite de prefaciar o livro de meu querido amigo Ives Gandra da Silva Martins Filho. Conheço sua inquietação e honestidade intelectual. Impressionou-me, sempre, sua fina sensibilidade humana, seu desempenho profissional, senso crítico, capacidade de diálogo e firmeza de princípios. A crise moral que castiga o Brasil, com uma virulência sem precedentes, demanda uma geração intelectualmente sólida, mas acima de tudo ética. Ives, na independência da sua atuação, na coerência da sua vida e na sua integridade como homem público, é uma estimulante chama de esperança.

"Ética e Ficção" é um texto original e provocador. Seu trabalho, carregado de atualidade, vai ao cerne de muitos dos grandes debates éticos do nosso tempo: Aproveito o magnífico texto de Ives Filho para tecer breves comentários no meu campo específico: a ética da comunicação. São o resultado da minha experiência acadêmica e de minha atividade como jornalista e colunista. Ives, certamente, compartilha das mesmas inquietações. Nossas soluções podem ser convergentes e, eventualmente, divergentes. Mas a motivação é a mesma: contribuir para a construção de um país mais justo. Direito e Jornalismo são importantes instrumentos para alcançar a meta.

Duas exigências, creio, fundamentam qualquer sociedade democrática: de um lado o direito à informação e, de outro, o direito à privacidade. Se qualquer ação humana tivesse de ficar submetida aos efeitos da publicidade, já não se poderia falar de liberdade.

Não obstante o strip-tease voluntário da intimidade que se assiste numa sociedade dominada pela síndrome do pavão, pela patologia dos quinze segundos de glória, concordo com o estudioso italiano Norberto Gaitano, professor da Faculdade Comunicação Institucional de Roma, para quem a total dissolução da intimidade suporia a despersonalização da vida pública e da vida privada. Mais do que isso, a exposição abusiva da intimidade acaba num autêntico processo de desumanização.

As pessoas são engolidas pelo mundo do espetáculo. São peças descartáveis na engrenagem do entretenimento. Sou contrário, e creio que Ives também, aos abusos de certo telejornalismo popular, aquele jornalismo que é produzido quase que em parceria com a polícia. A presença de câmeras em situações de dor e de sofrimento, sobretudo no caso de pessoas mais simples, pode atentar facilmente contra a dignidade humana. Há momentos na vida do homem que pertencem à intimidade, como são, por exemplo, o amor, a oração, a morte. Dar caráter público a essas experiências equivale a desumanizá-las, a roubar o seu valor mais íntimo.

Neste sentido, entendo a afirmação de Paul Johnson, grande intelectual britânico: A invasão da privacidade é o pecado mais pernicioso da mídia de nossos tempos. O jornalismo de escândalo está percorrendo um perigoso itinerário. A passionalização da informação, festejada num primeiro momento, acaba produzindo cicatrizes irreparáveis na credibilidade.

Uma matéria não é informação apenas por ter sido elaborada por um jornalista, ter sido difundida por um meio de comunicação ou ter a aparência externa de informação. O noticiário exige qualidade técnica e ética. O respeito à intimidade é essencial. Mas não há sociedade democrática sem informação. Informação ampla, transparente, completa. O direito à intimidade não pode ser um escudo protetor, sobretudo no caso de figuras públicas. O direito à intimidade não é intocável. Pode cessar quando a ação praticada tem transcendência pública. É o caso dos governantes ou candidatos a cargos públicos. Os aspectos da vida privada que possam afetar o interesse público não devem ser omitidos em nome do direito à intimidade.

A famosa conferência de Rui Barbosa «A Imprensa e o Dever da Verdade» reeditada com brilhante prefácio de Manuel Alceu Affonso Ferreira, reforça o que estou dizendo. "A imprensa", dizia Rui Barbosa, "é a vista da Nação. Por ela é que a Nação acompanha o que lhe passa ao perto e ao longe, enxerga o que lhe malfazem, devassa o que lhe ocultam e tramam, colhe o que lhe sonegam, ou roubam (...) O poder não é um antro: é um tablado. A autoridade não é uma capa, mas um farol. A política não é uma maçonaria, e sim uma liça. Queiram, ou não queiram, os que se consagraram à vida pública, até à sua vida particular deram paredes de vidro. Agrade, ou não agrade, as constituições que abraçaram o governo da Nação pela Nação têm por suprema esta norma: para a Nação não há segredos; na sua administração não se toleram escaninhos; no procedimento dos seus servidores não cabe mistério; e toda encoberta, sonegação ou reserva, em matéria de seus interesses, importa, nos homens públicos, traição ou deslealdade aos mais altos deveres do funcionário para com o cargo, do cidadão para com o país".

O texto, brilhante, de Rui Barbosa põe o dedo nas chagas de ontem e de hoje. Não pode existir uma separação esquizofrênica entre vida privada e vida pública. Há atitudes na vida privada que prenunciam comportamentos na vida pública. E o cidadão tem o direito de conhecê-las. Se assim não fosse, tudo o que teríamos para ler na imprensa seriam amontoados de declarações emitidas pelas fontes interessadas. Há uma linha divisória clara entre o direito à informação e o direito à privacidade: o bem comum, o interesse público.

Vivemos, recentemente, um caso emblemático: a divulgação de áudios envolvendo o ex-presidente Lula. Na minha visão, obviamente subjetiva e aberta ao contraditório, a decisão do juiz federal Sergio Fernando Moro foi correta. Atendeu ao princípio da publicidade ao retirar o sigilo da gravação, já que o interesse público justificava claramente sua divulgação.

A divulgação do diálogo entre Lula e Dilma evidenciou, creio, que o intuito da nomeação de Lula para a pasta da Casa Civil foi blindá-lo do pedido de prisão preventiva que seria examinado pelo juiz. Tal gravação comprovou que foram feridos quatro princípios fundamentais da administração pública, listados na Constituição da República: o princípio da moralidade (nomeação para ministro de Estado de um investigado por corrupção), o da impessoalidade (nomeação no interesse pessoal do amigo, e não no interesse público), o da eficiência (nomeação exclusivamente para blindá-lo, não em virtude dos atributos para o exercício do cargo) e o da legalidade (desvio de finalidade na nomeação). Sergio Moro tinha o dever de tomar a providência. Se não o fizesse, seria até caso de prevaricação. Compreendo que os partidários do ex-presidente tenham politizado o episódio. Mas na articulação entre o direito à imagem e o interesse público prevalece, sem dúvida, o dever de informar. Não houve invasão da intimidade do ex-presidente.

A informação era um dever, uma clara questão de interesse público. Há uma linha divisória clara entre o direito à informação e o direito à privacidade e à preservação da imagem: o bem comum, o interesse público. Paul Johnson desenvolveu uma interessante fórmula para enfrentar o dilema: O editor, antes de ultrapassar a linha que separa a vida privada da pública, deve sempre fazer a pergunta: Esta revelação é feita claramente no interesse público? Note bem: Não interessante para o público, mas feita no interesse público, o que é bem diferente. E a palavra-chave é claramente, não marginalmente, nem ambiguamente, nem possivelmente.

O direito à informação pode supor, portanto, a legítima invasão da privacidade. Mas o direito à informação jamais poderá estar a serviço da maledicência, da difamação, do boato, da fofoca. Estas não são demandas que merecem ser satisfeitas pelos informadores.

O livro de Ives entra corajosamente em terreno carregado de polêmica. Mas o faz com serenidade, profundidade e respeito. Li o texto com muito gosto. Recomendo-o vivamente a todos os que se preocupam com a qualidade ética da nossa jovem democracia.

Carlos Alberto Di Franco

Doutor em comunicação pela Universidade de Navarra, professor de Ética Jornalística no Master em Jornalismo do Instituto Internacional de Ciências Sociais (São Paulo), consultor de empresas de comunicação, colunista de O Estado de S.Paulo, O Globo, Gazeta do Povo, Gazeta de Vitória, Estado de Minas, entre outros.

SUMÁRIO

Capítulo I

ÉTICA DAS VIRTUDES "VERSUS" ÉTICA DOS DEVERES

1. O DEBATE ÉTICO MODERNO

É **comum a preocupação** atual pela **defesa de padrões éticos** na atividade política, administração pública, prestação jurisdicional e gestão negocial, diante de tantos escândalos que vêm à tona e mostram uma moral de fachada e uma conduta corrompida e corruptora em todos os níveis sociais. O que **diverge**, no entanto, são as opiniões acerca de **quais seriam** esses padrões éticos a pautar a conduta pessoal e social. Quando se fala de **'Ética'**, fala-se, a rigor, de muitas **'éticas'**, cada qual com suas exigências e destravamentos.

Alasdair MacIntyre, ao descrever o debate ético moderno, caracteriza-o por discussões **intermináveis** com **discordâncias** inconciliáveis, nas quais a vontade sobrepuja a razão. E aponta como **causas** desse dissenso (cfr. *Depois da Virtude*, EDUSC - 2001 - Bauru, tradução de Jussara Simões, pp. 13-49):

a) diversidade conceitual das premissas que embasam a argumentação;

b) busca-se dar uma **aparência impessoal e racional** da argumentação, que manifesta mais o desejo do que a obrigação;

c) mistura desarmônica de fragmentos mal-organizados (citam-se autores como autoridade, mas fora de seus contextos globais e como se fossem todos contemporâneos).

Diante desse quadro, surge a questão crucial: haveria um **denominador comum** a pautar o agir humano? Mais ainda: conceitualmente, uns falam de Ética, outros de **Moral**. Seriam palavras sinônimas ou teriam algum **diferencial**?

Etimologicamente, Ética e Moral são **sinônimos**, significando **costume** (*Ethos* do grego e *Mores* do latim). No entanto, muitos fazem a distinção entre a Ética, que seria o padrão de comportamento de um **grupo** ou comunidade e, portanto, **relativa**, enquanto a **Moral** diria respeito ao ideal de comportamento segundo as exigências da natureza racional **comum a todos** os homens, e, nesse sentido, **objetiva**. Assim, até a **máfia** teria seu código de ética (pode matar, mas não se envolver com droga), apesar de sua imoralidade patente. Preferimos, no entanto, a **sinonímia** entre os 2 termos, pois não se pode chamar de ético a qualquer padrão estabelecido de comportamento.

2. AS DIFERENTES VISÕES DA ÉTICA

Ao longo da História do Pensamento Ocidental, podemos detectar basicamente 5 diferentes **enfoques** explicativos do **fenômeno moral**, conforme o fundamento no qual se baseia o **comportamento humano** (cfr. **Servais Pinckaers**, *Las Fuentes de la Moral Cristiana*, Eunsa – 2000 – Pamplona, 2a. Edição, pp. 28-32):

a) **ética eudemonológica** (das virtudes) – é a ética clássica, focada no que pode conduzir à **felicidade natural** (Platão e Aristóteles);

b) **ética cristã** (das bem-aventuranças) – constitui uma elevação da ética natural, pelas exigências maiores que traz, em face do bem mais elevado para o qual aponta: a **felicidade eterna** (S. Agostinho e S. Tomás de Aquino); vê nas exigências morais não um dever abstrato, mas o desejo de cumprir a **Vontade de Deus**, Pai amoroso que, por sua vez, só deseja a felicidade de seus filhos;

c) **ética legalista** (dos deveres) – é a ética moderna, com o foco nas obrigações e proibições, na qual o motor do agir não seria a felicidade, mas o **puro dever**, que, assim, nos tornaria dignos da felicidade (Descartes e Kant);

d) **ética utilitarista** (dos prazeres) – quase não poderia ser chamada de ética, por sua visão pragmática em que os fins pessoais justificam os meios, tendo como fator de ponderação a renúncia a prazeres inferiores e imediatos em vista de **prazeres futuros e superiores** (Epicuro e Bentham);

e) **ética axiológica** (dos valores) – centrada naquilo que transcende o meramente factual (bens) para atingir o essencial (**valores**), captados por uma intuição emocional (Scheler).

A **evolução** de uma para outra visão pode ser compreendida tendo em vista os seguintes passos (cfr. **Alasdair MacIntyre**, *op. cit.*, pp. 73-140):

a) a **teologia católica** aproveitou o arcabouço filosófico da ética clássica, combinando a **captação racional** dos preceitos morais pela observação do modo de agir da natureza humana com a **revelação divina** desses mesmos preceitos (**dupla fonte** que chega à mesma lei moral);

b) a **teologia protestante**, partindo do postulado de que a **natureza humana** estaria absolutamente **corrompida**, concluiu que não se poderia chegar pela razão à conclusão do que seriam as regras morais naturais (**fonte exclusiva** na **revelação divina**);

c) o **iluminismo** afastará a fundamentação teológica, tentando ficar apenas com a **razão**, mas ao rejeitar a observação da natureza humana, tentará deduzir da própria reflexão os imperativos morais, não o conseguindo;

d) as incongruências racionalistas serão apontadas pelo **intuicionismo**, que busca base diversa para a captação da ordem moral, não na razão, mas no **sentimento** estético da beleza moral;

e) modernamente, racionalismo e intuicionismo acabaram desbancados pelo **emotivismo**, que considera ambas as fundamentações meramente retóricas, uma vez que as escolhas pessoais estariam pautadas apenas pelos **desejos**

individuais e a realização da própria satisfação (série de oportunidades para maximizar seu prazer).

3. O UTILITARISMO: A ANTIÉTICA

Comparando as diferentes visões, a primeira conclusão que se pode chegar é a de que **prazer não é sinônimo de felicidade**. O prazer está num nível inferior, de mera **satisfação dos instintos** (bem-estar físico), enquanto a felicidade implica o **sentimento de plenitude**, que abrange a satisfação das mais elevadas potências da alma, que são a inteligência (pelo conhecimento) e a vontade (pelo amor). Assim, há pessoas que têm tudo e são infelizes, enquanto outras padecem sofrimentos físicos e gozam de uma paz e felicidade indizíveis.

Uma ética pautada na busca do prazer, portanto, além de ser um engodo (não traz a felicidade), não se coaduna com o sentido mais genuíno do termo ética, que diz respeito a um padrão ideal de comportamento conforme à natureza racional do homem. A ética utilitarista ou ética do prazer seria a ética dos animais, que não se pautam pela razão, mas exclusivamente pelos instintos, buscando satisfazê-los. É a ética das crianças, conforme repetidas vezes se expressa Aristóteles, ao comparar a criança ao animal, por se pautar apenas pelo gosto e atração instintiva de momento. O homem maduro não se contenta com um nível tão baixo. Aspira a mais.

Expressão mais moderna da ética utilitarista é o denominado **emotivismo**, desenvolvido por **C. L. Stevenson** (1945), segundo o qual os **juízos morais** expressam apenas **estados emocionais ou afetivos** de aprovação de condutas, segundo **preferências pessoais** (tentativa de superação das incongruências do intuicionismo), pois não seria possível oferecer uma justificativa racional para uma moralidade objetiva (cfr. **Alasdair MacIntyre**, *op. cit.*, pp. 51-72). O mundo social seria apenas o ponto de encontro para os desejos individuais e a **realização da própria satisfação** (série de oportunidades para maximizar seu prazer). Quantas vezes não ouvimos a justificativa para as mais variadas capitulações morais: *"Mas, afinal de contas, eu também tenho o direito de ser feliz!"*. Provavelmente quem a esgrime nem estará sendo ético, nem será efetivamente feliz, se seguiu o caminho contrário à virtude.

O próprio **Aristóteles** reconhece que a **virtude** guarda relação com o **prazer** e a **dor**, mas para agir da melhor forma em relação a eles, não se deixando pautar pela exclusiva busca do prazer e fuga da dor, o que não permitiria realizar ações nobres (Ética a Nicômaco, Livro II, nº 3).

Ademais, são o **sofrimento** e a **dor** que fazem o homem se perguntar sobre o sentido da vida e da existência e sobre os **valores morais e religiosos**, colocando em xeque a Bondade e existência de Deus, em face do problema do mal. Seria possível a felicidade sem o conhecimento do sofrimento?

4. O LEGALISMO: UMA ÉTICA ANTIPÁTICA

Uma segunda observação que se pode fazer sobre o quadro comparativo dos **sistemas éticos** é a de que a visão moderna, da ética legalista, torna a moral um **conjunto arbitrário e antipático de obrigações e proibições**. O dever aparece como o oposto do prazer. O seguinte diálogo da estória em quadrinhos de *Calvin* (personagem criado por **Bill Watterson**) é emblemático dessa **visão pessimista** com respeito à ética:

- Pai, porque eu não posso fazer o que gosto e devo fazer o que não gosto?
- Bem-vindo ao mundo, Calvin!

É interessante acompanhar o itinerário percorrido por **Kant** para chegar à sua ética legalista e formalista (cfr. **Ives Gandra Martins Filho**, *Manual Esquemático de História da Filosofia*, LTr - São Paulo - 2004, 3a. Edição, pp. 205-217):

a) na **"Crítica da Razão Pura"** (1781), **Kant,** partindo do pressuposto de que as coisas em si (a que chama "nômeno") não seriam cognoscíveis, mas apenas suas aparências (fenômenos), concluiria que o **conhecimento** não se daria pela adequação da mente ao objeto conhecido (próprio da postura realista), mas pela **adequação do objeto ao sujeito cognoscente** (nova visão, de caráter **idealista**):*"Até agora se admitia que todo o nosso conhecimento se devia regular pelos objetos... Não seríamos mais afortunados nos problemas de metafísica formulando a hipótese de que os objetos devem se regular pelo nosso conhecimento?"*;

b) na **"Crítica da Razão Prática"** (1788), **Kant**, seguindo no caminho idealista iniciado na obra anterior, recusa fundamentar a ética na experiência e observação do modo de agir próprio da natureza humana, por considerar que os instintos humanos estariam corrompidos e tenderiam ao egoísmo, pelo que conclui que o fundamento da moral seria a **razão pessoal** e toda a ética se resumiria num **princípio formal** (ou seja, sem conteúdo específico) e geral, a que chamou de **imperativo categórico**:*"Age em cada momento de tal modo que o teu agir possa ser erigido em lei universal"*;

c) na **"Crítica do Juízo"** (1790), percebendo, talvez, as incoerências e contradições entre a concepção que faz da razão pura e da razão prática (o que nega ser cognoscível pela razão prática - Deus, o mundo e a alma -, reconhece como base indispensável para a razão prática), **Kant** busca agora a mediação entre o mundo fenomênico captado pela razão pura e o mundo numênico captado pela razão prática (a liberdade e o suprassensível), dando-lhes uma unidade, sendo o fator de ligação o **juízo estético** (o belo e sublime), que superaria todo o racional e todo o prático, pela **intuição do belo**:*"Duas coisas enchem-me o espírito de admiração e reverência: o céu estrelado acima de mim e a lei moral dentro de mim"*.

Ora, não há dúvida de que as **ações nobres**, que compõem a **virtude** e são o objeto da ética, atraem pela sua **beleza**. O dito popular de que *"quem vê cara não vê coração"* é a melhor expressão de que a **beleza física** pode esconder uma **vileza**

interior e vice-versa, como também de que a **beleza moral** torna, com o passar do tempo, as pessoas mais atrativas. Com efeito, escreveu S. **Tomás de Aquino** que "a *beleza é a causa primeira e específica do amor*" (Suma Teológica, I-II, q. 27, a 1, ad 3). Mais do que às formas visíveis, a beleza afeta o interior dos seres: **ações belas** e beleza moral. No entanto, dizer que o fundamento da ética é a **intuição estética do bem** é **relativizar** de tal modo a moral, que cada um passa a ter a sua.

Nesse sentido, a conhecida expressão de S. **Agostinho** *"ama e faz o que queres"* (Sermão VII, 8 sobre a 1ª Epístola de S. João, IV, 4-12; *"ama et fac quod vis"* – *"In Epistolam Joannis ad Parthos Tractatus Decem"*) tem sido mal entendida e mal empregada, quando usada para justificar toda e qualquer ação baseada numa **paixão**. Não significa *"ama e faz o que te apetece"*, o que seria uma contradição. Quer dizer, na verdade, sabendo-se que o amor supõe **vencer o egoísmo** e querer o **bem da pessoa amada**: *"Se amares de verdade, vais saber escolher o bem e o melhor".*

Essa é a **essência da Ética das Virtudes**, oposta fundamentalmente à Ética dos Prazeres ou à Ética dos Deveres. Em vez de ver na Moral um **conjunto de proibições de prazeres**, próprio da ética legalista focada nas obrigações e deveres, descobrir que é a **ciência da excelência e da felicidade**: em vez de dizer *"não faça isso"*, dizer *"aquilo é melhor!"*.

Indo mais além, a diferença entre as 2 visões da Ética se percebe também naquilo que caracteriza o ato moral, que é a **liberdade**: o **formalismo legalista** relativiza a moral a ponto de fundamentá-la numa **liberdade de indiferença**, para a qual o que importa é escolher em consciência, independentemente do conteúdo do que se escolhe; já a ética eudemonológica se arrima numa **liberdade de qualidade**, em que importa muito **escolher bem** e o melhor. Se, por um lado, é certo que o agir moral supõe seguir os ditames da própria consciência, por outro lado, se esta estiver mal conformada com a realidade da natureza, o fruto será a **infelicidade**, ainda que se tenha agido retamente. Quantos não erram, agindo com total boa-fé! **Não basta a boa vontade** para acertar. É preciso partir de princípios solidamente embasados na realidade.

Exemplo paradigmático de retidão e angústia, por erronia nas premissas, é a vida do filósofo dinamarquês **Sören Kierkegaard** (1813-1855), representante do existencialismo cristão, sempre temeroso de escolher e pecar (acabou renunciando a sua noiva). Em seu livro sugestivamente intitulado *"Ou, Ou"* (1842), resume toda moral à **escolha**, sem fundamento, entre o **eu estético** (a paixão do presente) e o **eu ético** (o casamento como vínculo do passado com o futuro). Como se os transcendentais do ser – o verdadeiro, o bom e o belo – estivessem dissociados! Seguindo na tradição kantiana do *imperativo categórico*, escolheria o ético, mesmo sem motivo (cfr. **Ives Gandra**, *op. cit.*, pp. 310-311). E assim se tornou uma figura emblemática de homem reto e infeliz. Mas seriam compatíveis retidão e felicidade?

No tempo da Grécia Clássica, quando os **jovens atenienses** iam a uma aula de Ética, poderiam estar dizendo: *"Que bom, vamos ver como podemos ser mais* *felizes!"*. Depois de Kant, quando os **jovens prussianos** tinham que assistir às aulas de Moral, estariam reclamando: *"Que azar, vamos ver tudo o que não podemos fazer!"*.

Não é por menos que a imagem do **prussiano** (Kant é o exemplo paradigmático), como também a do **espartano** (contraposto ao ateniense), é a da **rigidez e dureza moral**, muito distante do **homem real** que somos e podemos ser cada um de nós.

Para o **prussiano fleumático**, a virtude seria a capacidade de realizar ações cada vez mais difíceis, aguentando com **frieza estóica** a dor e o esforço que a ação boa exigiria: a virtude estaria em **aguentar**! Nada mais longe da visão aristotélica da virtude. Se esta é um **hábito bom** adquirido, formado como uma **segunda natureza** no homem, vivê-la significará praticar cada vez com **mais facilidade** os atos bons, que sairão com **naturalidade** de nossa vontade. Retidão e felicidade serão causa e efeito.

Voltando aos transcendentais do ser, poderíamos dizer que o **vício** não é apenas um **mal moral** (que corrompe o homem), mas também uma **mentira** (verdadeiro engodo no qual se cai) e, sob o prisma estético, **mau gosto**. Não é por menos que, quando alguém é pego numa falta, a expressão popular de surpresa, especialmente para educar o gosto das crianças, é simplesmente: *"Que feio!"*.

5. A ÉTICA CLÁSSICA: O CAMINHO DA FELICIDADE

A Ética das Virtudes coloca-se, assim, no **ponto de equilíbrio** – o meio-termo – entre o **desregramento** da Ética dos Prazeres e a **insensibilidade** da Ética dos Deveres.

A Ética das Virtudes é a ética desenvolvida por **Aristóteles** em sua obra ***"Ética a Nicômaco"***, ou seja, dedicada a seu filho, orientando-o sobre como agir na vida para atingir a excelência moral e ser feliz. É uma ética eudemonológica, isto é, focada na busca da felicidade, e cujos traços mais gerais de fundamentação encontram-se nos 3 primeiros livros da obra. Ao final do Livro II, **Aristóteles** estabelece as 3 **regras mais gerais** que norteariam a luta pessoal pela aquisição das virtudes e, a partir do ponto 6 do Livro III, passa a tratar das **virtudes em espéci**e, a começar pela coragem.

Poderíamos resumir os **Livros I, II** e a parte geral do **III** da *"Ética a Nicômaco"*, seguindo os pontos nos quais são articulados, da seguinte forma (à semelhança da articulação do *"Tratado Lógico-Filosófico"* de **Ludwig Wittigenstein**, que serviu de texto de discussões para o **Círculo de Viena**):

Livro I

1) Todo **empreendimento** previamente deliberado colima algum **bem** que tem razão de **fim** (o fim da medicina é a saúde, o da economia a riqueza e o da estratégia a vitória).

2) Há finalidades que desejamos por si mesmas e outras que desejamos como meios para alcançar aquelas, que chamamos de **fim último**, por dizer respeito ao **bem mais excelente** (todas as ciências teóricas são apenas meios para subsidiar a ciência prática por excelência, que é a ***política***, no sentido de ética social e não apenas individual).

3) A **ciência política** (e da ética) trata do **nobre** e do **justo**, em que há diversidade de opiniões, fazendo parecer que tudo é fruto de convenções, sem fundamento na natureza das coisas.

4) Há unanimidade em reconhecer que a **felicidade** é o **bem mais excelente** e meta da ética (política), mas no que consiste divergem as opiniões no tempo e no espaço.

5) Para o vulgo, a felicidade se confunde com o **prazer**; para o nobre, está na **honra**; para o prudente, está na **sabedoria**; para muitos, está na **riqueza** (no entanto, nenhum deles parece ser o bem supremo, mas, quando muito, apenas meios de o alcançar).

6) A divergência de opiniões decorre do fato de que a **idéia de bem** se aplica a todas as **categorias** do ser (substância e acidentes), não se podendo falar, como pretenderam os autores da *Teoria das Idéias* (Platão e outros discípulos, prezados como amigos, mas preteridos diante da busca da verdade), num **único bem universal e ideal** que explique e fundamente a apetência de todos.

7) O **bem**, no sentido mais amplo, que a tudo abarcasse, seria **aquele pelo que tudo o mais é feito**, ou seja, a ele subordinamos todos os demais fins. Esse bem **auto-suficiente e completo** só pode ser a **felicidade**, para a qual a sabedoria, prazeres, riqueza e virtude são apenas meios de se obter. Assim, a felicidade seria o **bem mais excelente** e a **finalidade última de todas as ações**. O próprio **homem** teria uma **função** ou objetivo específico de sua natureza, que seria o **exercício ativo das faculdades da alma humana em conformidade com a virtude e a razão**.

8) Os bens que podem ser meios para se chegar à felicidade são externos ou internos ao homem, sendo estes últimos os mais apetecíves, que são a **sabedoria** e a **virtude**, os quais dão um **prazer superior** ao meramente físico e externo (mais duradouro e profundo).

9) A **felicidade** seria fruto da sorte, dádiva divina ou **prêmio da virtude**? A felicidade não é atributo das **crianças**, porque ainda não desenvolveram as virtudes.

10) A felicidade está por cima da roda da fortuna, sendo produzida pelo **exercício ativo de nossas faculdades em conformidade com a virtude**.

11) Os **infortúnios** que possamos ter na vida podem afetar mais ou menos a nossa felicidade, mas não a ponto de miná-la. Até os **mortos** podem ter o infortúnio de sua memória desonrada ou seus descendentes não corresponderem à nobreza paterna, o que, no entanto, não conspurcará a alma do homem virtuoso.

12) Enquanto uma ação nobre e a virtude são **louváveis** (meios), a felicidade é **valorável** (fim).

13) A **felicidade** é uma atividade da alma em conformidade com a virtude perfeita e cabe ao verdadeiro estadista tornar os cidadãos virtuosos e respeitadores da lei. A felicidade significa a **excelência da alma**, e esta se divide nitidamente em 2 partes, a **racional**

e a **apetitiva**, correspondendo à 1a. as **virtudes intelectuais** (dianoéticas) e à 2a. as **virtudes morais** (éticas).

Livro II

1) As **virtudes intelectuais** se adquirem pela **instrução** e estudo, enquanto as **virtudes morais** são adquiridas pela **prática** de atos bons: a virtude é um **hábito bom** que se adquire pela repetição de atos nobres.

2) A **virtude** está no **agir de acordo com a justa razão**, que supõe o meio-termo entre a deficiência e o excesso (o corajoso é o que vence o medo e a temeridade).

3) A **virtude** guarda relação com o **prazer** e a **dor**, uma vez que supõe agir da melhor forma em relação a eles. A boa **educação** deve levar a pessoa a gostar e não gostar das coisas apropriadas.

4) Pode-se praticar um **ato bom** sem se ter ainda a virtude, mas o ato genuinamente virtuso supõe: **a)** a **consciência** da bondade ou maldade da ação; **b)** a **escolha** do ato bom; e **c)** a decorrência do ato a partir de uma **disposição de caráter estável** e permanente. Não basta conhecer a virtude, mas deve-se praticá-la (o paciente que ouve o médico, mas não segue suas orientações não se cura).

5) Os **estados da alma** são basicamente: **a) paixões** (desejo, ira, medo, confiança, inveja, júbilo, amizade, ódio, saudade, ciúme, compaixão), que se caracterizam pela dor ou prazer que provocam; **b) capacidades**, que são faculdades de ser suscetíveis às paixões; **c) disposições**, que são estados de caráter que preparam para receber bem ou mal as paixões. As **virtudes** não são nem paixões, nem capacidades, mas disposições da alma.

6) A virtude é um a disposição que torna bom o homem e faz com que funcione bem (de modo **excelente**). Enquanto o **meio-termo** é a **virtude,** o **excesso** e o **defeito** são os **vícios.**

7) Em relação a algumas virtudes, temos:
a) coragem – o defeito é o **medo** e o excesso é a **temeridade**;
b) generosidade – o defeito é a **mesquinhez** e o excesso é a **prodigalidade**;
c) temperança – o defeito é a **insensibilidade** e o excesso é o **desregramento**.
d) magnanimidade – o excesso é a **ambição** e o defeito é a **simploriedade**.
e) ira – o meio-termo é a **brandura**, o defeito é o **desalento** e o excesso é a **irascibilidade**.
f) veracidade – o excesso é a **ostentação** e o defeito é a **autodepreciação**.
g) amabilidade – o excesso é a **bajulação** e o defeito é o **mau-humor**.
h) espirituosidade – o excesso é a **bufonaria** e o defeito é a **rudeza**.

8) Há 3 **disposições contrárias** entre si que são a **virtude** e as 2 espécies de **vícios**, em que, para cada virtude, há um **vício mais contraposto**, ou por excesso, ou por defeito (à coragem se contrapõe mais a covardia; à temperança o desregramento). E o que se coloca num dos extremos vê tanto o vício oposto como a mediania como vícios (o covarde vê a coragem como temeridade; o insensível, a temperança como desregramento).

9) A virtude procura encontrar o **ponto de equilíbrio** nas paixões e nas ações, o que não é tarefa fácil, pois **agir bem** com a pessoa certa, na medida certa, na ocasião certa, com o objetivo certo e da maneira certa exige árduo esforço. As 3 **regras básicas** para intentar fazê-lo são:

a) evitar o extremo que mais se opõe ao meio-termo, pois, dos 2 extremos, um constitui erro mais grave do que o outro;
b) observar quais os **erros aos quais nós mesmos estamos mais propensos** (verificando quais os prazeres que mais procuramos e as dores que mais evitamos) e **dirigir-nos na direção oposta**;
c) estar de guarda em relação ao que é prazeroso, pois nessa matéria não somos juízes imparciais, e **seguir o conselho dos anciãos** quanto ao prazer que convém descartar, pela experiência que têm.

Livro III

1) Em matéria de Ética, é preciso distinguir entre **atos voluntários** e **involuntários**, em que estes últimos não são fruto de uma escolha a ser louvada ou deplorada, mas da **ignorância** das circunstâncias (agente, ato, coisa afetada, instrumento, efeito e maneira) que o cercam (e que fazem o agente se arrepender, ao conhecê-las) ou de uma **coação** externa que compromete a liberdade e faz o homem que a pratica digno de compaixão. Há os **atos mistos**, em que se coloca o dilema entre a ameaça da pena e a desonra da ação. No entanto, não se podem classificar (como o fez Platão) como atos involuntários aqueles praticados sob o **domínio da ira ou do desejo**, pois podem e devem ser evitados.

2) Estreitamente vinculada à virtude encontra-se a **escolha**, que constitui um **ato voluntário precedido de deliberação**.

3) Deliberamos apenas sobre coisas que estão sob **nosso controle**, mas que são **incertas** quanto aos resultados (sobre aquilo que depende do acaso ou da necessidade não há escolha de nossa parte) e sobre **meios** (os que sejam melhores para atingir um objetivo) e não sobre fins (o médico não delibera sobre se deve curar ou não, pois essa é sua missão).

4) O objeto da **vontade** é o **bem**, mas para o grosso da humanidade, este se confunde com o **prazer**.

5) Pelos **atos livres** (ou seja, voluntários), tornamo-nos **responsáveis**, arcando com suas consequências (também se agimos por ignorância culpável somos responsáveis). Não somos responsáveis pelos defeitos físicos que temos (a menos que tenhamos contribuído para tê-los), mas pelos **defeitos morais** sim. Nesse sentido, também **os vícios são voluntários** e supõem uma escolha equivocada até dos fins.

Esse o resumo dos livros iniciais e gerais da Ética a Nicômaco.
Lendo-os, é interessante perceber o **realismo** da Ética Clássica, fundada empiricamente na **experiência sensível** pessoal e aproveitando a experiência alheia dos mais velhos. Isso é seguir o ditado: *"Escarmentar em cabeça alheia"* (ou seja, tirar lição dos erros dos outros). No entanto, muitos jovens acabam estragando a própria vida, às vezes de forma definitiva, por só **escarmentarem na própria cabeça**...
A Ética Clássica parte da **teoria hilemórfica** aristotélica, em que o homem em **ato** é aquilo que ele é no momento, e o homem em **potência** é aquilo a que ele poderia chegar se descobrisse sua **natureza** essencial. Nesse sentido, **bom** seria aquilo ou aquele que **cumprisse a sua finalidade** (como o relógio que marcasse as horas com precisão).
O atrativo da Ética está na distinção entre as **ações nobres** e as **ações vis**, em que as primeiras nos encantam e as últimas nos causam repulsa. No fundo, a Ética se resume a

escolher bem e a **tomar a decisão certa** em cada momento. Não vale a pena o esforço por adquirir essas virtudes?

6. CÓDIGO DE ÉTICA DA MAGISTRATURA NACIONAL: DEVERES OU VIRTUDES?

Em junho de **2006**, realizou-se em **S. Domingos** (República Dominica) a **XIII Cúpula Judicial Ibero-Americana**, reunindo os Presidentes das Supremas Cortes e Tribunais Superiores de Justiça dos 22 países que a integram, na qual foi aprovado o **Código Ibero-Americano de Ética Judicial**, cujo anteprojeto foi elaborado pelos professores **Manuel Atienza** (Espanha) e **Rodolfo Luis Vigo** (Argentina). Trata-se de código modelo, fundado na tradição judicial e filosófica própria da cultura latino-americana, proposto como **padrão ideal** de conduta ética da magistratura, a ser observado espontaneamente pelos juizes de todos os países desse âmbito regional, como uma **opção pela excelência** no desempenho profissional, uma vez captado o sólido fundamento que embasa seus princípios e orientações.

Ministrando as aulas de **Deontologia Jurídica** aos alunos-juízes dos **Cursos de Formação Inicial** da Escola de Formação e Aperfeiçoamento de Magistrados do Trabalho (**Enamat**), tenho me louvado nos princípios do referido código para traçar o **perfil ético do magistrado**, a servir de norte para o exercício da função judicante. Mais recentemente, tenho me servido do **Código de Ética da Magistratura Nacional**, editado em 2008 pelo **Conselho Nacional de Justiça**, inspirado no Código Ibero-Americano.

Algumas vezes, fui questionado sobre a necessidade de um Código de Ética para a Magistratura brasileira, se os **direitos e deveres** dos magistrados já estão previstos na **Lei Orgânica da Magistratura** (Lei Complementar 35/79, arts. 25 a 88). A preocupação externada por não poucos juízes que iniciavam sua carreira era com a inclusão de **mais um rol de deveres**, agora mais detalhados, que deles seria cobrado e que importaria, pela sua não observância, **sanções disciplinares.**

Penso que essa é uma **visão míope** a respeito dos Códigos de Ética da Magistratura, uma vez que se vê neles exclusivamente um **conjunto de deveres** a ser cumprido pelo juiz, muitos de conteúdo pouco definido, mas com acentuada carga de exigência.

Ora, encarados sob o prisma da Ética das Virtudes, ambos os Códigos contemplam, na realidade, **princípios éticos** que apontam para **virtudes** que engalanam o magistrado, tornando-o aquele nas mãos do qual gostaríamos que a nossa causa estivesse confiada, em qualquer dos polos da demanda estivéssemos. Um magistrado deveria ter como referencial de sua conduta a figura do **juiz a quem confiaria sua causa**. Que **virtudes e qualidades possui**? Então essas são as virtudes que o magistrado procurará adquirir.

Os Códigos Nacional (**CEMN**) e Ibero-Americano (**CIEJ**) albergam, ao todo, **14 princípios éticos** a serem vivenciados pelos magistrados, que correspondem às ***"virtudes judiciais"***, isto é, a hábitos bons que conformam o modo de agir do juiz. São eles, com seu conteúdo mínimo (alguns princípios só constam de um dos códigos):

a) Independência – capacidade de decidir apenas com base no Direito, sem se deixar levar por outras influências alheias (necessita não só ser, mas parecer independente, de modo a inspirar confiança no jurisdicionado); para isso, devem ser asseguradas ao juiz a sua inamovibilidade, irredutibilidade salarial (a par de um salário condigno) e a vitaliciedade no cargo, além de não poder o juiz desenvolver nenhuma atividade político-partidária (CEMN, arts. 4-7; CIEJ, arts. 1-8).

b) Imparcialidade – qualidade de tratar com igualdade as partes (distância equivalente de ambas), sem discriminação (que um "observador razoável" não possa sequer pensar que o juiz privilegia uma das partes); supõe não receber presentes ou benefícios indiretos das partes e ter o hábito de honestidade intelectual e de autocrítica, reformulando posicionamentos, quando percebe a insustentabilidade da tese que abraçava (grandeza de reconhecer que estava equivocado); admite-se o atendimento em separado de partes e advogados, mas com igual tratamento ao adversário (CEMN, arts. 8-9; CIEJ, arts. 9-17).

c) Motivação – capacidade de dar a razão jurídica da decisão, legitimando-a, pois do contrário seria arbitrária (para facilitar a impugnação ou até sua aceitação pela parte vencida); admitem-se decisões imotivadas nas situações legalmente previstas, como é o caso do instituto da "repercussão geral" no STF (CIEJ, arts. 18-27).

d) Conhecimento e capacitação – hábito do estudo constante, buscando conhecer e dominar não só o direito positivo, mas os princípios gerais de direito, os direitos humanos fundamentais e as ciências correlatas, para uma prestação jurisdicional de qualidade; supõe a formação contínua e obrigatória (também para os assessores do juiz) (CEMN, arts. 29-36; CIEJ, arts. 28-34).

e) Justiça e equidade – capacidade de realizar a justiça através do direito, mas temperando-o com a equidade, em atenção às conseqüências pessoais, familiares e sociais desfavoráveis às partes (atentar não apenas para a letra da lei, mas também para as razões que a fundamentaram); supõe não se deixar levar pelo positivismo jurídico (CIEJ, arts. 35-40).

f) Responsabilidade institucional – compromisso ativo com o bom funcionamento de todo o sistema judicial (não perturbar o serviço favorecendo a subida de recursos injustificados ou obrigando as partes à interposição de recursos desnecessários); supõe desenvolver a virtude da *disciplina judiciária*, que, ressalvando eventual ponto de vista pessoal (deixando-o registrado), aplica a jurisprudência pacificada, para evitar dilatação temporal de demandas cujo resultado final já é conhecido (CIEJ, arts. 41-47).

g) Cortesia – hábito de respeito às partes, advogados, funcionários e colegas juízes (a par de utilizar uma linguagem acessível aos interessados) (CEMN, arts. 22-23; CIEJ, arts. 48-52).

h) Integridade – decoro que impõe conduta na vida privada compatível com o cargo ocupado (abrange a esfera da intimidade, que não pode chocar a um "observador razoável" quanto aos valores e sentimentos predominantes na sociedade em que atua); deve viver na vida privada a justiça que deverá distribuir ao vestir a toga (CIEJ, arts. 53-55).

i) Transparência – hábito de dar publicidade às decisões, não ocultando informações a que as partes têm direito, nem tendo o desejo desproporcionado de aparecer e de reconhecimento social, especialmente em relação aos meios de comunicação social (*síndrome do holofote*), abstendo-se de emitir opinião sobre processos pendentes de julgamento ou juízo depreciativo sobre decisões judiciais nesses meios (CEMN, arts. 10-14; CIEJ, arts. 56-60).

j) Segredo profissional – capacidade de guardar reserva sobre o que sabe por motivo da função judicante (não se admite o uso de informações privilegiadas para proveito pessoal) (CEMN, arts. 27-28; CIEJ, arts. 61-67).

k) Prudência – hábito de firmar juízos racionalmente justificados, após meditar e valorar os argumentos pró e contra as pretensões deduzidas em juízo; supõe o exercício do *juízo de consequência*, refletindo sobre o impacto social e político de seus atos e decisões (CEMN, arts. 24-26; CIEJ, arts. 68-72).

l) Diligência – virtude de resolver os processos em tempo razoável (já que decisão tardia é injustiça) e punir as práticas dilatórias; supõe também não assumir obrigações ou compromissos que possam prejudicar o cumprimento pontual do dever de julgar (CEMN, arts. 20-21; CIEJ, arts. 73-78).

m) Honestidade profissional – virtude de não receber vantagens à margem do que em direito merece e não utilizar abusivamente dos meios que se lhe oferecem para o exercício profissional (CIEJ, arts. 79-82).

n) Dignidade, Honra e Decoro – hábito de se portar de modo conforme à elevada estatura do cargo que ocupa, sem, de outra parte, se deixar deslumbrar pelo cargo, agindo de forma discriminatória em relação a pessoas ou instituições, como se estivesse acima ou fosse melhor do que os demais; não se admite desenvolvimento de atividade empresarial ao magistrado, exceto como acionista ou sócio cotista, em face da natureza da missão que desempenha na sociedade, de julgar os demais (CEMN, arts. 37-39).

Ao elencar o rol de **virtudes** ou **princípios** a serem adquiridos e observados pelo magistrado, pode parecer que muitos são **antagônicos**: Como compatibilizar **celeridade** com **prudência** e **qualidade** na prestação jurisdicional? Como prestigiar simultaneamente a busca constante da **Justiça** e a **segurança jurídica** das decisões? É possível ser **independente** se se deve observar uma **disciplina judiciária**? Qual o ponto de equilíbrio entre a **publicidade** dos atos e a preservação do **segredo profissional**?

Como dizia **Aristóteles** em sua *"Ética a Nicômaco"*, a **virtude** está no ponto ápice entre dois extremos, de excesso ou de defeito. Há, certamente, um **ponto ideal de equilíbrio** entre virtudes aparentemente contraditórias. Não é por menos que o símbolo da Justiça é uma **balança**, que só se equilibra quando for dado a cada um o que lhe é devido.

Um magistrado que vive todas essas **virtudes** é o magistrado no qual se pode confiar. A balança regulada e equilibrada. O ideal é elevado, mas constitui o segredo da **realização pessoal** do magistrado e do **cumprimento da missão social** que lhe foi confiada e que lhe será cobrada. O esforço do magistrado ao longo do tempo para desempenhar cada vez melhor sua missão estará, portanto, focado tanto nas **virtudes intelectuais** (conhecimento profundo do direito material e processual de sua área específica) quanto nas **virtudes morais** (qualidades que aperfeiçoam o convívio social e o relacionamento humano), sabendo valorizar estas últimas.

Com efeito, os grandes **problemas profissionais** não são problemas técnicos (estes se resolvem pelo estudo), mas **problemas de relacionamento** (suscetibilidades, invejas, ciúmes, vaidade, ganância, ambição, indolência, luxúria, intemperança, etc), que comprometem até as soluções técnicas. Quantas vezes a melhor solução técnica para determinado problema é descartada por problema de *paternidade* da idéia: imperou a inveja e a vaidade sobre a racionalidade.

Ora, as virtudes morais são justamente o **sal** que dá sabor e o óleo que lubrifica as relações sociais. No caso do magistrado, se sua missão é **compor os conflitos sociais**, deve ser um **especialista em relações humanas**, alguém que prima pelo bom convívio com colegas, funcionários, partes, advogados e promotores. Sem as **virtudes morais**, no entanto, nada disso é possível. **Aristóteles**, na sua *"Ética a Nicômaco"*, fala muito da **amizade**, como o ideal do relacionamento humano, e, na *"Política"*, chega a propor como ideal dos governantes tornar os **cidadãos amigos**, ou seja, que vivam em fraterno relacionamento. O ideal é ambicioso. A meta é elevada. Mas se não se aponta alto, não se consegue sequer atingir o objetivo menos ousado antes proposto. Vale a pena, pois, encarar a Ética com a visão nova e clássica das virtudes, como o meio de promover a **felicidade pessoal e social** no desempenho tanto da nobre função de julgar, mas também de qualquer outra profissão jurídica e não jurídica.

Capítulo II

O PRINCÍPIO DA FELICIDADE CONDICIONAL

1. INTRODUÇÃO A MODO DE JUSTIFICATIVA

Este capítulo se justifica como uma homenagem a **Gilbert Keith Chesterton** (1874-1936) pela passagem do centenário da publicação de seu livro **Ortodoxia** (1908). Nele, dedica o exímio e sempre bem-humorado polemista um capítulo à **"Ética da Terra dos Elfos"**, no qual descreve aquilo que chamou de **princípio da felicidade condicional**, no qual sempre acreditou, tanto antes, como depois, de sua conversão ao catolicismo. Cotejar esse princípio com a ética clássica (de inspiração **aristotélica**) e com a ética moderna (de inspiração **kantiana**) será o objeto que nos ocupará neste capítulo.

Uma das características mais marcantes de **Chesterton** é o seu gosto pelo **paradoxo**: fazer afirmações aparentemente contraditórias e disparatadas, mas que, na verdade, correspondem à realidade. As **imagens** que propõe para explicar suas teorias, além de sumamente **poéticas**, são tremendamente impactantes, por **contrastarem com a opinião reinante** em seu meio. É o caso preciso da sua exposição, nesse **capítulo III** do livro "Ortodoxia" sobre Ética, ao adjetivá-la como de **"Ética da Terra dos Elfos"** (tradução brasileira, de **Cláudia Albuquerque Tavares**, com apresentação, notas e anexo de **Ives Gandra Martins Filho**, LTr – 2001 – São Paulo) ou **"Moral do País das Fadas"** (tradução portuguesa, do inglês *"The Elfland Ethics"*). Que estranho paralelismo irá traçar entre a Ética Natural, a Ética Cristã e isso a que denominou de Ética Élfica? No que a imagem paradoxal e poética poderá contribuir para compreender a essência do comportamento ético e do dever moral?

Para compreendermos essa relação, nada melhor do que deixar o próprio **Chesterton** falar, pois lê-lo é uma atividade que **instiga a mente** (pela sua **lógica** insofismável) e **alegra o coração** (pela **beleza poética** da forma). Assim, para cotejar o pensamento chestertoniano com o de Aristóteles (384-322 a.C.) e Kant (1724-1804), selecionamos algumas passagens mais expressivas do capítulo III do "Ortodoxia", que constituem a **espinha dorsal** da sua explicação da **"Lei da Felicidade Condicional"**.

2. A ÉTICA DA TERRA DOS ELFOS

Os passos do raciocínio que segue para demonstrar sua teoria são basicamente os seguintes (com a transcrição de passagens mais significativas que o endossem):

a) a **democracia**, sistema político tão caro à modernidade, **não se opõe à tradição**, uma vez que a tradição seria a "**democracia dos mortos**", dando-se voz e voto aos nossos antepassados:

> *"Nunca pude entender onde os homens foram buscar a idéia de que a democracia se opõe, de certo modo, à tradição. É evidente que* ***a tradição é somente a democracia projetada através dos tempos****. É acreditar no consenso de vozes humanas, em vez de acreditar em qualquer documento arbitrário ou isolado. O homem que cita um historiador alemão em oposição à tradição da Igreja Católica, por exemplo, está apelando implicitamente para a aristocracia, pois apela para a superioridade de um perito contra a extraordinária autoridade de uma multidão. É perfeitamente compreensível o motivo pelo qual uma lenda é tratada com mais respeito – e assim deve ser – do que um livro de história. A* ***lenda*** *é, geralmente, criada pela* ***maioria das pessoas sãs da cidade****, ao passo que o* ***livro*** *é, geralmente, escrito pelo* ***único homem louco*** *dessa mesma cidade".*
>
> *"A* ***tradição*** *pode ser definida como uma* ***extensão do direito de voto****, pois significa, apenas, que concedemos o voto às mais obscuras de todas as classes, ou seja, a dos* ***nossos antepassados****. É a* ***democracia dos mortos****. A tradição se recusa a submeter-se à pequena e arrogante* ***oligarquia*** *daqueles que parecem estar por aí meramente de passagem. Todos os democratas protestam contra o fato de o nascimento estabelecer diferenças entre os homens, a tradição opõe-se a que tais diferenças sejam estabelecidas por razão de sua morte. A democracia nos diz que não devemos desprezar a opinião de um cavalheiro, mesmo que ele seja o nosso cavalariço; a tradição nos pede que não desprezemos a opinião de um cavalheiro, mesmo que ele seja o nosso pai. Não posso, de forma alguma, separar essas duas idéias de democracia e tradição, pois me parece evidente que ambas representam a mesma idéia. Os mortos têm de estar presentes nos nossos conselhos. Os antigos gregos votavam por meio de pedras; os mortos devem votar por meio de pedras tumulares. É tudo muito regular e oficial, pois* ***a maioria das sepulturas, como a maioria das listas de vota***ção, são marcadas com uma cruz" (pp. 69-70) (grifos nossos).

b) a **tradição popular** tem muito a nos ensinar, através das **lendas, mitos e contos de fadas**, no campo da ética e moral, apontando para exemplos e condutas que seriam, pela experiência de séculos e de multidões, as melhores para tornar feliz o homem:

> *"A minha primeira e última filosofia, aquela na qual acredito com uma certeza inquebrantável, foi a que aprendi na escola maternal. A babá, essa grave sacerdotisa da democracia e, ao mesmo tempo, da tradição, foi quem, de maneira geral, ensinou-a a mim. As coisas nas quais mais acreditava, na época, e as coisas nas quais mais acredito agora são os chamados* ***contos de fadas****. Tais contos são, a meu ver,* ***absolutamente racionais. Não são fantasias****: as outras coisas é que, comparadas a eles, parecem-me fantásticas. Comparados a eles, a religião e o racionalismo são coisas anormais, embora a religião seja uma coisa anormalmente certa e o racionalismo uma coisa anormalmente errada. O* ***País das Fadas*** não é outra coisa senão o ***ensolarado país do bom senso****. Não é a Terra que julga o Céu, mas sim o Céu que julga a Terra; por isso, pelo menos para mim, não era a Terra que criticava a Terra dos Elfos, mas sim este que criticava a Terra. Conheci o pé de feijão mágico antes mesmo de ter experimentado feijão; tive a certeza do homem da lua, antes mesmo de estar certo da lua. E isto fundava-se na* ***tradição popular****".*
>
> *"O que me interessa agora é aquela* ética e filosofia que nasceu dos velhos contos de fadas. *Se me propusesse a descrevê-la, pormenorizadamente, poderia apontar os muitos e*

*nobres princípios contidos em tais contos. Temos a lição de cavalheirismo que nos é dada por **Jack, o Matador de Gigantes**: os gigantes devem ser mortos porque são gigantescos. É uma revolta humana contra o orgulho considerado como tal. (...) Temos a lição da **Cinderela**, que é a mesma do Magnificat: 'exaltavit humiles'. Há a grande lição contida em **A Bela e a Fera**: uma coisa deve ser amada antes que seja digna de amor. Há a terrível alegoria de **A Bela Adormecida**, que nos mostra como uma criatura foi presenteada com todas as dádivas ao nascer, apesar de amaldiçoada com a morte, e como a morte também pode, talvez, ser suavizada pelo sono. Não me interessa, porém, nenhum dos estatutos da Terra dos Elfos isoladamente; interessa-me, apenas, o espírito da totalidade da sua lei, o qual aprendi antes mesmo de saber falar e que ainda hei de conservar quando não puder mais escrever. Interessa-me **determinada maneira de encarar a vida**, maneira essa que aprendi nos contos de fadas e que, desde então, foi, serenamente, corroborada pelos fatos mais simples"* (pp. 71-72) (grifos nossos).

c) os **contos de fadas** nos ensinam, fundamentalmente, que há **leis necessárias** (físicas e matemáticas, do ser) e **leis condicionais** (morais e éticas, do dever ser), com seus âmbitos e propriedades específicas e inconfundíveis:

"Esse modo de ver a vida podia ser resumido da seguinte forma: Há certas seqüências ou evoluções (casos de uma coisa que se segue a outra) que são, na verdadeira acepção da palavra, razoáveis. São, ainda no verdadeiro sentido da palavra, necessárias. Incluem-se neste caso as seqüências matemáticas e puramente lógicas. Nós, no País das Fadas (que são as mais razoáveis de todas as criaturas), admitimos essa razão e essa necessidade. Assim, por exemplo, se as Irmãs Feias são mais velhas do que Cinderela, é necessário (no mais férreo e irrefutável sentido) que Cinderela seja mais nova do que elas. Não se pode fugir a isso. (...) A fria razão assim o decreta do alto do seu trono, e nós, no País das Fadas, submetemo-nos a tal decreto".

*"Quem se dispuser a ler os Contos de Fadas de Grimm, ou as belas coleções de Andrew Lang, poderá conhecer esse princípio que eu, por pedantismo, chamarei de **Doutrina da Alegria Condicional**. Touchstone falava da grande virtude que existe num **'se'** e, de acordo com a moral dos elfos, **toda a virtude está num 'se'**. A principal característica do discurso das fadas é sempre esta: 'Tu poderás viver num palácio de ouro e de safiras, **se*** não pronunciares a palavra vaca'. Ou: 'Poderás viver feliz com a filha do rei, ***se*** não lhe mostrares uma cebola'. ***A dádiva apóia-se sempre num veto**. Todas as estonteantes e colossais coisas que são concedidas dependem de uma pequena coisa que é negada. As mais extravagantes e desvairadas coisas são postas, livremente, à nossa disposição, mediante uma pequena coisa que nos é proibida"* (pp. 72 e 78) (grifos nossos).

d) o **Princípio da Felicidade Condicional**, que caracteriza a Moral do País das Fadas (e toda Ética) estriba-se na idéia de que a felicidade depende da **aceitação das limitações** que nos são impostas pela Natureza, ainda que não compreendamos bem nem a Natureza, nem suas limitações (a plenitude é sempre finita, não dando para se ter tudo):

*"Em um conto de fadas, **uma incompreensível felicidade se apóia sobre uma incompreensível condição**. Abre-se uma caixa, e os demônios voam todos para fora. Esquece-se uma palavra, e as cidades desaparecem. Acende-se uma lâmpada, e o amor voa para longe. Arranca-se uma flor, e as vidas humanas perecem. Come-se uma maçã, e a esperança* em Deus se esvai".

> *"Cinderela recebeu uma **carruagem** vinda do País das Maravilhas e um cocheiro vindo não se sabe de onde, mas recebeu, também, uma **ordem**: devia estar de volta à meia-noite. Ela também tinha um sapatinho de cristal, e não pode ser simples coincidência o fato de o **cristal** ser um elemento tão comum no folclore. Certa princesa vive em um palácio de vidro, outra vive em uma colina também de vidro e há ainda outra que tudo vê num espelho. Todas elas podem viver em casas de vidro, desde que não atirem **pedras**. Ora, este reluzir de vidro por toda a parte nada mais é do que a expressão do fato de que **a felicidade é radiante, mas frágil**, como o material que pode ser facilmente quebrado por uma criada ou por um gato. Este sentimento, que caracteriza os contos de fadas, gravou-se em mim e passou a representar a minha própria maneira de sentir perante o mundo inteiro. Sentia, e sinto, que **a própria vida é brilhante como o diamante e frágil como a vidraça**"* (pp. 79-80) (grifos nossos).

e) A **aceitação da condição** (o que nos é negado) é o **segredo da felicidade** (o que nos é dado), e a **incompreensão** da razão da condição só faz ressaltar a **imensidade dos dons recebidos** (a vida, com todas as suas maravilhas):

> *"Lembremo-nos, porém, de que **ser quebrável não é o mesmo que ser perecível**. Dê uma pancada forte em um vidro e ele não durará um instante; **não lhe toque e ele durará mil anos**. Tal era, segundo me parecia, a **alegria humana**, quer no País das Fadas, quer na própria Terra. **A felicidade só dependia de não fazer alguma coisa que em qualquer momento poderia ser feita e, muitas vezes, sem que fosse óbvia a razão pela qual não se devia fazê-la**. Ora, o ponto aonde quero chegar é que, quanto a mim, **nada disso me parecia injusto**. (...) Se Cinderela diz: 'Por que eu tenho de sair do baile à meia-noite?', a madrinha poderia retrucar: 'Por que podes ficar lá até a meia-noite?' Se eu deixo para um homem, no meu testamento, dez elefantes falantes e cem cavalos alados, tal homem não se poderá queixar, **se as condições forem tão excêntricas como a dádiva**. A um cavalo alado não se olham os dentes. E parecia-me que **a própria existência era um legado excêntrico demais para que eu me queixasse de não compreender os limites da dádiva**, quando, afinal, não compreendia a dádiva que eles limitavam. A moldura não era mais estranha do que a pintura. O veto podia ser tão extravagante como a dádiva, tão estonteante como o Sol, tão ilusório como as águas e tão fantástico e terrível como as árvores altaneiras"* (p. 80) (grifos nossos).

3. O SEGREDO DA FELICIDADE

Quantas vezes, no relacionamento com os demais (que é a **essência da Ética** – o relacionamento ordenado com os outros), ao dizer ou fazer alguma coisa, sem pensarmos, acabamos agredindo ou entristecendo aquele a quem queríamos bem e nos perguntamos: *O que fui fazer?* Essa era a única palavra ou ação que não poderia ter dito ou feito e que fiz e disse, entornando o caldo e quebrando algo de muito precioso! Assim, percebemos que existem **ações adequadas e inadequadas** no relacionamento com os outros.

Para se entender o discurso chestertoniano da felicidade condicional, é preciso ter em conta a **concepção clássica** da Ética, que se baseia na **distinção** entre **"bem"** no sentido **metafísico** e **"bem"** no sentido ético.

O **bem metafísico** é tudo aquilo que nos atrai (*qui omnes apetunt*). É um dos **transcendentais** do ser, isto é, uma das características que todos os seres têm em comum, que são: a **verdade** (capacidade de ser conhecido por uma inteligência); a

beleza (capacidade de ser admirado pela inteligência e vontade) e o **bem** (capacidade de ser querido por uma vontade). Assim, **tudo que existe**, pelo simples fato de existir, pode nos apetecer e atrair.

No entanto, nem tudo o que nos atrai, nos convém. Esse é o sentido do **bem ético**, que diz respeito ao **bem adequado** (*armóton*) à natureza. A **tradição clássica** - de **Sócrates, Platão** e **Aristóteles** - aponta como **bem adequado** à natureza humana a **virtude**, ou seja, a **perfeição das potências da alma** (cfr. **Werner Jaeger**, *"Paidéia"*, Martins Fontes - 2003 - São Paulo).

Assim, para **Sócrates** a missão suprema do homem seria o **cuidado da alma** (*"psyche terapéia"*), superando a hierarquia báquica dos bens (saúde, beleza, fortuna e amigos), que coloca em perigo a alma: *"Enquanto viver, não deixarei jamais de filosofar, de vos exortar a vós e de instruir quem quer que eu encontre (...) pois ficai sabendo que Deus assim mo ordenou, e julgo que até agora não houve na nossa cidade nenhum bem maior para vós do que este serviço que eu presto a Deus. É que todos os meus passos se reduzem a andar por aí, persuadindo novos e velhos a não se preocuparem nem tanto nem em primeiro lugar com o seu corpo e com a sua fortuna, mas antes com a perfeição da sua alma"* (Platão, *"Apologia de Sócrates"*, 29 D e seg.).

Para **Sócrates**, as **virtudes** (*aretai)* seriam tanto da **alma** (conhecimento para o intelecto especulativo e prudência, justiça, fortaleza e temperança para o intelecto prático) como do **corpo** (saúde, força e beleza). Entendia a virtude como um saber (*phronesis*): o **conhecimento do bem**, que levava a não sucumbir ao prazer (*hedonis*). As virtudes tinham por fim (*telos*) e meta (*skopos*) a **harmonia** com o universo e a **felicidade** humana (*eudemonia*), pelo **auto-domínio** (a alma sobre o corpo): Sócrates despreza os prazeres da vida quando toma o cálice de cicuta para respeitar as leis da cidade. Concebia as virtudes como uma **unidade**: não seria possível ser valente, sem ser justo, moderado e prudente (seria uma valentia apenas exterior, sem o domínio interior; Sócrates podia dizer isso, porque fora herói das guerras gregas, não fugindo da luta, mas vendo que a luta interior era mais dura). Pregava o ideal da *"mens sana in corpore sano"*.

No **ideal formativo** (*paidéia*) socrática, o homem virtuoso deveria se dedicar não só aos estudos, mas aos exercícios (*askesis*: treinar para adquirir o bom condicionamento físico e moral). A **amizade** (*philia*) era para **Sócrates** um dos bens e valores mais elevados: dizia que não tinha discípulos, mas amigos (na sua sábia humildade, não se considerava mestre, razão pela qual não compreendia a acusação de corruptor da juventude). A amizade, como sentimento de benevolência pelo outro, deveria superar as rivalidades pelas honras e riquezas.

Já **Platão**, como discípulo de **Sócrates** (e quem recolheu por escrito os ensinamentos do mestre), na *"República"*, definira a **virtude** (*areté*) como a arte de ***'saber escolher'*** os bens convenientes (*agatón*) e recusar os inconvenientes (o mal). E **Aristóteles**, na *"Ética a Nicômaco"*, coloca a **felicidade** (*eudemonia*) como o *"prêmio da virtude"'* (Livro I). Com **Platão** (*"As Leis"* e *"A República"*) e **Aristóteles** (*"Ética a Nicômaco"*), a **justiça** *('dikaiosyne')* passa a principal e resumo das **virtu-**

des: cumprimento de todos os deveres (prudência, justiça, fortaleza e temperança como as fundamentais, lembrando o heroísmo dos tempos primitivos).

Portanto, na ética clássica, a **felicidade** é a **meta** do agir virtuoso, como uma **escolha** do **bem adequado** ao homem. Nesse sentido, é uma ética condicional: *"Se quiseres ser feliz, deves agir deste e não daquele modo"*. Ademais, à **felicidade** só se chega pela **virtude**, pois como dizia **Félix Bovet** (1824-1903): *"Os prazeres são para os sentidos, as alegrias para o coração, mas a felicidade é só para a consciência"* (*apud* **Georges Chevrot**, "Sermão da Montanha", Quadrante - 1988 - São Paulo, p. 134). Assim, apenas a **justiça**, pela consciência do dever cumprido, é capaz de trazer a felicidade. O resto são alegrias e prazeres passageiros e fugazes.

O problema da ética moderna se coloca quando **Emanuel Kant** opera, no final do século XVIII, sua **revolução copernicana** na Metafísica, sustentando que **não conhecemos as coisas como são, mas apenas suas aparências**, ou seja, as impressões que nos deixam. Não conheceríamos as coisas em si (o **noúmeno**), mas apenas aquilo que nos aparece (o **fenômeno**). Assim, a **realidade objetiva** não seria alcançável pela mente humana, pois a essência das coisas não poderia ser captada pelos sentidos. Todo conhecimento seria sempre algo de **subjetivo** (os transcendentais seriam categorias ***a priori*** da mente humana, ligadas ao tempo e espaço, que enquadrariam todas as sensações recebidas). Assim, **Kant** irá promover a ***"Crítica da Razão Pura"*** (1781), estabelecendo as **condições subjetivas do conhecimento**, fazendo com que todo o conhecimento seja gerado pelo sujeito cognoscente e não como adequação ao objeto conhecido, tal qual sustentado por Aristóteles: *"Até agora se admitia que todo o nosso conhecimento se devia regular pelos objetos (...) Não seríamos mais afortunados nos problemas de metafísica formulando a hipótese de que os objetos devem se regular pelo nosso conhecimento?"*

Essa postura gnoseológica subjetivista desembocou numa ética relativista desenvolvida na sua ***"Crítica da Razão Prática"*** (1788), segundo a qual não é possível estabelecer normas morais objetivas com conteúdo concreto, mas apenas um princípio geral que denomina de **"imperativo categórico"**, expresso da seguinte forma: *"Age de modo que a máxima de tua vontade possa valer sempre, ao mesmo tempo, como princípio de legislação universal"* (cada um estabeleceria seu sistema moral pessoal, achando ser o ideal, confrontando naturalmente com o dos demais).

Ora, o próprio **Kant** distinguia duas espécies de **imperativos**:

a) imperativo hipotético - que é **condicional** (se queremos um determinado **fim**, então devemos agir da maneira que torne possível conseguí-lo).

b) imperativo categórico - que seria baseado na **autoridade** (devemos agir de uma determinada maneira porque alguém mandou, no caso, a **lei divina ou a lei humana**).

A **concepção kantiana**, a par de deixar a Ética sem fundamento sólido, torna-a, sob o **prisma psicológico**, profundamente **antipática**. O **frio legalismo germânico** conduz à revolta contra **limitações** que nos parecem **arbitrárias**.

Já a **concepção clássica**, reverenciada por Chesterton, coloca a ênfase no que seria uma **"liberdade de qualidade"**: por ser **livre**, posso escolher o que quiser dentre os bens que se me oferecem; mas ***"se não for bobo"***, saberei **escolher o melhor**, o que efetivamente me aperfeiçoa, **aceitando como naturais as limitações**, justamente porque, não podendo ter simultaneamente tudo, sei **prescindir do que impede a posse e usufruto do melhor**.

Em suma, a **mensagem chestertoniana**, que é a mesma da **tradição clássica e cristã**, é a de que, para **ser feliz** é necessário **aceitar** que temos **limitações** (de natureza e de compromissos, já que a liberdade, ao assumir compromissos, fica a eles ligada) e **não ultrapassar as fronteiras** que guarnecem a nossa vida.

A **vertente kantiana** da ética do país das fadas estaria no **respeito à autoridade** daquele que impõe as normas, quando o sentido último destas não é captado. Se não percebemos que a proibição a determinada conduta diz respeito ao fato de que essa conduta não nos trará a felicidade, ainda que aparente e imediatamente possa parecer o contrário, então é preferível **confiar na autoridade do autor da norma** (ou seja, "autoridade" vem justamente de ser "autor"), mormente se esta é de Direito Natural, pois o Autor da Natureza é o próprio Deus, que dispõe, através de seus **mandamentos** o modo mais fácil e rápido do homem chegar à felicidade.

4. CONCLUSÃO

No último capítulo do "Ortodoxia" (capítulo VIII – A Autoridade e o Aventureiro), Chesterton retoma a idéia da **felicidade condicional** com a imagem das **muralhas éticas do cristianismo**, que garantem a **alegria de viver**:

> "O ***Cristianismo*** foi a única barreira que ***resguardou o prazer do paganismo***. Imaginemos um grupo de crianças brincando descuidadamente sobre o gramado macio e plano de uma ilha situada bem acima do nível do mar. Enquanto havia uma parede em volta do íngreme rochedo, elas puderam entregar-se aos jogos mais frenéticos e fizeram daquele lugar a mais barulhenta das creches. Mas as paredes foram derrubadas, deixando a descoberto o perigo do precipício. As crianças não despencaram precipício abaixo, mas, quando os seus amigos voltaram, encontraram-nas paralisadas de terror no centro da ilha. E já não se ouviam as suas canções" (p. 187) (grifos nossos).

Para cantar de alegria uma vida que *"é bonita, é bonita e é bonita"* (Gonzaguinha), é preciso saber respeitar as **condições mínimas** que ela nos impõe, para não estragar os dons preciosos que nos são ofertados em troca. O lema da antiga UDN (partido político brasileiro dos anos que precederam o Regime Militar de 1964-1985) pode servir de complemento ao princípio da felicidade condicional: *"O preço da liberdade é a eterna vigilância"*. A **felicidade** depende da **vigilância** sobre aquilo que pode levar à sua perda. Podemos viver felizes indefinidamente, desde que **resistamos** a ter mais do que nos cabe, a desempenhar um papel que não nos compete, e a desprezar as condições ideais em que nos encontramos se não temos a sandice de jogar tudo pela janela ao querer o que pensamos que nos falta, mas que, na realidade, nem falta, nem completa, porque desvia do equilíbrio e harmonia ideais para nós. Trata-se de vencer a **curiosidade** e não abrir a **caixa de Pandora**, desatando paixões e forças capazes de destruir tudo o que havíamos construído.

Capítulo III

REFLEXÕES SOBRE A LIBERDADE

1. INTRODUÇÃO – UMA IMAGEM

Mais do que ***"O Senhor dos Anéis"***, a menina dos olhos de **J. R. R. Tolkien**, foi ***"O Silmarillion"***, obra que começou a conceber em 1917, nas trincheiras da Primeira Guerra Mundial, mas que não pode ver publicada, pois lançada apenas em 1977, após sua morte, ocorrida em 1973. Nela, **Tolkien** apresenta, em toda sua beleza poética, uma visão singular da origem do mundo, em que **Deus** (***Eru*** ou ***Ilúvatar***) **cria seres inteligentes e livres** e lhes propõe um **tema** de **música** para desenvolver, pelo qual irão construindo o mundo.

Todo o desenvolvimento dessas duas grandes obras de **Tolkien** nada mais é do que o da **luta do bem e do mal**, do bom ou mal uso das faculdades que Deus concedeu aos seres inteligentes que criou, para edificarem ou destruírem o mundo que concebeu.

Esse **Deus Criador** não conduz autoritariamente os seres que concebeu no seu Pensamento, mas lhes **propõe** um **caminho** a trilhar, um **tema** a desenvolver, uma **pauta** a seguir. A **dissonância** fica por conta da criatura, inicialmente da mais grandiosa delas, **Morgoth**, que, no exercício de sua **liberdade**, pretende um mundo diferente, fruto exclusivo de sua vontade e submetido ao seu domínio.

Assim, dois personagens se destacam em ***"O Simarillion"*** e no ***"Senhor dos Anéis"*** como **paradigmas do mal e da mentira**: **Morgoth** e **Sauron**. Não por acaso seus domínios – **Utumno** ao Norte e **Mordor** no Leste da Terra Média – são símbolos de desolação e crueldade. A própria raça dos **orcs** que os serve provém da **corrupção dos elfos**, os primogênitos de **Ilúvatar**, como a corroborar o adágio de **Orígenes**: *corruptio optime, péssima* (a corrupção dos bons é péssima, pois usam seus talentos para fins maus).

Ao longo das duas obras, ao se desenvolver a saga dos **silmarils** e dos **anéis do poder**, as figuras de **Morgoth** e **Sauron** têm em comum algumas características, pelo fato de haverem **optado por si e não por Ilúvatar**: isolamento, domínio pelo terror, destruição e não conseguir impedir a realização dos projetos concebidos por **Ilúvatar**.

Em suma, a "história" desses dois personagens é a história do **mau uso da liberdade**, do uso dos talentos sem uma pauta, da construção do mundo sem um projeto, da realização de uma caminhada sem um destino conhecido.

Mas, afinal de contas, **o que é a liberdade?** Ter uma pauta, uma meta, um projeto não é restringir a liberdade e contrariá-la?

2. LIBERDADE E VERDADE

Quando um repórter perguntou ao Papa **João Paulo II** (1920-2005) qual a frase da Sagrada Escritura que escolheria se tivesse que ficar apenas com uma, o Papa respondeu: ***"et cognoscetis veritatem et veritas liberabit vos"*** (Jo 8, 32) - conhecereis a verdade e **a verdade vos libertará**.

Qual a relação entre liberdade e verdade? E para começar, o que é verdade? (pergunta que **Pilatos** faz a **Jesus** - cfr. Jo 18, 38). A verdade é o **alimento da inteligência**. A mente humana está ávida de conhecimento e só a verdade a satisfaz, ainda que para muitos se cumpra a observação perspicaz de **Oliver Wendell Holmes** (1809-1894), pai do ilustre juiz da Suprema Corte Americana **Oliver Wendell Holmes Jr.** (1841-1935): ***"Dêem-nos o supérfluo da vida, que dispensaremos o necessário"***.

Já **Aristóteles** (384-322 a.C.) em sua ***"Metafísica"*** definia a verdade como a ***"adequatio rei et intellectus"*** (adequação da inteligência à realidade): conhecer seria formar uma idéia da coisa que corresponda ao que a coisa é na realidade extra-mental. A **verdade** seria uma dos **transcendentais** do ser, que são os elementos que todos os seres têm em comum (verdade, bondade e beleza). É a **cognoscibilidade** do ser, ou seja, a capacidade de ser conhecido por uma inteligência (como o bem é a capacidade de ser querido por uma vontade e a beleza é a capacidade de ser admirado simultaneamente pela inteligência e vontade). E como os transcendentais são intercambiáveis entre si (***"verum et bonum et pulchrum convertuntur"***), todos os entes, sob o prisma metafísico, pelo simples fato de existirem, são verdadeiros, belos e bons, ou seja, passíveis de serem conhecidos, admirados e apetecidos. Os transcendentais, na explanação aristotélica, seriam distintas facetas do mesmo ente e comuns a todos os seres.

O problema se coloca quando **Emanuel Kant** (1724-1804) opera sua **revolução copernicana** na Metafísica, sustentando que **não conhecemos as coisas como são, mas apenas suas aparências**, ou seja, as impressões que nos deixam. Não conheceríamos as coisas em si (o **noúmeno**), mas apenas aquilo que nos aparece (o **fenômeno**). Assim, a **realidade objetiva** não seria alcançável pela mente humana, pois a essência das coisas não poderia ser captada pelos sentidos. Todo conhecimento seria sempre algo de **subjetivo** (os transcendentais seriam categorias ***a priori*** da mente humana, ligadas ao tempo e espaço, que enquadrariam todas as sensações recebidas). Assim, **Kant** irá promover a ***"Crítica da Razão Pura"*** (1781), estabelecendo as **condições subjetivas do conhecimento**, fazendo com que todo o conhecimento seja gerado pelo sujeito cognoscente e não como adequação ao objeto conhecido: ***"Até agora se admitia que todo o nosso conhecimento se devia regular pelos objetos (...) Não seríamos mais afortunados nos***

problemas de metafísica formulando a hipótese de que os objetos devem se regular pelo nosso conhecimento?"

Essa postura gnoseológica subjetivista desembocou numa ética relativista desenvolvida na sua ***"Crítica da Razão Prática"*** (1788), segundo a qual não é possível estabelecer normas morais objetivas com conteúdo concreto, mas apenas um princípio geral que denomina de **"imperativo categórico"**, expresso da seguinte forma: ***"Age de modo que a máxima de tua vontade possa valer sempre, ao mesmo tempo, como princípio de legislação universal"*** (cada um estabeleceria seu sistema moral pessoal, achando ser o ideal, confrontando naturalmente com o dos demais).

Seguindo a **matriz kantiana**, **Jürgen Habermas** (nº 1929), em seu ***"Conhecimento e Interesse"*** (1968) coloca o **interesse cognoscitivo** como um novo ***a priori*** **transcendental** (mas carente de qualquer fundamentação ontológica), fazendo depender o conhecimento objetivo do interesse (fundamentação na ***práxis***): o **interesse técnico** seria o determinante da formulação das **teorias científicas** (pragmatismo que esquece a existência de uma Natureza a ser conhecida, que foge ao controle humano absoluto, e não apenas manipulada). Assim, desenvolve uma **teoria consensual da verdade**, segundo a qual a verdade seria fruto de um consenso racionalmente motivado através da **argumentação**, no **diálogo intersubjetivo** (o subjetivismo de **Kant** não é superado, mas potenciado), partindo das seguintes premissas (aprioristas e não condizentes com a realidade):

a) impossibilidade do erro generalizado (a maioria sempre teria razão);

b) distribuição simétrica de oportunidades entre os membros da sociedade (condição idealista do diálogo equilibrado);

c) prevalência dos melhores argumentos (a prática parlamentar, no entanto, mostra a prevalência do poder dos votos sobre o dos argumentos: ***"a minoria discursa e a maioria vota"***);

d) interesse do homem no consenso racional (não absoluto, quando tiver que submeter seus interesses aos dos demais).

Ao contrário do **otimismo habermasiano** de um consenso em torno da verdade, **Karl Popper** (1902-1994), com sua **epistemologia falibilista**, adota uma postura de **ceticismo** quanto à capacidade humana de chegar a verdades, sustentando que o **conhecimento científico** seria sempre **conjuntural e provisório**. Para ele, dizer que uma teoria é verdadeira seria adotar uma **posição dogmática**, impeditiva do progresso científico, uma vez que este somente se produz efetivamente quando identificamos **erros** em nossas teorias. Assim, o seu **critério de falseabilidade** baseava-se no bombardeio contínuo das teorias e modelos vigentes, para verificar em que situações eles não explicavam a realidade. Dizia **Popper** que uma teoria científica não se sustenta pelo **princípio da verificabilidade** (repetição de experiências, para verificar se o fenômeno, tal como previsto na teoria, se dá na prática), mas pela resistência à sua **falsificação** (descoberta de hipóteses não abrangidas pelo modelo explicativo).

Ora, não se pode considerar **dogmatismo** a aceitação de postulados indemonstráveis na Ciência, pois, não o fazendo, cai-se na denominada **regressão infinita**, buscando a demonstração de cada enunciado, numa cadeia infinita de demonstrações, que acaba por deixar tudo indemonstrado. Deve-se admitir que os enunciados científicos podem justificar-se tanto por meio da **experiência perceptiva** quanto por meio de **outros enunciados**. O que não se pode admitir é uma ciência só de postulados lógicos, que se auto-justifiquem, como pretendido por **Bertrand Russell** (1872-1970), o primeiro **Ludwig Wittgenstein** (1889-1951) e pelo **Círculo de Viena**: o recurso à experiência sensível é a ligação necessária das teorias científicas com o mundo real. Isso não significa que aquilo que transcenda a experiência sensível não possa ser conhecido (como pretendiam os **empiristas** e os **filósofos analíticos** ou **neo positivistas** lógicos), mas que a própria experiência sensível nos aponta para a existência de realidades transcendentes ao mundo, já que o mundo não se justifica ou explica a si mesmo. O próprio **Popper** reconhecia, no final da vida, que muitos enunciados científicos são verdadeiros e podemos estar bastante seguros acerca de sua verdade.

3. LIBERDADE E BEM

Ora, a **verdade** só será **libertadora** se a inteligência puder apontar à vontade qual o **bem** conveniente ao homem. Para isso, duas outras noções são necessárias para se poder compreender o **mecanismo** da liberdade humana: as noções de **bem** e de **fim**.

Aristóteles (384-322 a.C.), quando estudava o tema da **causalidade**, como explicativa do ser das coisas (a ciência seria o conhecimento certo através das causas), reduziu todas as possíveis causas a **4 espécies**:

a) causa material - do que a coisa é feita (matéria, como princípio comum);

b) causa formal - qual a essência da coisa (o que a distingue das demais);

c) causa eficiente - qual a origem ou motor que colocou a coisa em movimento;

d) causa final - qual o fim ou objetivo da coisa.

Destaca entre as 4 precisamente a última, a **causa final**, como a que melhor explica o ser das coisas: para que serve ou qual o fim para o qual existe. Para se compreender a noção de **bem** (bondade das coisas), a noção de finalidade representa um papel fundamental. Ora, para o **Estagirita**, ***"bem é aquilo que a todos apetece"***. Apetece porque possui uma **perfeição, capaz de atrair**. Assim, o bem é o fim buscado pelo agente, porque o atrai.

Quando **Aristóteles** solveu a antiga dicotomia existente entre as posturas radicais de **Heráclito** (545-485 a.C.) - o que existe é apenas o devir -, e **Parmênides** (540-470 a.C.) - o que existe é apenas o ser estático -, desenvolveu sua **teoria hilemórfica** (diferenciação entre ser em ato e ser em potência), que serve para explicar o **bem como causa final que atua no ser**: perfeito é o ente que está em

ato, isto é, que tem atualmente todas as perfeições que lhe são próprias. Se não tem alguma dessas perfeições, está em **potência** de adquiri-la.

Daí que a busca dos **bens** que verdadeiramente **aperfeiçoem** o ser humano tem muito a ver com a discussão em torno do que seja a liberdade, concebida geralmente, sob o prisma ético, na **escolha entre o bem e o mal**.

4. O QUE É A LIBERDADE

Aproveitando a **metodologia** utilizada por S. **Tomás de Aquino** (1225-1274) na "Suma Teológica", dividida toda ela em questões, nas quais o **Aquinate** começa com os **argumentos contrários** à tese que irá defender (***"Parece que o homem não tem liberdade"***), citando depois um **argumento de autoridade**, para então extrair a tese correta e rebater os argumentos contrários, podemos introduzir a análise da **liberdade** como elemento constitutivo do homem e seu **direito fundamental** elencando as teorias que negam a liberdade humana ou a distorcem a ponto de esvaziar seu conteúdo concreto.

A **idéia que as pessoas geralmente têm** de liberdade é a da **ausência de condicionamentos**. ***"Liberdade é fazer o que se quer"***, dizem muitos. Ser livre seria estar completamente aberto, a todo momento, para escolher o que se quer, o que se apetece, o que se deseja, sem qualquer limitação moral: ***"Livre para voar!"***, apregoa o ***slogan*** publicitário. Essa seria a **liberdade total**.

John Stuart Mill (1806-1873), em sua obra ***"Sobre a Liberdade"***, coloca como traço caracterizador da liberdade, essa **possibilidade de eleição**: a liberdade está em se poder escolher, qualquer que seja a escolha, pois o valor mais elevado seria a própria liberdade, sendo indiferentes os valores escolhidos. A liberdade seria o **direito do indivíduo viver como quiser**.

Para outros, o homem não teria **liberdade alguma**, pois, com a corrupção total da natureza humana depois do pecado, estaríamos inteiramente condicionados pelo mal. É a visão externada por **Martinho Lutero** (1483-1546), ao escrever seu livro ***"De Servo Arbitrio"***, rebatendo o ***"De Libero Arbitrio"*** de **Erasmo de Roterdã** (1466-1536). Segundo **Lutero**, a tendência do homem ao pecado é tal, que não tem liberdade para resistir e optar pelo bem.

Aproveitando a lição aristotélica de que ***"in medio virtus"***, verifica-se que, neste caso, a posição correta está no meio termo entre a total ausência de condicionamentos e o determinismo absoluto.

A **liberdade** é uma das **notas definidoras** do homem. Como **animal racional**, o homem é dotado de **inteligência** e **vontade**. A liberdade é, justamente, a decorrência necessária da racionalidade humana. Trata-se de **traço constitutivo** do ser humano.

Pela **inteligência**, o homem **conhece** a realidade, formando-se uma **idéia** (verdade) de todas as coisas e captando o que há de **bondade** (bem) nas coisas, capazes de atender às suas necessidades e de aperfeiçoá-lo. Pela **vontade**, o homem **quer** os bens que intelectualmente captou como bons para si. A **liberdade** é a **auto-determinação da vontade**, na busca daquilo que a inteligência aponta como passível de ser apetecido.

Assim, podemos dizer que o homem é um **ser intrinsecamente perfectível**, ou seja, que busca sua perfeição através de um **princípio interno**, ou seja, a sua **liberdade**. É automovido para o bem, através do conhecimento e da vontade.

Na medida em que o homem vai fazendo opção pelos bens que o aperfeiçoam, vai sedimentando **virtudes**, que facilitam o exercício da liberdade. Já as sucessivas escolhas por bens aparentes, que o degradam, vão forjando **vícios**, que escravizam o homem, dificultando-lhe, depois, o exercício da liberdade e tornando-o incapaz de aspirar e perseguir bens convenientes à sua natureza.

Ora, há **comportamentos objetivamente bons e maus**, tendo em vista a existência de bens convenientes, ou não, à perfeição do homem (Ex: tomar droga pode satisfazer momentaneamente o desejo de novas sensações da pessoa, mas destrói o organismo, sendo objetivamente um mal para o homem).

Ainda que a **razão** aponte para os bens convenientes, depois de os conhecer como tais, os **instintos**, com seus apetites isolados, apontam para bens particulares que os satisfazem, mas sem atentar, obviamente, para o bem do todo. Daí que a liberdade não seja a **liberação total dos instintos**, para uma ação totalmente espontânea e "natural", mas uma **adequada gestão dos instintos**, de quando dizer que "sim" e que "não" ao que os instintos apetecem. Trata-se da **educação da vontade**, através das prática das virtudes (cfr. **Aristóteles**, "Ética a Nicômacos", que é um verdadeiro tratado sobre as virtudes humans).

Por outro lado, liberdade como auto-determinação para o bem **não é sinônimo de indeterminação**. Não significa que o homem não esteja condicionado, mas que pode escolher os seus condicionamentos. Numa **sociedade massificada**, há, naturalmente, a **pressão da padronização**: sanduíche do ***MacDonald's***, calça ***Jeans***, beber ***Coca-Cola***, etc. Poderia se dizer que não há liberdade de escolher, pois os padrões nos vêm impingidos de fora. Isso ocorre, mas pode-se escolher voluntariamente o condicionamento que se terá: ***"Quero comer um McFish, por que gosto dele!"***

A liberdade ou **livre-arbítrio**, como o próprio nome indica, é a **possibilidade de eleição**, mas **não é abertura perpétua a todas as possibilidades**. O homem está **sempre condicionado** pelas escolhas que fez no passado (escolha da carreira, escolha da mulher, escolha do trabalho, escolha dos *hobbies*, etc). Não é possível fazer ***tabula rasa*** do passado, pois **as opções já feitas vão condicionando** tanto a **cabeça** (conhecimentos voltados para um determinado campo do saber, como a Medicina, o Direito ou a Matemática), quanto o próprio **corpo** (destrezas e habilidades adquiridas: tocar piano, jogar tênis, etc). Somos **seres limitados**: às limitações físicas, somamos, com o passar do tempo, as limitações intelectuais e morais.

Assim, falar-se em **liberdade total** como **ausência total de barreiras** é uma **abstração inexistente**, como as que se fazem na Física, considerando como zero o coeficiente de atrito num determinado movimento. Dizia **Julian Marías** (nº 1914) que ***"toda eleição é, ao mesmo tempo, exclusão"***. Ao se escolher algo, se excluem as outras possibilidades.

A **liberdade** também não se pode definir como a possibilidade de **escolher entre o bem e o mal**. Se fosse assim, Deus não seria livre, quando é, na realidade, a Suma Liberdade. A liberdade é, portanto, a **busca do bem, sem ser fisicamente compelidos** a tanto. É a **liberdade interior**. Até um preso torturado, ao qual se compele fisicamente a reconhecer sua culpa ou a revelar um segredo, tem, no entanto, no recôndito mais íntimo de sua alma, a **liberdade de não admitir** o que se lhe impinge: não se consegue impor fisicamente qualquer convicção ou credo.

A **liberdade** é, pois, a **possibilidade de eleição e de opção pelo bem** que nos completa e aperfeiçoa, sabendo distinguí-lo daquilo que nos é nocivo, ainda que aparentemente possa satisfazer algum dos nossos instintos. A liberdade, portanto, **não está no simples fato de escolher**, pois se assim fosse não haveria que se falar em valores bons ou maus, pois todos seriam equivalentes. Há que escolher, mas **escolher bem!**

Na esteira da S. Escritura, que descreve o fato da **queda original**, o homem teve **debilitada a sua natureza**, mas não inteiramente corrompida. Sente mais fortemente o atrativo dos bens particulares, que satisfazem isoladamente os instintos, mas que deixam de atender ao bem integral da pessoa humana. Daí que a liberdade seja o **discernimento sobre o que aperfeiçoa integralmente o homem** (de acordo com sua natureza racional) e a **eleição desse bem**.

Quanto mais o homem, em cada momento, **escolhe o bem conveniente à natureza humana**, mais livre ele se torna, em relação aos **condicionamentos instintivos** que o escravizam.

5. LIBERDADE E DETERMINISMOS

Para se compreender melhor a **liberdade** como constitutivo do ser humano, nada melhor do que a **comparação como o comportamento animal**, pautado pelo total condicionamento dos instintos.

O **animal** está limitado ao **conhecimento sensível**, pelo qual capta a realidade que lhe é exterior. Formando **imagens** em sua cabeça, dirige-se aqueles objetos para os quais seus **instintos** apontam como bens que o satisfazem.

O **comportamento animal** é, portanto, absolutamente **instintivo** e **determinista**, uma vez que não tem liberdade de seguir, ou não, os instintos. É conhecida a ***"Estória do sapo e do escorpião"***:

- Amigo sapo, podes me atravessar o rio?

- Claro que não, pois levarei uma ferroada no caminho!

- O amigo sapo acha que eu seria louco de o ferroar! Eu morreria afogado se o fizesse!

O sapo concorda então em levar o escorpião, mas este, no meio do rio, dá uma ferroada no sapo.

- Você não prometeu que não iria me ferroar, senão afundaríamos juntos?

– Sim, mas não pude me conter... é da minha natureza ferroar!

O comportamento animal é explicado pelo esquema **estímulo-resposta**, em que, a cada espécie de estímulo, corresponde uma resposta determinada.

Essa espécie de esquema dos **reflexos condicionados** é aquele proposto pelos **behavioristas** também para o **comportamento humano**, reduzindo o homem a um **animal mais evoluído**. A diferença do homem e do animal seria de grau e não de natureza: inteligência mais evoluída!

São expoentes desse **determinismo ambientalista** os psicólogos **Ivan Pavlov** (1849-1936) e **Burrus Skinner** (n.1904), que colocavam a conduta humana como condicionada pelo ambiente. O conjunto dos elementos biológicos, genéticos, afetivos, educacionais e culturais que o homem leva consigo condicionariam o seu agir. Se é certo que cada um é **filho do seu tempo**, pois o homem é um **ser histórico**, por outro, esses condicionamentos não determinam inteiramente o agir humano.

Na seara do Direito Penal, postura similar foi adotada por **César Lombroso** (1836-1909), médico e criminalista italiano, que considerava que determinados homens já nasciam predispostos para o crime: seriam os **criminosos natos**, cuja propensão para o crime seria hereditária, podendo-se verificar esse fator pela sua conformação craniana. Sua obra ***"L'Uomo Criminale"*** está toda composta de desenhos, em bico de pena, de rostos de criminosos, por cujos traços se perceberia as feições próprias de um criminoso.

Outra espécie de determinismo, que nega praticamente a liberdade humana é o **determinismo psicológico** de **Sigmund Freud** (1856-1939), que reduz o comportamento humano à **função sexual**: o homem teria o seu agir consciente (***ego***) pautado pela consciência moral (***superego***), que estaria continuamente **reprimindo o seu inconsciente instintivo**, ligado à libído ou impulso sexual (***id***). Para **Freud**, pai da psicanálise, o ***"libertar-se"*** significa ***"assumir"*** como conduta o instintivo inconsciente do ***id***, libertando-se da repressão do ***superego***. Ataca, portanto, a educação, por inculcar valores, quando é justamente a **educação** o estandarte da liberdade, ao liberar do pior dos males, que é a ignorância.

Carl Jung (1875-1961), ao desenvolver sua **tipologia psicológica**, com seus 4 pares de funções (introversão-extroversão E-I, intuição-sensação N-S, racionalidade-sensibilidade T-F e critério-percepção J-P), mostra os condicionamentos temperamentais do ser humano, reduzindo as **motivações das ações humanas** à busca do ***"aplauso dos homens"*** (glória), do ***"tilintar das moedas"***(poder) e do ***"perfume das mulheres"*** (sexo).

Thomas Mann (1875-1955), romancista alemão, tem uma **visão pessimista da natureza humana**, cujos defeitos temperamentais persistiriam ao longo de toda a vida, como se nota em sua obra ***"Os Buddenbrook"***, que narram a decadência de uma família da burguesia alemã do século XIX.

Podemos finalmente mencionar o **determinismo econômico**, que condiciona todo o agir humano às motivações econômicas. A expressão maior dessa postura é **Karl Marx** (1818-1883), que, com seu **materialismo histórico e dialético** reduzia o homem a um mero fator de produção. Assim, a **infra-estrutura econômica** condicionaria a **superestrutura social, política, jurídica, moral, religiosa, artística e científica** de uma sociedade.

Todos esses reducionismos partem de uma concepção do homem como **um animal apenas mais evoluído**, sujeito aos mesmos condicionamentos dos demais animais e, por isso, privado da liberdade como apanágio maior do seu agir.

6. LIBERDADE DIVINA E LIBERDADE HUMANA

Se o homem é livre porque foi criado à imagem e semelhança de Deus, podemos compreender melhor a liberdade humana refletindo sobre a liberdade divina.

A **liberdade divina** é a liberdade por excelência. Mas essa liberdade tem seus **limites metafísicos**. Deus não pode fazer aquilo que é **metafisicamente impossível**, como pecar ou criar um círculo quadrado.

Sustentaram, equivocadamente, a **absoluta liberdade divina** alguns filósofos da Escolástica Decadente. **João Duns Scoto** (1266-1308) sustentou, contrariamente à doutrina aristotélico-tomista, que ***"ens et bonum non convertuntur"***. O bem seria aquilo que Deus quer e impõe. Assim, salvo os 2 primeiros mandamentos referentes a Deus, os outros poderiam ser diferentes, pois Deus poderia criar um mundo diferente do que criou. A única lei a que Deus estaria sujeito seria à da **não-contradição**.

Guilherme de Ockham (1280-1349), monge franciscano, foi ainda mais longe, sustentando a **total arbitrariedade da lei moral**: as coisas não seriam proibidas por serem más, mas seriam más por serem proibidas arbitrariamente por Deus (poderia ser meritório odiar a Deus, se Ele assim o dispusesse).

Verifica-se, em ambos os casos, que um **erro metafísico** leva, ineludivelmente, ao **erro moral**. Se o ser, a verdade e o bem ***"convertuntur"***, ou seja, constituem **diferentes facetas da mesma realidade**, e se ***"agere sequitur esse"***, isto é, **o agir se pauta pelo ser** (cada ente age de acordo com a sua natureza), então a não captação correta da natureza de um ente terá como conseqüência óbvia o erro na fixação de qual é e deva ser o seu agir.

Tal postura em relação à liberdade divina tem seus reflexos na liberdade humana, pois toda a ordem jurídica, ou seja, as **leis** numa sociedade, seriam fruto da livre disposição dos homens, olvidando-se que determinadas normas, que estão ligadas à natureza humana, constituem direitos inalienáveis da pessoa humana, seus **direitos humanos fundamentais**, que não cabe ao Estado estabelecer, mas apenas reconhecer como pré-existentes.

As mais modernas teorias para fundamentar a ordem jurídica não escapam desse **reducionismo** de buscar exclusivamente no **consenso** a força obrigatória do Direito. Nesse diapasão seguem o **conceito de lei** (vontade do legislador) de **Herbert Hart** (1907-1994), a **teoria do ordenamento jurídico** (legislação fruto do acolhimento consensual das boas razões que recomendam a intervenção estatal) de **Norberto Bobbio** (1909-2004), a **justiça como imparcialidade** (acordo prévio sobre as regras do jogo democrático e acordo posterior, no debate democrático, sobre os direitos específicos dos cidadãos) de **John Rawls** (1921-2002), a **teoria dos sistemas** e a **legitimidade pelo procedimento** (aceitação de decisões desfavoráveis, pela captação da seriedade e da sistemática pela qual foram tomadas) de **Niklas Luhmann** (1927-1998), a **teoria do agir comunicativo** (linguagem como fonte primária da integração social, com a verdade, calcada no interesse, sendo fruto do consenso racional baseado na argumentação) de **Jürgen Habermas** (nº 1929) e a **teoria do direito como integridade** (coerência com as decisões do passado) de **Ronald Dworkin** (nº 1931).

Todas essas teorias, variantes do **contratualismo iluminista** (que pretendem superar), olvidam a **visão aristotélica da natureza humana**, como comum a todos os homens de todos os tempos, cujos **fins existenciais** exigem o reconhecimento de direitos fundamentais para sua consecução, bem como a **concepção jusnaturalista tomista**, calcada na **experiência** e na captação gradual das exigências da dignidade humana.

7. LIBERDADE POLÍTICA, SOCIAL E ECONÔMICA

Milton Friedman, prêmio Nobel de Economia de 1973, em seu livro ***"Livre para Escolher"***, traça um paralelismo entre a **liberdade política** e a **liberdade econômica**, ressaltando que o ano de **1776** foi um marco histórico para ambas, pois nesse mesmo ano em que se deu a **Independência Americana**, símbolo da luta pela **liberdade política**, foi publicada a obra ***"A Riqueza das Nações"*** de **Adam Smith** (1723-1790), paradigma do **liberalismo econômico**. Ambas andam juntas e se complementam mutuamente.

A **liberdade política** tem sua defesa maior no **movimento constitucionalista** do século XVIII, que buscou assegurar, através da garantia de direitos frente ao Estado, materializados numa Constituição, as **liberdades públicas**, especialmente:

- **Liberdade de locomoção** – garantia de que não haja prisão sem julgamento, de acordo com o devido processo legal;
- **Liberdade de opinião e de expressão** – garantia de liberdade de imprensa e de manifestação das próprias idéias;
- **Liberdade de associação** – garantia da formação e filiação de entidades grupais, para fins lícitos;
- **Liberdade religiosa** – garantia de se poder professar qualquer credo e praticá-lo exteriormente.

Nesse campo, como nos demais, nenhuma liberdade é absoluta. A própria concepção da vida em sociedade, tal como vislumbrada pelos **contratualistas** dos séculos XVII e XVIII, **Thomas Hobbes** (1588-1679) e **Jean-Jacques Rosseau** (1712-1778), via no **pacto social** a limitação das liberdades individuais com vistas a tornar possível a vida social: ***"a liberdade de cada um termina onde começa a do outro"***.

Esse **princípio de não fazer dano aos demais** é reduzir muito a noção de liberdade: posso tudo, desde que não prejudique aos demais. Ora, se o bem comum da sociedade é a consecução do bem individual de cada um de seus integrantes, temos que o fato de que um indivíduo não progrida objetivamente torna mais pobre a sociedade.

Assim, liberdade não significa **independência total**, isto é, não depender de nada nem de ninguém. A vida em sociedade é, necessariamente, marcada pela **mútua dependência**.

Se, por um lado, a concepção de fundo dessas teorias contratualistas peca por esquecer que **o homem é um ser social por natureza**, por outro, não deixa de atentar para o fato de que a vida em sociedade supõe, efetivamente, limitações na liberdade de cada um. Daí a necessidade de se reconhecer, nas constituições dos diferentes países do globo, as liberdades políticas e suas limitações. A rigor, a matéria própria de uma **constituição** é, unicamente, a **organização do Estado** e a **garantia dos direitos fundamentais** dos cidadãos.

A **função do Estado** é promover o **bem comum**. O bem comum é a **soma dos bens individuais** de cada um dos integrantes da sociedade. Cada indivíduo tem o seu **projeto de vida**, cuja meta, sob as mais variadas formas, é sempre a busca da **felicidade**.

O **projeto vital** de cada indivíduo é o conjunto de suas decisões, preferências e postergações, que vai formando a sua **biografia pessoal**: como foi usada a liberdade individual em cada momento da vida. Viver é ter **capacidade de forjar projetos**. E os projetos devem apontar para uma meta, pois do contrário a liberdade não teria sentido. **Leonardo Polo** (nº 1926) diz que ***"a liberdade se mede por aquilo para o qual a empregamos"***. Seu discípulo **Ricardo Yepes Stork** (f. 1996) concluía que ***"a realização de um projeto vital próprio, livremente decidido e realizado, é o que dá autenticidade e sentido à própria vida"***.

Ora, a **liberdade social**, intrinsecamente unida à política e econômica, consiste em que o projeto de vida de cada indivíduo (seus **ideais**) possa ser alcançado. Para isso, três **condições** são necessárias:

- que sejam **possíveis**, ou seja, que as condições econômicas da sociedade tornem possível a consecução dessas metas (Ex: de nada adianta ter liberdade de educação, se não há universidades);
- que seja **permitidos**, ou seja, que sua busca seja assegurada legalmente pelo Estado (Ex: não se proibir o ensino religioso nas escolas); e
- que sejam **incentivados**, ou seja, que não haja coação da mídia ou certa sanção difusa do meio, em relação a determinados ideais bons em si mesmos (Ex: pressão social contra as famílias numerosas).

Assim, a liberdade social pode ser entendida em primeiro lugar como **libertação da miséria**, pois quem não tem as condições econômicas mínimas, não tem sequer como exercer a liberdade em suas demais esferas: ***"primum vivere, deinde philosophare"***.

Na mesma esteira, a **liberdade econômica**, esgrimida diante dos arreganhos de um **regime comunista**, que chama para si toda a iniciativa econômica, abolindo a propriedade privada e intentando planejar centralizadamente toda a economia, também não pode ser absoluta, como num **regime capitalista selvagem**, gerador da exploração indiscriminada do trabalhador durante a revolução industrial.

Se, por um lado, o Estado não deve ser o agente econômico direto, por outro, a economia não funciona perfeitamente quando deixada inteiramente à sua sorte. Isto porque a tendência à formação de monopólios e oligopólios, mediante práticas de *dumping* ou *cartel*, exige uma **intervenção do Estado**, para garantir a **livre concorrência** em bases realistas. Assim, o **livre mercado**, como instrumento de consecução dos objetivos econômicos gerais da sociedade e particulares de cada um de seus membros, supõe um **regramento estatal mínimo**, coibindo as práticas abusivas.

O ***laissez faire, laissez passez*** dos inícios do liberalismo econômico está hoje superado por uma visão **neoliberal**, que admite a intervenção do Estado, através do modelo das **agências reguladoras** da atividade econômica nos seus distintos campos, de forma a garantir o atendimento às necessidades básicas da sociedade e impedir a formação de monopólios, que comprometem o regime da livre concorrência. No **campo laboral**, essa mesma visão dá **prevalência ao negociado sobre o legislado**, estimulando a negociação coletiva entre sindicatos e empresas, por se verificar que os agentes sociais podem, muito melhor, estabelecer as condições e normas de trabalho, do que o Estado, de forma interventiva. Com isso se dá guarida ao **princípio da subsidiariedade**, pelo qual o Estado deve estimular e dar todas as condições para que os indivíduos e grupos sociais desenvolvam suas potencialidades, somente intervindo para suprir as deficiências.

A liberdade é o **motor da história, da economia, da política, da ciência e da sociedade**. A **iniciativa privada** é a maior riqueza de uma sociedade. Só através dela a criatividade humana é estimulada e os desafios do meio são superados com respostas criativas.

Assim, o Estado deve, com a **liberdade política, social e econômica**, dar aos indivíduos as **oportunidades** para que possam por em prática seus projetos, ideais e capacidades.

8. LIBERDADE ARTÍSTICA E CIENTÍFICA

Nem tudo o que se pode fazer, sob o prisma da possibilidade física, se deve fazer, sob o prisma da conduta moral. Se as normas morais apontam para o comportamento propriamente humano, tudo o que suponha sua desobservância constitui uma **degradação do homem**, que deve ser repelida.

Pois bem, no **campo artístico**, o que se percebe é a **colocação da Arte acima do bem e do mal**: o desejo de reproduzir não só na pintura, mas especialmente no teatro e no cinema, tudo o que o homem é capaz de fazer, quer seja nobre, quer seja abjeto, constitui a nota dominante no ambiente artístico.

A **liberdade criativa** do homem no campo artístico esbarra nos **limites éticos** do que seja bom mostrar ou representar. Impressiona ver a perda dos parâmetros éticos quando se trata de avaliar uma obra artística, especialmente no que diz respeito à chamada "sétima arte". Tudo é válido: as maiores aberrações sexuais e o abuso das cenas de sexo explícito no cinema é a nota dominante nessa seara. Com isso se **degrada fundamentalmente a mulher**, que passa a ser vista como **objeto** e não como **pessoa**. Coloca-se, então, a questão jurídica da possibilidade ou conveniência da **censura prévia** ou da **definição de horários** para programas de TV, visando fundamentalmente a **proteção da criança e do adolescente**.

Problema ainda mais grave se enfrenta no **campo da pesquisa científica**, especialmente no que diz respeito à geração humana. O avanço tecnológico faz com que o homem vá descobrindo todas as potencialidades da natureza, mas, em relação ao próprio ser humano ainda resta muito a decifrar. Daí que fique tentado a fazer todas as experiências, para **testar os limites físicos do que é possível fazer**. Assim, as experiências com embriões humanos, combinando-os de todas as formas possíveis, até com animais, mostram até que ponto pode chegar a ausência de consciência moral.

O que se vê é o total desprezo pela vida humana, pois as experiências conduzem à **perda de milhões de embriões humanos** que são, na verdade, seres humanos com todos os direitos decorrentes da concepção.

Tanto no campo artístico quanto no científico se tem esquecido de que a **liberdade criativa e de pesquisa** tem seus **limites éticos**, além dos quais se parte para uma sociedade desumanizada.

9. PLURALISMO E TOLERÂNCIA

O **pluralismo** é a capacidade de conviver com pessoas de distintas culturas, tradições, religiões e opiniões (pluralismo cultural, religioso e político), respeitando aqueles que não pensam como nós.

O respeito à liberdade alheia se manifesta numa boa **tolerância** ao **pluralismo** de opiniões que pode haver na sociedade. Esse pluralismo é salutar, na medida em que, com respeito às questões de livre opinião, não se pode querer que todos tenham o mesmo modo de ver as coisas, nem muito menos se pode querer impingir aos demais o próprio modo de pensar.

Mesmo que se considere equivocado um determinado modo de agir ou de pensar de outro, pode-se buscar mostrar-lhe a forma que se reputa correta, mas sempre respeitando a **liberdade de consciência** da pessoa, pois cada um deve agir de acordo com a própria consciência.

O **permissivismo** é a ideologia da **absoluta tolerância** para com todas as condutas, entendendo a liberdade como **emancipação** frente a qualquer autoridade: cada indivíduo é que saberia o que é bom para si mesmo.

Essa **tolerância** mal entendida considera reprovável qualquer reprovação à conduta alheia (contradição: intolerância com os intolerantes). É o ***political cor-***

rectness: o "politicamente correto". O contrário, ou seja, a defesa intransigente de alguma idéia ou ideal é considerada de **fundamentalismo**. Assim, o politicamente correto seria aceitar os "gays" como um "gênero" a mais, além do masculino e do feminino, e seria mostra de "fundamentalismo" qualquer reprovação ao homossexualismo.

Se, por um lado, há que respeitar o modo de pensar de cada um, por outro é necessário **difundir a verdade**, combatendo o pior dos males, que é a **ignorância,** pois ***"veritas liberabit vos"*** (Jo 8, 32).

10. AUTORIDADE E AUTORITARISMO

Uma visão equivocada que as pessoas possuem da autoridade é a de que as idéias de "autoridade" e "liberdade" se opõem. Ora, autoridade sem liberdade é **fundamentalismo**, no sentido correto do termo. Liberdade sem autoridade é **permissivismo**, ou seja, a má tolerância.

A **autoridade** é um componente constitutivo de qualquer sociedade. Desde que o homem é homem, sempre houve autoridade:

• **autoridade de Deus** sobre o homem, quando o criou;

• **autoridade dos pais** sobre os filhos, quando estes nascem;

• **autoridade dos governantes**, quando surgem os primeiros clãs, tribos e sociedades politicamente organizadas;

• **autoridade dos professores**, para poderem transmitir os conhecimentos aos alunos (do contrário a ciência seria o "achismo" dos alunos), etc.

• **autoridade dos dirigentes** de qualquer instituição, civil, religiosa ou militar, sobre os que as integram, para coordenar o esforço e contribuição específica e distinta de cada um para a consecução da finalidade comum.

Assim a **autoridade** nada mais é do que **a instância que dirige e coordena as distintas liberdades.**

Aristóteles dividia a **autoridade** em **despótica** (que trata os inferiores como instrumentos inertes e mecânicos) e **política** (que trata aos inferiores como seres livres, capazes de agirem com inteligência).

O desvirtuamento da autoridade, que descamba para o **despotismo** é o autoritarismo. O **autoritarismo** consiste em colocar a autoridade acima da liberdade, considerando-a menos importante do que assegurar que ela seja bem exercida. Assim, um governo autoritário é aquele que **retira a liberdade política** dos governados, por considerar que não estão ainda preparados para exercitá-la bem: não se poderia correr o risco do mau exercício da liberdade. Daí tratar os indivíduos como autômatos.

Uma forma mais atenuada de autoritarismo, mas não menos nociva para a sociedade, é o **paternalismo estatal**: tratar aos governados como se fossem menores de idade. Às vezes, é o próprio povo que se deixa levar por essa mentalidade, esperando tudo do Estado.

A **autoridade** bem exercida respeita a liberdade, fomenta a responsabilidade e o diálogo, buscando a persuasão racional daquele que deve obedecer. O argumento não é o de que "deve fazer porque mandei", mas o de que "deve fazer porque é bom e conveniente para isto ou para aquilo". Conjugar autoridade e liberdade é, em primeiro lugar, desenvolver um **sistema educativo que transmita valores morais**.

11. LIBERDADE E RESPONSABILIDADE

Costuma-se associar, como no binômio direitos-deveres, a liberdade à **responsabilidade**, como sua contrapartida necessária. A responsabilidade é o outro lado da moeda que tem por face a liberdade. A **responsabilidade** é o levar em conta as **conseqüências** de nossos atos. É o **juízo de conseqüência**, que não fica no ato em si, mas mede as conseqüências próximas e remotas dos atos e verifica se essas também são queridas quando se pratica o ato. O agir inconseqüente é o agir precipitado, que não atenta para o que pode decorrer de uma ação isolada.

Por isso, ter responsabilidade é **saber administrar a própria liberdade**. Supõe, obviamente, possuir um **horizonte de valores** que se reconhece como bom e necessário, que irá pautar o próprio agir. Responsável é a pessoa que age tendo sempre em mira esse horizonte. Seu agir não é desenraizado, mas **solidamente fundado** naquilo que captou, depois de uma serena reflexão, como o bem que realmente a aperfeiçoa.

A responsabilidade também olha para o passado. Um dos valores nos quais se fundamenta é na virtude da **fidelidade**, que é o laço com o passado, honrando os **compromissos assumidos**. A vida humana não é apenas a sensação do momento, a escolha de ocasião, mas a continuidade do projeto de vida que se traçou, e que não se muda ao sabor do vento. Os valores que se descortinaram como verdadeiros num determinado momento devem continuar orientando o agir.

12. CONCLUSÃO

A **liberdade humana** não é nem total (ausente de limitações), nem inexistente (determinada completamente pelos condicionamentos genéticos, fisiológicos, educacionais, culturais, econômicos e sociais), mas uma **auto-determinação para o bem**.

Ser livre não é apenas ter a possibilidade de escolher, mas principalmente **saber escolher bem**, tendo em vista os valores que realizam efetivamente o homem.

São justamente os desvirtuamentos na compreensão do que seja a liberdade humana que ensejam os **relativismos** ou **permissivismos** morais de um lado, e os **autoritarismos** e **fundamentalismos** políticos e econômicos, de outro, comprometendo o sadio desenvolvimento do homem, tanto na sua vida pessoal, quando como ser social.

Como no ***"Silmarillion"***, o segredo da construção de um mundo fantástico e deslumbrante, da realização de uma vida fecunda e feliz, está **descobrir e implementar** a **pauta**, a **meta** e o **tema** que nos são propostos por Aquele que nos colocou na existência, no **pleno uso de nossas faculdades**, com liberdade e responsabilidade.

Capítulo IV

A ESQUIZOFRENIA DA MODERNIDADE

1. O DILEMA DA ALMA HUMANA

Há um personagem na saga de *"O Senhor dos Anéis"* de **J.R.R.Tolkien** que simboliza cabalmente o **dilema** da alma humana quando confrontada entre o **querer** e o **dever**, considerado o primeiro como aquilo que é apetecido pela **vontade** e o segundo como aquilo que é visto como apropriado pela **inteligência**. Esse personagem se chama ***Sméagol*** ou, como passa a ser conhecido após se apoderar do ***Um Anel*** (ou Anel do Poder) e com ele destroçar sua vida, ***Gollum.***

Para quem assistiu à versão cinematográfica da obra tolkieniana, dirigida por **Peter Jackson**, a imagem é ainda mais viva, com a interpretação de **Andy Serkis** retratando excepcionalmente bem a **esquizofrenia** daquele que, interiormente, travava um duelo titânico entre o pacato ***Sméagol*** e o pervertido ***Gollum,*** cuja mente e coração estavam absolutamente dominados e possuídos por aquele objeto do desejo a que chamava simplesmente ***my precioussss...***

> *"Gollun estava conversando consigo mesmo. Sméagol travava um debate com algum outro pensamento que usava a mesma voz, mas a fazia guinchar e chiar. Uma luz opaca e uma luz verde alternavam em seus olhos, conforme falava.*
> *– Sméagol prometeu – disse o primeiro pensamento.*
> *– Sim, sim, meu precioso – veio a resposta. – Nós prometemos: salvar nosso precioso, não deixar que Ele o tenha – nunca. Mas está indo para Ele, sim, mais próximo a cada passo, O que o hobbit vai fazer com Ele? Nós fica pensando, sim, nós fica.*
> *– Não sei, Não posso fazer nada. O mestre está com Ele. Sméagol prometeu ajudar o mestre.*
> *– Sim, sim, ajudar o mestre: o mestre do Precioso. Mas se nós fosse mestre, então nós poderia se salvar, sim, e ainda assim manter a promessa.*
> *– Mas Sméagol disse que seria muito, muito bom. Hobbit bonzinho! Tirou a corda cruel da perna de Sméagol. Ele fala comigo com gentileza.*
> *– Muito, muito bom, hein, meu precioso? Vamos ser bons, bons como peixes, minha doçura, para nós mesmo. Não machucar o hobbit bonzinho, claro que não, não.*
> *– Mas o Precioso mantém a promessa – objetou a voz de Sméagol. Então pegue ele – disse a outra -, e vamos ter ele nós mesmo! Então vamos ser mestre, gollum! Fazer o outro hobbít, o hobbit mau e desconfiado, fazer ele rastejar, sim, Gollum!*
> *– Mas não o hobbit bonzinho?*
> *– Oh, não, não se isso não nos agrada. Mas ele é um Bolseiro, meu precioso, sim, um Bolseiro. Um Bolseíro roubou ele. Encontrou ele e não disse nada, nada. Nós odeia os Bolseiros.*
> *– Não, não este Bolseiro.*
> *– Sim, qualquer Bolseiro. Todas as pessoas que têm o Precioso. Precisamos tomar ele.*
> *– Mas Ele vai ver, Ele vai saber. Vai tirá-lo de nós!*

> *– Ele vê. Ele sabe. Ele nos escutou fazendo promessas bobas – contra as ordens d'Ele, sim. Precisamos ter ele. Os Espectros estão procurando. Precisamos pegá-lo.*
> *– Não para Ele!*
> *– Não, minha doçura. Veja bem, meu precioso: se nós o tivermos, então Poderemos escapar, até mesmo d'Ele, hein? Talvez nós fique muito forte, mais forte que os Espectros. Senhor Sméagol? Gollum, o Grande? O Gollum!*
> *Comer peixe todo dia, três vezes por dia, peixes frescos do mar. Preciosíssimo Gollum! Nós quer ele, nós quer ele, nós quer ele!*
> *– Mas tem eles dois. Eles vão acordar rápido demais e nos matar, choramingou Sméagol num último esforço. – Não agora. Ainda não.*
> *– Nós quer ele! Mas – e aqui houve uma longa pausa, como se um novo pensamento tivesse acordado. – Não, ainda não, é? Ela pode ajudar. Ela pode, sim.*
> *– Não, não! Desse jeito não! – gemeu Sméagol.*
> *– Sim, nós quer ele! Nós quer ele! Cada vez que o segundo pensamento falava a mão comprida de Gollum se estendia lentamente, procurando Frodo, e depois era retirada de supetão, quando Sméagol falava de novo. Finalmente os dois braços, com longos dedos flexionados e crispados, buscaram o pescoço dele.*
> *Sam estivera deitado e quieto, fascinado pelo debate, mas vigiando cada movimento que Gollum fazia, com os olhos semicerrados. Em sua mente simples, a fome comum, o desejo de comer hobbits, tinha parecido o principal perigo em Gollum. Percebia agora que não era assim: Gollum sentia o terrível apelo do Anel. O Senhor do Escuro era Ele, é claro; mas Sam não podia imaginar quem era Ela. Alguma das amizades repulsivas que o pequeno patife tinha feito em suas viagens, ele supunha. Depois esqueceu o assunto, pois estava claro que as coisas tinham ido longe demais, e estavam ficando perigosas"* (**J.R.R. Tolkien**, "O Senhor dos Anéis", Martins Fontes – 2001 – São Paulo, Volume ùnico, pp. 665-666).

Gollum pode ser colocado como exemplo emblemático da **esquizofrenia do mundo moderno**, dividido entre o coração e a cabeça, entre o tentador **idealismo** subjetivista e relativista (misto de sentimentalismo que tudo justifica e de racionalismo que tudo pretende explicar), e o duro e impactante **realismo** da objetividade (do mundo extra-mental, que está aí para ser compreendido). O **dilema** que se coloca ao homem moderno na sua busca por conhecer e transformar o mundo em que vive não é diferente daquele estampado na esfinge egípcia: ***decífra-me ou devoro-te***. Ou seja, uma concepção equivocada do mundo e do homem tem como funesta consequência o fracasso na vida pessoal e social: **uma sociedade turbulenta, composta de homens angustiados.**

2. INTELIGÊNCIA E VONTADE: QUEM DOMINA?

Para **Sócrates**, o homem só erraria ou praticaria o mal por **ignorância**. O conhecimento do Bem conduziria necessariamente o homem a buscá-lo. Foi preciso que **Aristóteles** mostrasse como muitos homens, mesmo conhecendo a realidade e o Bem, não o buscam necessariamente, uma vez que possui uma **capacidade cognoscitiva** (inteligência) distinta da **capacidade volitiva** (vontade). Ou seja, mesmo vendo o bem de uma determinada conduta, o homem pode escolher com a vontade o contrário do que a inteligência lhe aponta como o bem a ser buscado no caso concreto. A **criança birrenta** é exemplo típico da **vontade que não dá**

o braço a torcer, mesmo quando se dá conta de que, agindo assim, prejudica os próprios interesses.

Para compreender essa atitude, é preciso dissecar o funcionamento do espírito humano, em sua dupla vertente de **inteligência** e **vontade**: pela inteligência, **conhecemos** o mundo exterior em toda a sua variedade de seres, e, pela vontade, **queremos** alguns desses seres, apresentados pela inteligência como bens apetecíveis.

Portanto, **antes de querer é preciso conhecer** os bens que se nos apresentam. **O ato cognitivo precede metafisicamente o ato volitivo**: só podemos apetecer aquilo que antes conhecemos como um bem. Ou seja, a inteligência **"influencia"** obviamente a vontade, apresentando a realidade de uma forma ou de outra, tal que se possa fazer a escolha entre os bens existentes e conhecidos. Essa é óbvia. O que não é tão óbvio e reconhecido é a **"influência" da vontade sobre a inteligência**.

Com efeito, uma vez conhecido determinado bem como apetecível, o **interesse** da vontade por ele pode ser de tal intensidade que **distorça** a realidade conhecida, de modo a **apresentá-lo como um bem e não como um mal** que pode ser.

Para compreender essa situação é preciso fazer outra distinção, entre **bem metafísico** e **bem moral**. Do ponto de vista metafísico, tudo o que existe, pelo simples fato de existir, é bom, ou seja, **apetecível** pelo homem, capaz de atraí-lo. Já sob o ponto de vista moral, há bens que **aperfeiçoam** e bens que **corrompem** o homem. Cabe ao homem buscar o que o completa e rejeitar o que o avilta. E esses **bens morais** são **objetivos**, ou seja, fundados na **natureza humana**, comum a todos os homens de todos os tempos, captáveis pela razão através da **observaçã empírica**.

Ora, a **vontade de que a realidade seja tal como se querer** pode influenciar de modo tão intenso a inteligência, que a pessoa passa a ver a realidade não como a experiência sensível lhe mostra que é, mas como a vontade gostaria que fosse, o que resulta numa **idealização da realidade**.

O **pai do idealismo** é, sem dúvida, **René Descartes**, que, pretendendo dar à filosofia o mesmo rigor e certeza das Ciências Exatas, passou a **duvidar** dos sentidos e buscar no **próprio interior** o início de todo o pensar.

Ora, a partir de si mesmo é impossível construir a realidade exterior. E, no entanto, nessa **opção intelectual** seguiu também **Emanuel Kant**, sustentando que não seria nossa cabeça que deveria se adequar à realidade, mas **a realidade a se amoldar à nossa inteligência**.

O **idealismo** kantiano estampado em sua ***"Crítica da Razão Pura"*** desemboca inevitavelmente no **relativismo moral** calcado na ***"Crítica da Razão Prática"***, onde o **imperativo categórico** que aponta para o dever moral de cada momento é algo absolutamente subjetivo, em que cada um erige para si e para os demais a norma moral que considera a mais adequada.

Esse **relativismo absoluto** – intelectual e moral – é bem retratado na peça ***"Copenhague"*** (1998), na qual **Michael Frayn** apresenta um diálogo emblemático entre os físicos **Niels Bohr** e **Werner Heisenberg**:

> "Bohr: Ela (a mecânica quântica) funciona, sim. Mas isso não é o mais importante. Porque você vê o que fizemos nesses três anos, Heisenberg? Sem exagero, viramos o mundo pelo avesso. Sim, escute, é agora que vem a parte importante (...) Trouxemos o homem de volta ao centro do univero. Ao longo da história, vivemos nos achando deslocados. Vivemos nos exilando para aperiferia das coisas. Primeiro, nos transformamos num mero acessório dos propósitos incognoscíveis de Deus. Figuras minúsculas ajoelhando na grande catedral da criação. E assim que nos recuperamos, no Renascimento, assim que o homem se tornou, como anunciara Protágoras, a medida de todas as coisas, fomos jogados de novo para escanteio pelos produtos de nosso raciocínio! Somos de novo apequenados à medida que os físicos constroem as novas catedrais para contemplarmos as leis da mecânica clássica que nos antecedem desde o início da eternidade e que sobreviverão a nós até o fim da eternidade, que existem quer existamos ou não. Até chegarmos ao início do século XX, quando somos subitamente forçados a nos erguer de nossa posição ajoelhada.
> Heisenberg: A coisa começa com Einstein.
> *Bohr: A coisa começa com Einstein. Ele mostra que a medição – a medição de que depende toda a possibilidade de ciência –, a medição não é um evento impessoal que ocorre com universalidade imparcial. É um ato humano, realizado de um ponto de vista específico no tempo e no espaço, do ponto de vista específico de um observador possível. Depois, aqui em Copenhague, naqueles três anos em meados da década de 1920, nós descobrimos que não existe um universo objetivo precisamente determinável. Que o universo só existe como uma série de aproximações. Só dentro dos limites determinados por nossa relação com ele. Só pela compreensão alojada dentro da cabeça humana"* (Anchor Books – New York, pp. 71-72, *apud* **Rebecca Goldstein**, *"Incompletude"*, Cia. das Letras – 2008 – São Paulo, p. 32).

A **soberba** de **Bohr** (será que teria pensado assim?) estaria calcada na pretensa derrubada do **"mito da objetividade"** pelas **Teorias da Relatividade** (Especial e Geral) de **Albert Einstein** (os fenômenos ocorridos perto da velocidade da luz variam dependendo do referencial do observador, dada a deformação sofrida pelo espaço-tempo nessas condições), **Princípio da Incerteza** de **Werner Heisenberg** (impossibilidade de determinação simultânea da massa e da velocidade de um corpo nas experiências de Física Atômica, uma vez que o observador acaba influenciando na experiência, com a emissão da onda de luz necessária para observar o fenômeno), e **Teorema da Incompletude** de **Kurt Gödel** (quanto mais abrangente for uma teoria, menos consistente se apresentará, e vice-versa, uma vez que a consistência de um sistema formal não pode ser provada dentro do sistema, remetendo necessariamente ao um elemento exógeno ao sistema).

Ora, tal **generalização da teoria da relatividade** e de suas co-irmãs, para se dizer, como se faz muito na atualidade, que ***"tudo é relativo"***, é algo **absolutamente estranho** às conclusões ao menos de **Einstein** e **Gödel**. É o que procura demonstrar **Rebecca Goldstein** em seu já referido livro *"Incompletude"*, onde traça o perfil acadêmico e psicológico de **Gödel** e sua relação com **Einstein**.

Com efeito, o próprio **Teorema da Incompletude** é muito mais uma demonstração da **fraqueza do idealismo e do subjetivismo** do que de sua solidez, já que um **sistema auto-referencial** pode até parecer coerente internamente, mas não é capaz de explicar a realidade, já que despreza os dados que servem de comprovação de suas conclusões. **Gödel**, com seu teorema, deu um golpe mortal ao **relativismo**, quando demonstrou matematicamente que tais sistemas, além de tudo, **não são coerentes**: exatamente por quererem ser abrangentes, perdem sua consistência, desembocando em conclusões incongruentes e contraditórias.

3. METAFÍSICA DA OPÇÃO INTELECTUAL

Carlos Cardona, em seu ***"Metafisica de la Opción Intelectual"*** (Rialp - 1973 - Madrid), procura demonstrar que a **opção pela imanência**, ou seja, por colocar o **sujeito como referencial da verdade e do bem**, e não a realidade extra-mental, não se baseia em dados da realidade que conduzam a essa conclusão, mas numa **opção apriorista da vontade**, que influencia a inteligência, a qual passa a ver apenas aquilo que a vontade lhe apresenta como bem, quando, ontologicamente, é a inteligência que efetivamente coloca diante da vontade os bens conhecidos, para que sejam escolhidos por ela.

Assim, à **postura realista**, característica da **filosofia clássica**, emblematicamente representada por **Aristóteles**, que coloca o início de toda a filosofia na **admiração** do mundo exterior, buscando compreendê-lo a partir da experiência sensível, contrapõe-se a **postura imanentista**, característica da **filosofia moderna**, paradigmaticamente representada por **Descartes**, que, desconfiando da experiência sensível, coloca na **dúvida** a gênese da filosofia, pretendendo construir toda a realidade a partir do **auto-conhecimento**! E não chega a lugar nenhum. Sua **moral provisória**, até que conseguisse construir todo o edifício da filosofia à luz de seu ***"penso, logo existo"***, numa passou de provisória. E o homem tem necessidade de certezas e não de opiniões ou palpites, quando se trata de agir em busca daquilo que o poderá fazer, ou não, feliz.

Aristóteles, partindo da observação empírica da realidade e dos costumes das mais variadas comunidades humanas *"gregas e bárbaras"*, chegou a comportamentos reconhecidos de forma generalizada como bons e convenientes à vida social, estampados nas **virtudes**, que retratariam a retidão no agir, de acordo com a natureza racional do homem (cfr. ***"Ética a Nicômaco"***).

A **esquizofrenia** do mundo moderno está justamente em não mais ***"viver como pensa"*** (seguindo os ditames da razão, que aponta o melhor comportamento, após a observação da realidade e da natureza humana), mas em ***"pensar como vive"*** (adequando a visão da realidade ao interesse que se tem neste ou naquele bem concreto - um cargo, uma posição, uma mulher, uma propriedade - que, segundo a moral e até o direito, não lhe caberia).

E a **salvação** do mundo moderno - tanto sob o prisma psicológico quanto escatológico - está em **não inverter a equação**, caso haja a **contradição entre vida e virtude**, entre teoria e prática. Enquanto continuamos a ter como **norte** a **moral objetiva**, com sua distinção clara entre o certo e o errado, ainda podemos corrigir o rumo, ao descobrir que o caminho empreendido ao arrepio da conduta devida acabou por nos conduzir à infelicidade e à frustração. Mas no momento em que tentamos **justificar nossas escolhas equivocadas**, mudando aquilo que antes tínhamos como errado, nesse momento **perdemos a bússola**, e daí será quase impossível encontrar o caminho de volta.

Na **Idade Média**, houve muita barbaridade (afinal, começou com as invasões bárbaras...), inclusive por parte daqueles que deveriam ser luz para a sociedade de seu tempo, mas, ao menos, **não tentaram mudar a cosmologia ou a ética** para se adaptarem a seus desvios morais. Reconheciam os homens e mulheres suas fraquezas e faziam suas penitências quando, arrependidos, descobriam a canoa furada na qual haviam embarcado.

Já o **Mundo Moderno** padece da **falta de referenciais**. Todas as depravações comportamentais encontram algum defensor de plantão, que explica como, psicologicamente, o natural é agir assim ou assado. Nesse sentido, constitui um retrato de nossa época o conflito bem descrito por **J. B. Torelló** em seu ***"Psicanálise ou Confissão?"*** (Aster - 1967 - Coimbra): em vez de reconhecer singelamente as próprias faltas diante de um sacerdote e receber, pelo sacramento da penitência, a absolvição de seus pecados, muitos procuram um psiquiatra que, se seguir na linha freudiana, lhes dirá que "assumam" suas condutas depravadas, e, para tanto, cobrando altos honorários, o que não ocorre com a confissão, que nada custa.

Em suma, a **esquisofrenia gollumiana** na vida pessoal e social pode e deve ser desfeita pela busca sincera da verdade e do bem, independentemente do interesse que se tenha.

Capítulo V

O HEROÍSMO DO COTIDIANO

1. A IMPORTÂNCIA DO PEQUENO

De todas as sagas que engalanam a Literatura Universal, cujo argumento central seja a **luta cósmica entre o Bem e o Mal**, nenhuma delas parece colocar tão de relevo que o segredo da vitória esteja na **humildade** quanto *"O Senhor dos Anéis"* de J. R. R. Tolkien. Entre todos aqueles personagens que se envolvem na **Guerra dos Anéis**, dois grandes heróis se destacam notoriamente: *Frodo-dos-Nove-Dedos* e seu fiel companheiro, *Sam Gamgee*, dois simples *hobbits* do Condado, as **criaturas racionais mais pequenas e indefesas** da epopéia tolkiana.

Quem poderia esperar, ao ler a obra-prima de Tolkien, que, para enfrentar os perigos mais terríveis e apavorantes na árdua missão de salvar a Terra Média do domínio do *Senhor das Trevas*, o grande estrategista da Guerra dos Anéis, *Gandalf*, confiaria a esses dois pacatos *hobbits*, o **papel mais destacado e fundamental**? Que qualidades o Mago Cinzento teria visto nesse **povo miúdo**, que passava praticamente despercebido entre os povos e reinos da Terra Média, capaz de nele depositar a última esperança de vitória sobre as forças poderosas e pavorosas vindas de Mordor?

Ao descrever, no primeiro capítulo de *"O Senhor dos Anéis"*, os *hobbits*, Tolkien esclarecia, na sua fantasia, sobre as **virtudes desse povo discreto**:

> *"Em grande parte, este livro trata de hobbits, e através de suas páginas o leitor pode descobrir muito da personalidade deles e um pouco de sua história. Os hobbits* são um ***povo discreto*** *mas muito antigo, mais numeroso outrora do que é hoje em dia.* ***Amam a paz e a tranqüilidade*** *e uma* ***boa terra lavrada*** (...).
> *Mesmo nos tempos antigos, eles geralmente se sentiam intimidados pelas "Pessoas Grandes", que é como nos chamam, e atualmente nos evitam com pavor e estão se tornando difíceis de encontrar. Têm* ***ouvidos agudos e olhos perspicazes****, e, embora tenham tendência a acumular gordura na barriga e a não se apressar desnecessariamente, são* ***ligeiros e ágeis em seus movimentos****. Possuem, desde o início, a* ***arte de desaparecer rápida e silenciosamente*** (...).
> *São um povo pequeno, menores que os anões: menos robustos e troncudos, quer dizer, mesmo que na realidade não sejam muito mais altos, a sua altura é variável, indo de 60 centímetros a 1 metro e 20 centímetros em nossa medida* (...).
> *Quanto aos hobbits do Condado, enfocados nesses contos, nos tempos de paz e prosperidade eram um* ***povo alegre****.* (...) *Em geral seus rostos eram* ***mais simpáticos que bonitos****; largos, com olhos brilhantes, bochechas vermelhas e bocas prontas para rir e para comer e beber. Assim eles riam, comiam e bebiam, freqüentemente e com entusiasmo,* ***gostando***

> ***de brincadeiras a qualquer hora****, e também de cinco refeições por dia (quando podiam tê-las). Eram* ***hospitaleiros e adoravam festas e presentes*** *que ofereciam sem reservas e aceitavam com gosto (...).*
> *A origem dos hobbits se situa nos Dias Antigos, agora perdidos e esquecidos. Os hobbits, de fato, viveram sossegadamente na Terra-média por muitos anos antes que qualquer outro povo tomasse conhecimento deles. E estando o mundo afinal de contas cheio de inumeráveis criaturas estranhas,* ***esse pequeno povo parecia ter muito pouca importância****. Mas na época de Bilbo e de Frodo, seu herdeiro, eles repentinamente* ***se tornaram, sem que o desejassem, tanto importantes quanto renomados****, e atrapalharam as deliberações dos Sábios e dos Grandes"* (grifos nossos).

Esse descrição dos *hobbits* (pedindo-se desculpas pela longa transcrição) não é a de **pessoas normais**, que se encontram ao nosso lado e que somos nós mesmos? Com uma gordurinha a mais, com uns centímetros a menos, amantes da boa comida e bebida, brincalhões, *"mais simpáticos que bonitos"*? E, no entanto, com **mais fraquezas que virtudes**, em cada um de nós late no coração um desejo de grandes feitos, de grandes ideais, de heroísmo em suma. Penso que o próprio Tolkien, ao descrever os *hobbits*, fazia uma descrição de sua própria condição. Eram o povo de "seu" mundo com o qual mais se identificava. Em Bilbo escrevendo o *"Livro Vermelho da Marca Ocidental"* em Rivendell vejo o retrato do próprio Tolkien escrevendo "O Senhor dos Anéis".

Mas como um povo tão pacato e "normal", tão simples e desprovido de ambições poderia gerar "heróis" e influir tão decisivamente na **transformação do mundo** de seu tempo? Como nós próprios podemos, no lugar e condições em que nos encontramos, não obstante misérias e limitações, ter semelhante **influxo benéfico**, a ponto de conseguir **mudar para melhor a sociedade em que vivemos**, tão violenta e materialista, tão pouco solidária?

2. A TENTAÇÃO DO PODER

Impressiona a *Gandalf* a **resistência** que *Bilbo* teve aos efeitos deletérios do *Um Anel*, que tornava invisível a pessoa que o usava, mas que a corrompia paulatinamente, pelo **domínio polarizador** que exercia sobre a pessoa. Talvez o que explique essa **força de vontade** do velho *hobbit*, único a se desfazer espontaneamente do *Um Anel* (lembre-se que tanto Sauron quanto Isildur, Gollum e Frodo perderam o *Um Anel* contra sua vontade), fosse o fato de ser alguém **simples, pacífico, leal, despojado, alegre, cordato, discreto, tranqüilo e humilde**, virtudes essas que não o faziam ambicionar o poder, nem mesmo riquezas (pois sabe repartir aquelas que recebeu por ocasião da vitória na Montanha Solitária), mas fundamentalmente alegrar seu sobrinho e as pessoas da sua vila. Não seriam essas **virtudes** aquelas capazes de forjar no indivíduo **uma fibra moral sólida**?

Ser **leal**, por exemplo, supõe não mudar de lado ou de amigos, conforme o interesse pessoal ou as vantagens que se oferecem, firme nas convicções e fiel aos compromissos assumidos, o que não é nada fácil em determinados momentos e ambientes. Em contraste, a **deslealdade** parece ser a tônica, pó exemplo, da **política**, com o **fisiologismo** próprio daqueles que hoje militam num partido, amanhã em outro, de princípios diametralmente opostos ao anterior, mas com melhores possibilidades de êxito na conquista do Poder num dado momento histórico.

A **humildade**, como moderação do amor-próprio, é o sal que dá sabor às relações interpessoais, enquanto a **soberba**, que faz se achar melhor do que os outros, pode ser comparada à pimenta, que indispõe a muitos. Quando *Frodo* oferece o *Um Anel* a *Galadriel*, que o recusa, vencendo a **tentação do Poder**, percebe aquilo no que a dama élfica se tornaria, se sucumbisse à tentação da soberba: *"Em pé diante de Frodo, ela parecia incomensuravelmente alta e insuportavelmente bela, ao mesmo tempo terrível e digna de adoração"*.

Como a **beleza** pode ser **insuportável**? Sendo um dos **transcendentais do ser** (junto com a verdade e o bem), deveria causar admiração e atrair. Para **Josef Pieper** (1904-1997), o **belo** (junto com a filosofia, a religião, o amor e a morte) teria o condão de provocar um **abalo** no sujeito que o contempla**,** capaz de fazer **transcender o mundo do trabalho**: é a natural **admiração** pela proporção das formas, pela perfeição do ser, que faz desligar das atividades do dia a dia, para se embevecer com a beleza (cfr. *"Que é Filosofar? Que é Acadêmico?"*, EPU – 1981 – São Paulo, pp. 3-13). No entanto, o **desejo de posse** da coisa ou pessoa bela, vivenciado cada vez com maior profundidade e intensidade, se não puder ser saciado, torna **insuportável a captação do belo**, corrompendo em vez de sanar o mundo (já que, como **Dostoievsky** dizia, *"A beleza salvará o mundo"*, especialmente a **beleza moral**). E a pessoa bela pode, **intencionalmente**, com seus atavios, agravar o abalo do sujeito que a contempla, passando de **atraente** a **provocante**.

Talvez uma explicação que não esteja longe das causas reais da violência contra a mulher, a vulgarização do sexo e a transformação da mulher em mero objeto de prazer no mundo moderno esteja, usando a analogia da ***Galadriel*** **insuportavelmente bela**, no fato da mulher estar "**sucumbindo à tentação do anel**", ou seja, do **brilho efêmero da vaidade corporal**: será que um "decote provocante", em que se vê "até a alma" da mulher (tanto no sentido conotativo quanto denotativo da palavra "alma"), aparentemente inofensivo, não teria o potencial de provocar, mesmo não intencionalmente, incontrolados desejos de satisfação instintiva nos homens que contemplam tal exposição corporal, incompatíveis com a racionalidade e uma visão personalista da mulher, "coisificada" por si própria?

Podemos imaginar que fim teria Galadriel se tivesse cedido à tentação de trocar sua dignidade élfica pela vaidade anular. Não seria diferente, com o passar do tempo, da triste e repulsiva figura de **Gollum**, de **corpo murcho e alma corrompida**.

Poder-se-ia dizer que de tão pouco – **um decote ousado** – não se pode extrair conseqüências tão catastróficas para a mulher. O mesmo se poderia pensar de qual o problema de não se levantar imediatamente quando toca o despertador. Mas é justamente a idéia de que o grande é feito de muitos pequenos que plasma o que chamamos do **"heroísmo do cotidiano"**: **vencer no pequeno é o segredo**

de se poder vencer no grande. Nesse luta no pequeno é que forja a vontade forte, que resiste, depois, nos grandes embates e persevera na busca do bem árduo, pois tudo o que vale custa (um vestibular, um concurso, um doutorado, etc).

3. PEQUENOS DESCUIDOS, GRANDES DERROTAS

O segredo do **heroísmo** e da **vitória** está no **pequeno**, cuidado com esmero no dia a dia. Na História se tem visto que o **descuido dos detalhes** pode marcar a diferença entre o sucesso e o fracasso, entre a vitória e a derrota, entre a vida e a morte. Em seu livro "O Minuto Decisivo de Waterloo" (Livraria Civilização Editora – 1937 – Porto), **Stefan Zweig** traz alguns relatos históricos sobre **momentos decisivos** nos quais um pequeno descuido foi o responsável por um desastre:

a) Na **batalha de Waterloo**, em 18 de julho de 1815, quando o General **Grouchy**, que perseguia os prussianos, ouviu os canhões troarem em outra direção, não fez caso do conselho de seus subordinados, no sentido de que o combate deveria estar sendo travado em outras plagas, e continuou seguindo a sua trajetória, que o conduziu para longe do local da refrega, fazendo com que **Napoleão** não pudesse contar com os reforços que esperava... um pequeno engano, que custou a coroa do Imperador!

b) Na luta pela **conquista do Pólo Sul**, em janeiro de 1912, o capitão inglês **Robert Scott**, apesar de haver previsto tudo meticulosamente, deixou-se seduzir por seus companheiros que queriam também chegar à meta com ele e, quando tudo estava preparado para que a etapa final fosse percorrida por apenas 4 homens, o comandante permitiu que um quinto fosse também... Resultado: na volta faltaram suprimentos e o grupo acabou morrendo antes de conseguir chegar ao acampamento, que estava a poucas centenas de metros de sua posição... Um pequeno detalhe, que lhes custou a vida! (Cfr. também **Apsley Cherry-Garrard**, "A Pior Viagem do Mundo" (Companhia das Letras – 1999 – São Paulo).

c) Para a **conquista de Constantinopla** pelos turcos, em 1453, conta-se que colaborou, ainda que involuntariamente, o guarda que esqueceu aberta a porta de uma muralha lateral, pela qual penetraram os invasores, depois de um longo cerco àquela que parecia uma fortaleza inexpugnável... Foi um pequeno deslize, mas que custou a queda do Império Romano do Oriente!

Outro exemplo paradigmático do efeito catastrófico de ceder no pequeno encontramos no clássico do cinema **"Julgamento de Nuremberg"** (fime de 1961, premiado com 2 Oscars e contando com elenco de 1ª grandeza: Spencer Tracy, Burt Lancaster, Richard Widmark, Marlene Dietrich, Judy Garland, Maximilian Schell e Montgomery Clift). No **diálogo final** entre o juiz alemão **Janning** condenado e o juiz americano **Haywood** que o condenou, aquele diz a este: ***"Saiba que tens o respeito de um dos condenados"*** (por não ter cedido às pressões políticas para absolvê-los, já que a atmosfera da Guerra Fria fazia com que não fosse politicamente correto tocar na ferida da Alemanha, quando talvez os americanos precisassem dos alemães para fazer frente aos russos; e isso contrastava com a fraqueza dos condenados, que cederam às pressões do Estado nazista para condenarem os dissidentes do regime). E a seguir **Janning** completa, preocupado com a imagem que **Haywood** pudesse formar dele: ***"Aqueles milhares de pessoas... Não podia imaginar que chegaria àquilo"*** (sobre os filmes de campos de concentração mostrados durante o julgamento). A resposta de **Haywood** nos serve de reflexão: ***"Quando você condenou o primeiro inocente, começou a trilhar o caminho que levaria àquilo"***.

4. A GRANDEZA DA VIDA CORRENTE

S. **Josemaria Escrivá**, o santo do cotidiano, em sua homilia *"A grandeza da Vida Corrente"* (pronunciada em 11/03/1960), acorda-nos do sonho idealista para o realismo do que pode efetivamente ser o *"heroísmo do cotidiano"*:

> *"Pensando naqueles que, com o passar dos anos, ainda andam sonhando – com sonhos vãos e pueris, como Tartarin de Tarascon – em caçar leões pelos corredores da casa, onde porventura não há senão ratos e pouco mais; pensando neles, insisto, recordo-vos a grandeza do caminhar à maneira divina no cumprimento fiel das obrigações habituais da jornada, com essas lutas que cumulam de alegria o Senhor e que só Ele e cada um de nós conhecemos. Convencei-vos de que, geralmente, não encontrareis espaço para façanhas deslumbrantes porque, entre outras razões, não costumam apresentar-se. Em contrapartida, não vos faltam ocasiões de demonstrar através do que é pequeno, do que é normal, o amor que tendes por Jesus Cristo. Também nas coisas diminutas se mostra a grandeza da alma, comenta São Jerônimo. Não admiramos o Criador só no céu e na terra, no sol e no oceano, nos elefantes, camelos, bois, cavalos, leopardos, ursos e leões; mas também nos animais minúsculos, como a formiga, os mosquitos, as moscas, os vermes e outros animais deste jaez, que distinguimos melhor pelos seus corpos do que pelos seus nomes; tanto nos grandes como nos pequenos admiramos a mesma maestria. De igual modo, a alma que se dá a Deus põe nas coisas menores o mesmo fervor que nas maiores"* (*in* "Amigos de Deus", Quadrante, nº 8).

Ou seja, o verdadeiro heroísmo a nós acessível é o das **cosias pequenas** do dia a dia, de falar a verdade quando esta nos pode ser desfavorável, de honrar os compromissos assumidos, de trabalhar ou estudar quando a tentação é de ir ver televisão ou "flautear". No fundo, o verdadeiro heroísmo está em **cumprir a própria missão no mundo**, grande ou aparentemente pequena que seja. Há duas mentalidades pelas quais podemos encarar o mundo:

a) parque de diversões – como se entrássemos na existência com a perspectiva de nos divertirmos nos vários brinquedos que o parque oferece – hobbies, trabalho encarado como pedestal para aparecer e triunfar, família composta por bibelôs que nos satisfazem – até que termine o tempo que poderíamos **desfrutar das diversões** que oferecia;

b) missão – estamos no mundo para alguma coisa além da pura satisfação dos instintos: realizar-se através do **serviço aos demais**, de descobrir a felicidade de fazer felizes os que estão ao nosso redor – familiares, amigos, colegas, vizinhos.

Nesse diapasão, não se pode pensar que as **tarefas duras** são para **os outros** e que nós estamos apenas para desfrutar da vida e que os outros nos sirvam. **Stephen Ambrose**, em seu livro *Band of Brothers*, retratando uma Companhia da 101ª Divisão de Paraquedistas do Exército Amaericano na 2ª Guerra Mundial, fala que a união que construíram fazia com que distinguissem um do outro na penumbra, pelo seu modo de mover-se e postar-se, e que a disposição de dar a vida na guerra não era pela pátria ou pela família, mas pelo colega do lado, que, se não fosse cumprida a tarefa de cada um, estaria correndo o risco de morrer.

A certa altura do livro, transcreve trechos de cartas que o soldado Webster escrevia para sua mãe, mostrando a necessidade do **desprendimento pessoal** para se chegar a realizar os grandes ideais do homem e da humanidade. Dizia o paraquedista, falando da sua possível morte em combate (peço perdão pela transcrição em inglês):

> *"I am living on borrowed time. I do not think I shall live through the next jump. If I don't come back, try not to take it too hard. I wish I could persuade you to regard death as casually as we do over here. In the heat of battle you expect casualties, you expect somebody to be killed and you are not surprised when a friend is machine-gunned in the face. You have to keep going. It's not like civilian life, where sudden death is so unexpected".*
> When his mother wrote to express her considerable alarm at this attitude (and her worries about his younger brother, who had just joined the paratroopers), Webster was blunt in his reply: *"Would you prefer for somebody else's son to die in the mud? You want us to win the war, but you apparently don't want to have your sons involved in the actual bloodshed. That's a strangely contradictory attitude.*
> *"Somebody has to get in and kill the enemy. Somebody has to be in the infantry and the paratroops. If the country all had your attitude, nobody would fight, everybody would be in the Quartermaster. And what kind of a country would that be?"* (**Stephen Ambrose**, "Band of Brothers", Pocket Books – 2001 – London, pp. 110-111).

O soldado **Webster** captou bem um princípio básico do heroísmo do cidadão comum: se todos pudessem tirar o corpo fora nas situações difíceis ou deixar para outros aquilo que deve ser feito para o bem da sociedade, nunca haveria progresso, vitória ou avanço.

Esse **desprendimento próprio** e **espírito de sacrifício**, que tem como exemplo emblemático o do próprio **Cristo morrendo na Cruz**, para a redenção de toda a Humanidade (a ser revivido de alguma forma por cada cristão, como *"alter Christus"*), é bem estampado no diálogo final entre os dois *hobbits* protagonistas da grande aventura que salvou a Terra Média do domínio das forças das Trevas, **Sam** e **Frodo**: *"Mas* – disse Sam, com lágrimas brotando nos olhos – *achei que o senhor também fosse aproveitar a vida no Condado, por muitos e muitos anos, depois de tudo o que fez".* E Frodo responde *"– Foi o que também pensei, antes. Mas meu* *ferimento é profundo demais, Sam. Tentei salvar o Condado, e ele está salvo, mas não para mim. Muitas vezes é preciso que seja assim, Sam, quando alguma coisa está em perigo: alguém precisa desistir dela, perdê-la, para que outros possam tê-la".*

Em suma, a idéia do ***"heroísmo do cotidiano"*** tem uma dupla vertente:

a) que podemos viver o heroísmo diário de vencer as **pequenas batalhas** que se nos apresentam – levantar da cama quando o despertador toca; chegar pontualmente às aulas, trabalho ou compromissos sociais; tratar com paciência os maçantes e inoportunos; controlar-se na comida e na bebida para não engordar ou embriagar-se;

b) só tendo a vontade fortalecida nessa luta diária pela aquisição das virtudes é que teremos condições de vencer nas **grandes batalhas** que eventualmente possam aparecer, a par de, com o nosso exemplo no meio em que vivemos, **podemos estar influindo positivamente no nosso ambiente e mais além....** mas este aspecto será objeto de nosso próximo capítulo.

Capítulo VI

UNIÃO E SOLIDARIEDADE

1. A UNIÃO MÍSTICA ENTRE OS HOMENS

Há uma verdade da fé católica que permeia toda a obra de **J.R.R. Tolkien**, talvez não percebida claramente pelos seus leitores cristãos, que é a **"Comunhão dos Santos"**.

Colin Duriez, em seu *"J.R.R. Tolkien Handbook"*, lembra:

> *"Tolkien is particularly concerned with time, and Christian apocalyptic. That is, his theme is to reveal the essencial meaning behind human history. Pre-eminently like the biblical Book of Revelation, he is concerned to bring hope and consolation in dark and difficult days"* (Baker Books - 1992 - Michigan, p. 59).

Com efeito, a realidade da "Comunhão dos Santos" é uma das verdades mais consoladoras da fé cristã: a realidade de que **não estamos sós**.

Impressiona verificar, especialmente nas obras *"O Senhor dos Anéis"* e *"O Silmarillion"*, como as vitórias e derrotas pessoais de muitos personagens são **sentidas, à distância**, pelos demais protagonistas das sagas, que se fortalecem ou se entristecem, sem motivo aparente, mas concomitantemente. Nota-se uma **"comunicação invisível"** ou "comunhão mística" entre os protagonistas da Guerra dos Anéis.

Essa ligação inexplicável que se capta entre as pessoas é reconhecida no "Credo", que os católicos recitam todos os domingos na Missa, plasmada na expressão **"Comunhão dos Santos"**, como uma das verdades reveladas por Cristo e verbalizada por S. Paulo nos seguintes termos, ao falar do "Corpo Místico de Cristo", ou seja, da **união invisível e, por isso, misteriosa**, que existe entre Cristo e todos os cristãos:

> *"Como o corpo é um todo tendo muitos membros, e todos os membros do corpo, embora muitos, formam um só corpo, assim também é Cristo. Em um só Espírito fomos batizados todos nós, para formar um só corpo, judeus ou gregos, escravos ou livres; e todos fomos impregnados do mesmo Espírito. Assim o corpo não consiste em um só membro, mas em muitos. (...)* ***Se um membro sofre, todos os membros padecem com ele; e se um membro é tratado com carinho, todos os outros se congratulam por ele.*** *Ora, vós sois o corpo de Cristo e cada um, de sua parte, é um dos seus membros.* (I Cor 12, 12-27) (grifos nossos).

S. Tomás de Aquino fala de forma concisa dessa realidade sobrenatural: *"Uma vez que todos os crentes formam um só corpo, o bem de uns é comunicado aos outros"* ("Expositio in Symbolum Apostolicum", 10). Não é uma realidade meramente natural, uma vez que o fundamento está na **união espiritual** de todos os cristãos-membros com Cristo-Cabeça, por Quem nos vêm todas as graças, ou seja, as ajudas espirituais que iluminam a inteligência e movem a vontade para a prática do bem.

O **Catecismo da Igreja Católica** resume essa verdade da fé nos seguintes termos:

> *"Cremos na comunhão de todos os fiéis de Cristo, dos que são peregrinos na terra, dos defuntos que estão terminando a sua purificação, dos bem-aventurados do céu, formando todos juntos uma só Igreja, e cremos que nesta comunhão o amor misericordioso de Deus e dos seus santos está à escuta das nossas orações"* (nº 962).

Portanto, a realidade da "Comunhão dos Santos" é mais ampla do que se possa imaginar: abarca a **Igreja Militante** (os que ainda peregrinam pela Terra em busca de sua salvação), a **Igreja Padecente** (das almas que se encontram purificando no Purgatório) e a **Igreja Triunfante** (dos santos que já se encontram gozando da visão de Deus no Paraíso).

> *"La visión de Dios hará que el hombre se conozca mejor a sí mismo no sólo en su dimensión individual y particular, sino en cuanto unión con los demás a través de la comunión"* (**Blanca Castilla y Cortázar,** "Comunión de Personas y Dualidad Varón-Mujer", in "Estudios sobre el Catecismo de la Iglesia Católica", Unión Editorial - 1996 - Madrid, p. 191).

Ou seja, a relação de cada um com a cabeça - Deus Pai Criador -, de verdadeira filiação, estabelece um **laço de fraternidade não meramente retórica**, mas palpavelmente sentida.

2. O FUNDAMENTO DA FRATERNIDADE UNIVERSAL

Ora, essa comunhão significa, fundamentalmente, um laço espiritual entre todos os cristãos em particular e entre todos os homens em geral, porque **filhos do mesmo Pai-Deus,** que os criou, pela qual as orações e sacrifícios de uns lucram misteriosamente para todos aqueles para quem eles são dirigidos. Ou seja, mesmo isolado, o cristão sabe que conta com o apoio, as orações e os sacrifícios de todos os seus irmãos na fé, que lhe aumenta a graça santificante e o fortalece na refrega.

A idéia central da "Comunhão dos Santos", que se percebe também na saga tolkiana, é a de que, na luta cósmica entre o Bem e o Mal, que se plasma na luta interior que cada um trava consigo mesmo para viver de acordo com a dignidade humana, **nunca estamos sozinhos**, mesmo que, fisicamente, possamos estar isolados.

Há uma **relação misteriosa entre todos os seres**, pela qual a vitória de um no caminho do Bem é um pouquinho a vitória de todos e a derrota de um é um pouquinho a derrota de todos.

Fazendo o paralelismo da "Comunhão dos Santos" com o "Senhor dos Anéis", o **diálogo entre Pippin e Beregond**, enquanto visitam as muralhas de Gondor, ainda que longo, dá-nos uma primeira pista de que **não se está sozinho na grande batalha da vida** e que se sente a alegria ou tristeza no coração com a presença do Bem ou do Mal:

> *"– Mas, se quer saber qual, na minha opinião, seria o motivo de os faróis se acenderem, foi a noticia que chegou ontem á noite de Lebennin. Há uma grande esquadra se aproximando da foz do Anduin, liderada pelos corsários de Umbar no sul. Já faz tempo que deixaram de temer o poder de Gondor, e se aliaram ao Inimigo, e agora desferem um pesado golpe a favor dele. Pois esse ataque retirará grande parte da ajuda que procurávamos conseguir de Lebennin e Belfalas, onde o povo é valente e numeroso.* ***Mais que nunca voltamos nossos pensamentos para o norte e para Rohan, e estamos muito alegres por essa noticia de vitória que vocês trazem agora****.*
>
> *– E mesmo assim – ele parou e se levantou, olhando em volta, para o norte, o leste e o sul – os acontecimentos em Isengard devem nos advertir de que* ***estamos presos numa grande rede e estratégia****. Não é mais uma contenda nos vaus, atacando por Ithilien e por Anórien, com emboscadas e pilhagens.* ***Esta é uma grande guerra planejada há muito tempo, e nela somos apenas uma peça, não importa o que o orgulho possa dizer****. As coisas estão se movendo no extremo leste, além do Mar Interno, sabemos pelos relatos; e também no norte, na Floresta das Trevas e mais além; e ao sul em Harad.* ***E agora todos os reinos deverão ser submetidos à prova, para resistir ou cair sob a Sombra****.*
>
> *– Apesar disso, Mestre Peregrin, temos esta honra: sempre fomos o alvo do maior ódio do Senhor do Escuro, pois esse ódio vem das profundezas do tempo, por sobre as profundidades do Mar. Aqui o golpe do martelo será mais forte. E por esse motivo Mithrandir veio até aqui com tanta pressa. Pois, se cairmos, quem resistirá? E, Mestre Peregrin, você tem alguma esperança de que possamos resistir?*
>
> *Pippin não respondeu. Olhou as grandes muralhas, e as torres e as altivas bandeiras, e o sol no céu alto, e depois para a escuridão que se adensava no leste; pensou nos longos dedos daquela Sombra: os orcs das florestas e montanhas, a traição de Isengard, os pássaros de olhos malévolos, e os Cavaleiros Negros até mesmo nas alamedas do Condado – e pensou também no terror alado, os nazgúl. Estremeceu, e teve a impressão de que a esperança definhava. E naquele exato momento o sol, por um instante, vacilou e foi obscurecido, como se uma asa negra tivesse passado por ele. Quase inaudível ele teve a impressão de captar, alto e muito acima nos céus, um grito: fraco, mas de estremecer o coração, cruel e frio. Ficou branco e encolheu-se contra a muralha.*
>
> ***– Que foi isso? – perguntou Beregond. – Você também sentiu alguma coisa?***
>
> *– Senti – murmurou Pippín. – É o sinal de nossa queda, e a sombra da destruição, um Cavaleiro Cruel dos ares.*
>
> *– Sim, a sombra da destruição – disse Beregond. – Receio que Minas Tírith deva cair. A noite se aproxima. O próprio calor de meu sangue parece que me foi roubado. Por um tempo ficaram sentados juntos, cabisbaixos e calados. Então, de repente, Pippin ergueu os olhos e viu que o sol ainda estava brilhando e as bandeiras continuavam tremulando ao vento. Sacudiu o corpo.*
>
> *– Passou – disse ele. –* ***Não, meu coração ainda não vai se desesperar.*** *Gandalf pereceu, retornou e está conosco. Podemos resistir, nem que seja numa só perna, ou até mesmo de joelhos.*

- Muito bem dito! - exclamou Beregond, levantando-se e andando de um lado para o outro em largas passadas.
- Não, embora todas as coisas irremediavelmente devam chegar a um fim em determinada hora, Gondor ainda não perecerá. Nem mesmo se as muralhas forem tomadas por um inimigo impiedoso que construa uma parede de cadáveres diante delas. Ainda há outras fortalezas, e caminhos secretos de fuga para dentro das montanhas. A esperança e a memória ainda viverão em algum vale oculto, onde a relva é verde" (**J.R.R. Tolkien,** "O Senhor dos Anéis", Martins Fontes - 2001 - São Paulo, pp.) (grifos nossos).

No caso das forças do Mal, a **relação de dependência** fica ainda mais patente na passagem em que **Sauron** descobre, no último momento, a estratégia de seus inimigos:

"(...) De repente o Senhor do Escuro percebeu a presença do hobbit, e seu Olho, penetrando todas as sombras, atravessou a planície na direção da porta que ele fizera; e a magnitude de sua própria loucura revelou-se a ele num clarão cegante, e todas as estratégias de seus inimigos foram finalmente desnudadas diante de seus olhos. Então sua ira incandesceu-se numa chama devoradora, mas seu medo ergueu-se como uma vasta fumaça para sufocá-lo. Pois ele sabia do perigo mortal que estava correndo, e percebia o fio pelo qual estava agora pendurado seu destino.
De todas as suas estratégias e teias de medo e traição, de todos os seus estrategemas e suas guerras sua mente se libertou, ***e todo o seu reino foi atravessado por um temor, seus escravos vacilaram, seus exércitos pararam e seus capitães, subitamente sem liderança, desprovidos de vontade, hesitaram e se desesperaram. Pois foram esquecidos.*** *Toda a mente e o propósito do Poder que os controlava concentravam-se agora com uma força arrasadora na Montanha. A um chamado seu, rodopiando com um grito lancinante, numa última corrida desesperada voaram, mais rápidos que os ventos, os nazgûl, os Espectros do Anel, e com uma tempestade de asas arremessaram-se em direção ao sul para a Montanha da Perdição"* (**J.R.R. Tolkien**, "O Senhor dos Anéis", op. cit., p. 1002) (grifos nossos).

Além da idéia da "comunhão invisível" que existia entre **Sauron** e seus comandados, essa passagem traz à reflexão (e que poderia ser objeto de um estudo exclusivo sobre ela) a necessidade de **concentração no que é o principal**. Quantas vezes gastamos nosso tempo e mente no supérfluo e esquecemos do necessário, do essencial para nossa vida (mas esta reflexão fica para o próximo capítulo).

3. SENTIMENTO E REALIDADE DA SOLIDARIEDADE HUMANA

Como não lembrar, também, que a morte de **Boromir** é **pressentida ao longe** por seu pai **Dénethor** e seu irmão **Faramir**, conforme o relato que segue (com a devida vênia pela longa transcrição):

"Apesar disso, sentia em seu coração que Faramir, embora fosse muito semelhante ao irmão na aparência, era um homem menos arrogante, ao mesmo tempo mais austero e mais sábio.

> *– Recordo-me de que Boromir levava uma corneta – disse Frodo finalmente.*
> *– Recorda-se bem, e como uma pessoa que esteve realmente com ele – disse Faramir. – Então talvez consiga ver com os olhos de sua mente: uma grande corneta, feita do chifre do boi selvagem do leste, adornada de prata, e com inscrições em caracteres antigos. Essa corneta os primogênitos de nossa casa carregaram por várias gerações; e* ***afirma-se que se ela fosse tocada num momento de necessidade em qualquer lugar dentro das fronteiras de Gondor, como era o reinado antigamente, sua voz não passaria despercebida****.*
> – Cinco dias antes de minha partida nesta jornada, ***há onze dias, por volta desta hora, ouvi o soar daquela corneta: parecia vir do norte, mas chegava fraco, como se fosse um eco na mente***. Achamos que era um mau presságio, meu pai e eu, pois não tivéramos notícias de Boromir desde sua partida, e nenhuma sentinela em nossas fronteiras o tinha visto passar. E três noites depois uma outra coisa, ainda mais estranha, me aconteceu.
> *– Estava sentado á noite à beira do Anduin, na escuridão cinzenta sob uma pálida lua nova, observando a correnteza sempre em movimento, e ouvindo o farfalhar dos juncos tristonhos. Temos sempre o costume de vigiar as margens perto de Osgiliath, que nossos inimigos agora em parte detém, e através das quais enviam expedições para saquear nossas terras. Mas naquele dia o mundo todo adormeceu à meia-noite.* ***Então eu vi, ou tive a impressão de ter visto, um barco flutuando na água, emitindo um vago brilho cinzento, um pequeno barco de formato esquisito com uma proa alta, e não havia ninguém para remar ou conduzi-lo****.*
> – Fui tomado de espanto, pois uma luz pálida o envolvia. Mas levantei-me e me dirigi à margem, e comecei a caminhar para dentro da correnteza, pois me sentia atraído por ele. Então o barco se virou na minha direção, diminuindo de velocidade e flutuando lentamente até chegar ao alcance de minha mão, mas eu não ousei tocá-lo. Calava fundo, como se carregasse um grande peso, e conforme passou sob meu olhar tive a impressão de que estava quase totalmente repleto de água limpa, da qual emanava a luz; no seio da água, um guerreiro jazia dormindo.
> *– Havia uma espada quebrada sobre seu joelho. Vi muitos ferimentos em seu corpo. Era Boromir, meu irmão, morto. Reconheci seus indumentos, sua espada, seu amado rosto. De uma coisa apenas senti falta: a corneta. Uma coisa apenas não reconheci: um belo cinto, que parecia ser feito de folhas de ouro, cingindo-lhe a cintura. Boromir!, gritei eu. Onde está tua corneta? Aonde vais tu, ó Boromir? Mas ele se fora, O barco voltou a acompanhar a correnteza e desapareceu tremeluzindo noite adentro.* ***Foi como um sonho, mas não foi um sonho, pois não houve despertar.*** *E não tenho dúvidas de que ele está morto e passou descendo o Rio em direção ao Mar"* (**J. R. R. Tolkien**, "O Senhor dos Anéis", op. cit., pp. 700-701).

A realidade da "Comunhão dos Santos" tem também como derivativo a conclusão de que, pelo fato de ninguém estar nos vendo, **não deixamos de estar obrigados a nos comportar bem**, ou que o ato heróico que devamos praticar não mereça ser feito. **Sam** fala a respeito disso com **Frodo**, quando estão prestes a entrar no Reino de Mordor (mais uma vez, pedimos desculpas pela extensão da transcrição, mas que vale a pena relembrar):

> *-É, é isso mesmo – disse Sam. – E de modo algum estaríamos aqui se estivéssemos mais bem informados antes de partir. Mas suponho que seja sempre assim. Os feitos corajosos das velhas canções e histórias, Sr. Frodo: aventuras, como eu as costumava chamar. Costumava pensar que eram coisas à procura das quais as pessoas maravilhosas das histórias saiam, porque as queriam, porque eram excitantes e a vida era um pouco enfadonha, um tipo*

de esporte, como se poderia dizer. Mas não foi assim com as histórias que realmente importaram, ou aquelas que ficam na memória. As pessoas parecem ter sido simplesmente embarcadas nelas, geralmente – seus caminhos apontavam naquela direção, como se diz. ***Mas acho que eles tiveram um monte de oportunidades, como nós, de dar as costas, apenas não o fizeram. E, se tivessem feito, não saberíamos, porque eles seriam esquecidos.*** *Ouvimos sobre aqueles que simplesmente continuaram – nem todos para chegar a um final feliz, veja bem; pelo menos não para chegar àquilo que as pessoas dentro de uma história, e não fora dela, chamam de final feliz. O senhor sabe, voltar para casa, descobrir que as coisas estão muito bem, embora não sejam exatamente iguais ao que eram – como aconteceu com o velho Sr. Bilbo. Mas essas não são sempre as melhores histórias de se escutar, embora possam ser as melhores histórias para se embarcar nelas! Em que tipo de história teremos caído?*

– Também fico pensando – disse Frodo. – Mas não sei. E é assim que acontece com uma história de verdade. Pegue qualquer uma de que você goste. Você pode saber, ou supor, que tipo de história é, com final triste ou final feliz, mas as pessoas que fazem parte dela não sabem. E você não quer que elas saibam.

– Não, senhor, claro que não. Veja o caso de Beren: ***ele nunca pensou que ia pegar aquela Silmaril da Coroa de Ferro em Thangorodrim. E apesar disso ele conseguiu, e aquele lugar era pior e o perigo era mais negro que o nosso****. Mas é uma longa história, é claro, e passa da alegria para a tristeza e além dela – e a Silmaril foi adiante e chegou a Eãrendil. E veja, senhor, eu nunca tinha pensado nisso antes! Nós temos – o senhor tem um pouco da luz dele naquela estrela de cristal que a Senhora lhe deu!* ***Veja só, pensando assim, estamos ainda na mesma história! Ela está continuando. Será que as grandes histórias nunca terminam?***

– Não, nunca terminam como histórias – disse Frodo. – ***Mas as pessoas nelas vêm e vão quando seu papel termina.*** *Nosso papel vai terminar mais tarde – ou mais cedo.*

– E então poderemos descansar e dormir um pouco – disse Sam. Sorriu de um modo sombrio. – E quero dizer exatamente isso, Sr. Frodo. Quero dizer um simples descanso comum, e sono, e acordar para uma manhã de trabalho no jardim. Receio que isso seja tudo que estou esperando todo o tempo. Todos os grandes planos importantes não são para pessoas como eu. Mesmo assim, fico imaginando se seremos colocados em canções e histórias. Estamos numa, é claro; mas quero dizer: transformados em palavras, o senhor sabe, contadas perto da lareira, ou lidas de grandes livros com letras pretas e vermelhas, anos e anos depois. E as pessoas vão dizer: "Vamos escutar sobre Frodo e o Anel!" E eles vão dizer: "Sim, essa é uma de minhas histórias favoritas. Frodo foi muito corajoso, nao foi, papai?" Sim, meu filho, o mais famoso dos hobbits, e isso significa muito."

– Significa muito demais – ***disse Frodo e riu, um riso longo e claro, que vinha do fundo de seu coração. Um som assim não se ouvia naquelas partes desde que Sauron chegara*** à ***Terra-média.*** *Sam de repente teve a impressão de que todas as pedras estavam escutando e todas as rochas se debruçavam sobre eles. Mas Frodo não deu atenção a elas e riu de novo.*

– Olhe, Sam, ouvir você me faz rir como se a história já estivesse escrita. Mas você deixou de fora um dos principais personagens Samwíse, o bravo. "Quero ouvir mais sobre Sam, papai. Por que ele não falou mais coisas, papai? É disso que eu gosto. Acho engraçado. E Frodo não teria ido muito longe sem Sam, teria, papai?"

– Ora, Sr. Frodo – disse Sam –:" o senhor não devia caçoar. Eu estava falando sério.

– Eu também estava – disse Frodo. – Eu também estou. Estamos indo meio rápido demais. Você e eu, Sam, ainda estamos enfiados nos piores lugares da história, e é bem provável que alguns digam neste ponto: "Feche o livro, papai, não queremos ler mais nada."

– Pode ser – disse Sam –:" mas eu não diria isso. Coisas feitas e terminadas, que já fazem parte das grandes histórias, são diferentes. Veja bem, até Gollum poderia ser bom numa

> *história, melhor do que tê-lo ao seu lado, de qualquer forma. E houve um tempo em que ele mesmo gostava de histórias, por conta própria. Será que ele se considera o herói ou o vilão? – Gollum! – chamou ele – Você gostaria de ser o herói ora, onde ele se meteu de novo?"* (**J. R. R. Tolkien**, "O Senhor dos Anéis", op. cit., pp. 750-7521).

Essa espécie de ligação mística entre todos os homens, pela qual uns influenciam a vida de outros, não só pelo exemplo, mas pelas próprias ações boas ou más, fazendo crescer ou diminuir o Bem no mundo, é lembrada em outra conhecida saga do século XX: **"Guerra nas Estrelas".**

A percepção que **Luke Skywalker, Darth Vader, Obi-Wan-Kenobi, Yoda** e a Princesa **Leia Organa**, para citar apenas os principais personagens, têm do que está acontecendo com os demais, é atribuída à **Força** que os sustem, como o Deus que se confunde com a Natureza e a Energia do Universo, típica da visão panteísta spinoziana, assumida por Einstein.

Assim fala dela **Stephen J. Sansweet**:

> *"The Force – both a natural and mystical presence, it is an energy field that suffuses and bindes the entire galaxy. The Force is generated by all living things, surrounding and penetrating them with its essence. Like most forms of energy, the Force can be manipulated, and it is knowledge and predisposition to do so that empowers the Jedi Knights, and the dark siders and Sith"* ("The Complet Star Wars Encyclopedia", Ballantine Books – 2008 – New York).

Chame-se **"Comunhão dos Santos", "Força", "Sexto Sentido"**, o fato é que a comunicação de bens espirituais se mostra uma realidade percebida e decantada não apenas pela Fé Cristã, mas também por outras tradições. O importante é descobrir que, em nossas batalhas cotidianas em busca da construção de um mundo melhor, mais digno e solidário, não estamos sós, por mais que isso possa parecer. Nosso esforço, ainda que pareça inútil e estéril, tem uma importância capital, pelo suporte que dá, imperceptível talvez para nós, mas real, aos demais.

Esta perspectiva cristã da obra de **Tolkien** e que tanto me chamou a atenção ao ler seus livros não a encontrei na excelente obra *"A Hidden Presence: The Catholic Imagination of J.R.R. Tolkien"*, organizada por **Ian Boyd** e **Stratford Caldecott** (The Chesterton Press – 2003 – South Orange). Talvez não passe de uma intuição pessoal, mas não consigo deixar de pensar nela ao ler a Saga dos Anéis do Poder.

Para concluir, vêm bem a calhar alguns pontos do livro *"Caminho"* (Quadrante – São Paulo – 1999, 9ª edição) de **São Josemaria Escrivá**, que tratam dessa relação misteriosa entre todos os cristãos e que podem nos servir de estímulo e ânimo na luta cotidiana no cumprimento de nossos deveres profissionais, familiares e sociais, e de nossa missão na vida. Citemos apenas quatro:

> *544 Comunhão dos Santos. – Como dizer-te? – Sabes o que são as transfusões de sangue para o corpo? Pois assim vem a ser a Comunhão dos Santos para a alma.*

A imagem é paradigmática. E mais. Usava **S. Josemaria** a figura dos **"vasos comunicantes"** da Física para explicar o fenômeno místico. O aumento de graça em um dos vasos, se fosse líquido, faria aumentar um pouco a graça em todos os demais, e vice-versa quanto à diminuição.

> *545 Vivei uma particular Comunhão dos Santos. E cada um sentirá, à hora da luta interior, e à hora do trabalho profissional, a alegria e a força de não estar só.*
>
> *546 Filho: que bem viveste a Comunhão dos Santos quando me escrevias: "Ontem senti que o senhor pedia por mim"!*
>
> *549 Terás mais facilidade em cumprir o teu dever, se pensares na ajuda que te prestam os teus irmãos e na que deixas de prestar-lhes se não és fiel.*

Na verdade, essa perspectiva da inter-relação entre todos nós só se compreende melhor tendo em vista a existência de um "Plano Superior" que dirige os acontecimentos para um Fim, plano esse a que os cristãos chamamos "Providência". Mas esse tema, ligado à Sinfonia Criadora proposta por **Illúvatar** no início do Mundo (cfr. **J.R.R. Tolkien**, "O Silmarillion", Martins Fontes - 2001 - São Paulo, pp. 4-7), será tema de nossa próxima reflexão nesta coluna.

Capítulo VII

ÉTICA E CRISTIANISMO NO *MUNDO DO SENHOR DOS ANÉIS*

1. INTRODUÇÃO – PARADOXOS

Quando um cristão entra em contato com as obras de **J. R. R. Tolkien**, principalmente após ser transposta para as telas do cinema a saga dos **"Anéis do Poder"**, a pergunta que vem naturalmente à mente é: Como uma obra povoada de elfos, anões, hobbits, orcs e outros seres fantásticos pode ter um **fundo cristão** e trazer lições no **campo ético**?

Precisamente em ambientes cristãos, um certo **preconceito** se levanta em relação ao ***"Senhor dos Anéis"***, vendo nele apenas mais um **livro de fantasia** e, diante do alerta para o fato de que o autor era católico convicto, vertendo no livro seus princípios morais, outra pergunta surge: Não há o perigo de que as pessoas que leiam uma obra de caráter tão fantástico, principalmente jovens, fiquem no episódico das estórias e personagens, sem captar a essência de **valores humanos e cristãos** subjacente à obra?

Convidado que fui a participar de um "Café Literário", numa "Feira do Livro" realizada em Brasília, para debater com outro especialista sobre a obra de Tolkien, fiquei realmente impressionado ao ver como o colega de mesa sustentava uma **visão exclusivamente esotérica** do *"Senhor dos Anéis"*, de cunho maniqueísta. Percebi como **o perigo é real**, mas não tão alarmante a ponto de desaconselhar a recomendação da trilogia tolkiana como **literatura sadia e edificante** para nossa juventude. Pelo contrário, essas são exceções isoladas que confirmam a regra.

Na realidade, a esperança que nutro, com a popularização da saga tolkiana, propiciada pelos **filmes de Peter Jackson**, é que aqueles que tenham assistido aos filmes tenham despertado o interesse pelos livros e **descubram a beleza literária e moral da obra de Tolkien**. Os filmes dão uma visão muito parcial de *"O Senhor dos Anéis"*. Sendo impossível reproduzir nas telas a integralidade de uma obra literária, mormente no caso da complexa e extensa saga dos anéis do Poder, o roteiro do filme, como é natural, fez-se com a compactação de passagens e a supressão de personagens (principalmente o poético e enigmático **Tom Bombadil**), que acabaram por imprimir a todo o filme uma feição de **suspense e tensão que não retratam perfeitamente o ritmo alternado de aventura épica e de poesia bucólica, característico da obra de Tolkien**, que os misturou em justas proporções. No entanto, até para o mais exigente leitor, o filme surpreendeu por conseguir plasmar visualmente o que a imaginação já figurava na mente com a leitura da obra. São, pois, um instrumento contributivo para imortalizar a obra de **J. R. R. Tolkien**.

2. QUEM FOI J. R. R. TOLKIEN?

Para compreender a obra, é essencial conhecer seu autor. Pois bem, no caso de **John Ronald Reuel Tolkien**, os dois traços característicos de sua personalidade são:

a) o profissional - era um filólogo, professor e estudioso de línguas na Universidade de Oxford;

b) o espiritual - foi um católico de fé profunda e vivenciada.

O gosto de **Tolkien** pela **filologia** (especialmente pela origem das palavras) e interesse pelas línguas antigas desembocaram na criação de novas línguas, atividade que constituía seu passatempo (daí surgem o *quenya* e o *sindarin*, inspirados respectivamente no **finlandês** e no **galês**, a par da influência do islandês, gaélico e anglo-saxão para o que seria a língua dos elfos, de seus contos).

Para **Tolkien**, as "histórias" que inventou foram feitas para proporcionar um mundo às línguas que criara. Dizia que **primeiro pensava num nome e depois vinha a "história"**. Daí que tenha, após a difusão de seus livros em outros idiomas, desenvolvido um guia dos nomes para auxiliar os tradutores (quando se fizeram as primeiras traduções para o sueco e holandês). Quando lhe perguntaram certa vez sobre o que era *"O Senhor dos Anéis"*, respondeu simplesmente: um ensaio de estética lingüística.

Em **1917**, em convalescença da febre das trincheiras que adquiriu durante a Grande Guerra, **começaria a escrever** o que seria mais tarde ***"O Silmarillion"*: sua grande obra mitológica**. O ideal que havia concebido era o de **criar uma mitologia inglesa**, ao estilo da mitologia nórdica, que fosse **pautada por valores morais**, uma vez que a mitologia grega e romana colocava os deuses como personagens imorais, com ações pérfidas ao lado de grandes feitos. Assim, a criação de seu mundo mitológico, aproveitando as matrizes históricas inglesas, será um amálgama da mitologia nórdica com os valores cristãos, concebendo os "deuses antigos" como anjos, bons ou maus, conforme sua conduta, criados todos por um Deus único, origem de todo o Universo.

A **fé católica, Tolkien** a recebeu de sua mãe **Mabel**, que, após a morte do marido, havia se convertido ao catolicismo. A conversão representou para ela e seus filhos o corte da ajuda econômica que recebia de seus parentes, protestantes que receberam muito mal o passo dado. Porém **Mabel** enfrentou com fortaleza tanto o ostracismo familiar quanto as dificuldades econômicas que sua conversão provocaram, deixando um sólido exemplo para os filhos. Em seu leito de morte, quando **Tolkien** tinha apenas 12 anos, confiou seus filhos ao Pe. **Francis Xavier Morgan**, pároco de S. Dunstan, que passou a ser o **tutor de Ronald**.

No pensionato em que passou a viver, **Tolkien** conheceu outra pensionista, órfã de mãe solteira que nunca revelou quem foi seu pai, **Edith Bratt**, com quem fará amizade e por quem se apaixonará (era 3 anos mais velha que ele). Como o **namoro** começou a comprometer seus estudos e a preparação dos exames para ingresso em Oxford, o Pe. **Morgan** proíbiu Tolkien de ver ou escrever a Edith até atingir a maioridade (havia trasladado a garota para outra cidade). **Tolkien**, com seu **espírito romântico, não se esquece dela durante os 3 anos de separação**. Assim, à meia-noite do dia em que completaria os 21 anos, escreve uma carta a **Edith** para reatar os laços rompidos (1913). Ao receber a resposta, fica sabendo que ela, ao não ter notícias dele por 3 anos, pensou que a tivesse esquecido e, desse modo, já estava noiva de outro rapaz. **Tolkien** toma o primeiro trem para encontrá-la e, depois de conversarem, ela decide romper com o outro rapaz e reatar com **Ronald** (esse amor de **Tolkien** por sua futura esposa ficará plasmado na legendária "Balada de Beren e Lúthien", que integrará seu livro *"O Silmarillion"*, tendo os nomes dos dois personagens sido insculpidos nos túmulos do casal, como seus cognomes).

No **Exeter College** da **Universidade de Oxford** descuida, durante os primeiros anos do curso, da prática religiosa, retomando-a com novo fervor quando reencontra **Edith** e esta se faz católica (1914). O amor dos dois frutificará em **4 filhos**, dos quais um será sacerdote. As tertúlias familiares, onde Tolkien contava suas estórias para os filhos, arraigará nestes a mesma fé herdada da avó. E os valores cristãos serão a fonte oculta, inspiradora dos ideais da saga tolkiana.

3. TRAÇOS CRISTÃOS NA OBRA DE TOLKIEN

Nas três principais obras de Tolkien – **"O Silmarillion"**, **"O Hobbit"** e **"O Senhor dos Anéis"** – a **cosmovisão cristã**, ainda que velada, pode ser percebida quer de forma difusa em toda a saga, quer de forma pontual em muitas passagens, com o que podemos traçar muitos **paralelismos entre o Cristianismo e o Mundo do Senhor dos Anéis**:

a) Perspectiva Creacionista

O mundo é fruto do **ato criador de um Deus Único** (*"Eru"*, que significa *"O Único"* ou *"Ilúvatar"*, que significa *"Pai de Todos"*), contrapondo-se ao politeísmo das mitologias antigas. Assim, àquilo que os antigos tinham por deuses (Zeus e os demais deuses gregos, Júpiter e demais deuses romanos, Odin e o restante dos deuses nórdicos), Tolkien dá a natureza de anjos (os *"Vala"* e os *"Mayar"*), ou seja, seres puramente espirituais, que também seriam criaturas (existindo uma hierarquia de espécies dentro dessa mesma natureza: *"Sauron"* é uma *"Mayar"* que servirá a *"Morgoth"*, que é um *"Valar"*).

Fala-se de uma **queda** de algumas dessas "criaturas angélicas", quando todas foram submetidas a uma "prova", concebida alegoricamente por Tolkien como a composição de uma sinfonia em conjunto a partir de um tema dado por *"Eru"*, em que cada um dos *"Vala"* se conhecia na medida em que compunha a sua música, sendo que um deles, *"Melkor"* ou *"Morgoth"* (imagem do demônio ou *"Lúcifer"*), inchado de orgulho pelo próprio esplendor, decide criar os seus próprios temas e dá o tom dissonante na sinfonia, fazendo com que muitos dos *"Vala"* acabem se desviando do tema originalmente proposto.

b) Perspectiva Ética

A **luta do bem e do mal** que pontua "O Senhor dos Anéis" e as obras que a precedem no tempo "histórico" não tem contornos maniqueístas, mas, pelo contrário tem um fundo ético nitidamente cristão. Há apenas um **princípio do bem**: o Ser por excelência, o Deus do Bem. O mal moral é fruto da liberdade: desde os seres inteligentes criados mais perfeitos (os "Vala"), até os humildes (os "hobbits"), o perfil moral é traçado pelas **opções pessoais** pelo bem ou pelo mal. Assim, um sábio como Saruman, o Branco, pela sua ganância, acaba se tornando, como ele mesmo diria, "Saruman, o das muitas cores", pérfido e odioso, solitário e vingativo.

Nesse sentido, a perspectiva ética se mostra no ressaltar as **grandezas e misérias da alma**, conforme as virtudes e os vícios dos personagens, bem contrastados, mas em que ninguém está a salvo de se corromper, como também ninguém está irremediavelmente perdido.

Assim, a **inveja** é o motor maior de *"Morgoth"*, que só deseja destruir o que de bom realizam os demais *"Vala"* e criaturas de *"Eru"*, para construir o seu próprio mundo de dominação. O **orgulho** e a **soberba** dessa criatura "angélica" originalmente mais poderosa, acaba sendo vencido pela **humildade** das menores criaturas desse mundo imaginário (os *"hobbits"*), cuja vida simples e marcada pela firmeza de caráter, será o elemento explicativo da vitória do Bem contra o Mal na *"Guerra do Anel"*.

Emociona ver Frodo (o "hobbit" encarregado de destruir o anel do Poder), ao pensar na dureza da missão que lhe havia sido confiada, quando sozinho com Sam tem de enfrentar a última etapa, concluir que *"tinha de fazer o que tinha de ser feito, e que, se Faramir, Aragorn, Elrond, Galadriel, Gandalf ou nenhuma outra pessoa jamais ficassem sabendo de seu feito, isso não teria importância"*. É o **cumprimento do dever** não para ser visto ou reconhecido pelos outros, mas por **sentido de missão da vida**.

A **avareza** é a marca característica da posse do *"Anel do Poder"*, que dá poderes extraordinários ao que o utiliza, mas vai corrompendo interiormente aquele que o possui, até torná-lo escravo seu, como ocorreu com *"Gollum"*, que é o retrato da destruição física e psicológica que o **apegamento aos bens materiais** acarreta a qualquer criatura. Essa corrupção só se vence com a virtude do **desprendimento**, como ocorre com *"Bilbo"*, *"Frodo"* e *"Sam"*, que são os *hobbits"* que portaram temporariamente o *"Um Anel"* e que venceram a tentação de serem seus donos definitivos.

A **misericórdia** e o **perdão**, não obstante tudo que se possa ter sofrido de mal, se vê também estampado nas palavras de Frodo, impedindo que Sam mate Saruman decaído (e impenitente, sem estar curado interiormente do seu mal):

"Não, Sam! Não o mate, nem mesmo agora. Pois ele não me feriu. E, seja como for, não quero que seja abatido nesse ânimo maligno. Um dia ele foi grande, de uma nobre estirpe, contra a qual não deveríamos ousar levantar nossas mãos. Entrou em decadência, e sua cura está fora de nosso alcance, mas eu ainda o pouparia, na esperança de que algum dia ela a encontre".

Essa perspectiva ética chega até o **ideal de perfeição no trabalho**, estampado na explicação que os elfos dão para a beleza das vestimentas que confeccionavam: *"Colocamos em tudo o que fazemos o pensamento de tudo o que amamos"*. É pura teologia do trabalho, tão bem desenvolvida por S. **Josemaria Escrivá**, que falava na santificação do trabalho através da busca da perfeição em tudo o que se faz, como decorrência de se trabalhar na presença de Deus, ou seja, de ter no pensamento o amor a Deus e o serviço aos outros que se presta com todo trabalho.

c) Símbolos Cristãos Velados

Permeia toda a obra de **Tolkien** uma **relação invisível entre as ações nobres ou vis praticadas pelos personagens**, que tornam o mundo, como um todo, melhor ou pior, conforme a atitude interior dos personagens (as vitórias ou derrotas das várias forças na *"Guerra do Anel"* é "sentida" interiormente pelos protagonistas das várias ações em campos distintos), o que recorda, de longe, a doutrina da **Comunhão dos Santos**.

A invocação, pelos *"hobbits"*, do nome de uma Valier (***"Elbereth Gilthoniel"***, Senhora das Estrelas), faz tremer as forças do Mal e constitui elemento de sustentáculo para a missão que têm, como **Nossa Senhora**, pelo papel singular que desempenhou na "História da Salvação", é proteção constante na vida dos cristãos. No momento em que Frodo se encontra diante das portas de Mordor e sente, ao ver sair o "Senhor dos Espectros", a tentação forte de usar o Anel (com o que seria descoberto), vence-a ao tocar no "Frasco de Galadriel", o que lembraria o **escapulário do Carmo**, que muitos cristãos trazem no peito, por devoção a Nossa Senhora, que os ajuda a superar as tentações.

O alimento dado pelos elfos aos membros da Sociedade do Anel, para poderem enfrentar a dura missão que teriam pela frente, o ***"lembas"*** ou **pão do caminho**, pode ser visto, pelos efeitos benéficos que tinha, desproporcionais para um simples alimento, incutindo um vigor novo aos *"hobbits"*, restaurando substancialmente as forças e dando ânimo para a caminhada, como uma imagem, ainda que pálida, da **Eucaristia** (Corpo de Cristo em forma de pão), chamada nos cânticos litúrgicos cristãos de *"panis angelurum, cibus viatorum"* (pão dos anjos e alimento dos caminhantes), a qual, ao propiciar a comunhão com Cristo, restaura as forças da alma.

O **Salão do Fogo**, em Rivendell, onde Frodo encontra Bilbo meditando e compondo seus versos, é também uma **imagem dos oratórios ou capelas cristãs**. Gandalf ao mostrar-lhe o local, diz: *"Este é o Salão do Fogo. Aqui poderá escutar muitas canções e histórias. Mas, a não ser nos dias importantes, o salão fica vazio e quieto, e aqui vêm as pessoas que desejam ter paz e refletir. O fogo fica sempre* *aceso, durante o ano"*. A **lareira** sempre acesa lembra o **sacrário**. Os dias importantes seriam os **domingos e festas**, com o culto cristão relembrando as histórias do Antigo e Novo Testamento e cantando louvores ao Criador. Durante o resto do tempo, um **local de oração e meditação**.

Um último paralelismo, que é o do **sacrifício redentor**, como o de Cristo na Cruz, para a salvação dos homens (a ser revivido de alguma forma por cada cristão, como *"alter christus"*), é bem estampado no diálogo final entre Sam e Frodo: *"Mas* – disse Sam, com lágrimas brotando nos olhos – *achei que o senhor também fosse aproveitar a vida no Condado, por muitos e muitos anos, depois de tudo o que fez".* E Frodo responde *"– Foi o que também pensei, antes. Mas meu ferimento é profundo demais, Sam. Tentei salvar o Condado, e ele está salvo, mas não para mim. Muitas vezes é preciso que seja assim, Sam, quando alguma coisa está em perigo: alguém precisa desistir dela, perdê-la, para que outros possam tê-la"*.

Esses são apenas alguns **pontos de semelhança** entre a saga tolkiana e a "História da Salvação", não se podendo, no entanto, procurar um paralelismo mais abrangente, quando não foi o objetivo de Tolkien assumir todas as premissas fáticas do cristianismo, sob pena de estar fazendo teologia ao invés de uma despretenciosa obra literária. Mas não se pode deixar de perceber que justamente por ter assumido esses valores básicos, intrínsecos ao Cristianismo, é que chegou a produzir uma **obra de valor perene e de atrativo universal**.

4. CONCLUSÃO – A SAÚDE ESPIRITUAL DOS CONTOS DE FADAS

Podem parecer paralelismos um pouco forçados os que traçamos entre a mitologia tolkiana e o universo cristão, no intento de salvar o valor ético e humanístico da obra de Tolkien como contributo para se forjar uma cultura cristã. A pergunta que se poderia fazer, nesse sentido, seria, pois: afinal de contas, o que a literatura fantástica, em suma, os contos de fadas, podem trazer como elemento de formação humana e cristã?

Em 1939, Tolkien publicou um ensaio intitulado *"On Fairy Stories"*, expondo as 3 funções que, a seu ver, os contos de fadas desempenhavam na vida humana:

a) terapia de restauração para alma em relação à atividade produtiva e laborativa absorvente;

b) sã evasão dos problemas angustiantes do dia-a-dia, encontrando um mundo de sonhos que engloba as mais elevadas aspirações humanas; e

c) consolo da alegria, que não se confunde com um gozo meramente evasivo da realidade, mas que constitui um eco da vida real (satisfação dos desejos humanos primordiais, de sabedoria, amor e beleza, como também de comunicação com todos os seres viventes).

O ensaio, como também o substrato de princípios e ideais que embasam toda a obra de ficção de Tolkien, consona perfeitamente com o capítulo *"A Ética da Terra dos Elfos"*, do livro *"Ortodoxia"*, de G. K. Chesterton, que mostra como os contos de fadas retratam, na sua lógica interna, um dos traços básicos do Cristianismo: o princípio da felicidade condicionada, ou seja, de que toda a alegria humana está condicionada à observância de umas regras morais mínimas, que, desprezadas, acabam por quebrar o encanto e a harmonia da vida.

Chesterton traça o paralelismo entre o pecado original (tudo é permitido ao homem no paraíso, à exceção do fruto da árvore da ciência do bem e do mal) e as condições colocadas às fabulosas façanhas dos personagens de contos de fadas (Gata Borralheira que deve voltar do baile à meia-noite; Bela Adormecida que não pode se ferir numa roca; etc). Toda a disputa pelos *"Silmarils"* e pelos *"Anéis do Poder"*, que constitui o cerne da saga tolkiana, é o retrato da não aceitação, pela criatura, dos limites impostos pelo Criador, provocando a sua ruína (vide, por exemplo, a rebelia de Morgoth contra Illuvatar; a dos numenorianos contra a proibição de navegar para o Ocidente; etc), mas com a subseqüente vitória da humildade sobre o orgulho, com o restabelecimento da harmonia quebrada (Elendil escapando do naufrágio da ilha de Númenor; Frodo e Sam salvando o mundo civilizado, com o cumprimento da missão de destruir o *Um Anel*).

O sentido do dever nos personagens tolkianos e o respeito a um Código de Ética que não é estabelecido pelos personagens, mas lhes vem imposto pela sua própria natureza de seres criados, é uma constante em todos os seus contos e livros, explicando, em muito, o caráter atrativo das lutas e dramas de todas as suas estórias.

A própria explicação do fato dos homens estarem sujeitos à morte (enquanto isso não acontece naturalmente aos elfos) não pode ser outra que a do pecado original. Diz a Escritura que *"Javé Deus tomou o homem e o colocou no jardim de Éden, para que o cultivasse e guardasse. E Javé Deus ordenou ao homem: Poderás comer de todas as árvores do jardim, mas não comerás da árvore da ciência do bem e do mal, porque no dia em que dela comeres, com certeza morrerás"* (Gen 2, 15-17).

A descrição bíblica da queda original mostra nossos primeiros pais sendo tentados pela serpente (materialização do Maligno) e sucumbindo à insinuação de se tornarem como deuses, com a conseqüente expulsão do paraíso e promessa de um Redentor (cfr. Gen. 3, 1-19).

S. Agostinho, em sua *"A Cidade de Deus"*, que pode ser considerada a primeira obra de Filosofia da História, fala de duas histórias paralelas se desenvolvendo: uma visível (a construção da *"Cidade Terrena"*), com a sucessão dos impérios e do progresso tecnológico, e outra invisível (a construção da *"Cidade Celeste"*), com a santificação das almas, pedras vivas que comporiam, com o tempo, o *"Reino dos Céus"*.

A importância e o papel das pessoas no desenvolvimento da história humana somente poderia ser aquilatado no final dos tempos, sendo que aqueles que aparentemente não fizeram nada de relevante podem ter sido os mais importantes (como, na saga do Anel, os hobbits). Ademais, S. Agostinho coloca Jesus Cristo no centro da história: Deus que assume a natureza humana *"na plenitude dos tempos"*, para redimir a humanidade do pecado, através de sua Paixão. Os anos e os séculos são contados antes e depois de Cristo.

Casando a cronologia tolkieniana com o calendário moderno, poderíamos ter a Era dos Homens se impondo a partir da 4ª Era da Terra Média (quando os elfos se retiram para a Terra Abençoada de Aman), sendo que, para a sua redenção, Deus (Eru ou Ilúvatar de Tolkien) se faz homem, para libertá-los da morte.

Concluindo: podemos dizer que talvez **Tolkien** não quisesse deixar tão explícita a inspiração cristã em suas obras para evitar que o **preconceito anti-cristão** impedisse a captação de valores morais que são intrínsecos à própria natureza humana. E esses valores humanos e cristãos poderiam muito bem ser veiculados através do mais tradicional meio, que são os **contos de fadas**, estórias que, com o passar dos séculos, somente vão **enriquecendo o patrimônio cultural da Humanidade**, apontando-lhe o norte para a **saúde espiritual**, pela **poesia** com que transmitem esses valores. E dessa sadia evasão precisamos um pouco todos nós, para recuperar as forças e os ideais no mundo do trabalho.

Capítulo VIII

ACASO OU PROVIDÊNCIA NA HISTÓRIA?

1) INTRODUÇÃO

Há um **plano** pré-concebido de desenvolvimento da história humana ou tudo é fruto do **acaso**? Se houver uma **"Providência"** dirigindo os destinos humanos, onde fica a **liberdade**? Estas são questões que inquietam o ser humano desde os primórdios de sua existência e mereceram **diferentes respostas** ao longo dos séculos. Trata-se de perquirição sobre o próprio **"sentido" da História**: há um sentido norteador do caminhar humano sobre a Terra?

Neste singelo estudo, apresentaremos as várias respostas à questão, fixando-nos, no entanto, na **tradição agostiniana**, e sua repercussão na obra de **J. R. R. Tolkien**.

Numa apertada síntese, poderíamos elencar as principais **concepções da História** que surgiram ao longo dos tempos, enquadrando-as no seguinte gráfico:

CORRENTE	CONCEPÇÃO
Gregos e Hindus	Ritmo cíclico (eterno retorno, ainda que ascencional).
Pitagóricos e Espíritas	Reencarnação (eterna volta, até purificação total).
Platonismo	Chegar à contemplação das idéias (meta da história).
Marxismo e Hegelianismo	Luta dialética de classes, até chegar à sociedade sem classes.
Positivismo	Progresso contínuo.
Materialismo	Tendência à instauração do ***Wellfare State*** (Bem-Estar Social).
Existencialismo	Ausência total de sentido (homem como uma paixão inútil).
Cristianismo	Mundo Criado por Deus, entregue ao homem, com um fim sobrenatural (tempo de merecer, para ganhar o prêmio eterno).

2. O ACASO E O TEMPO CIRCULAR DOS GREGOS

O tempo histórico era, para os **antigos** (gregos e romanos), **circular**, repetitivo, inexorável e fatalista. Tinham uma concepção **determinista** da História. Para **Aristóteles**, essa concepção correspondia à perfeição do círculo e da esfera, dada a **eternidade do mundo**. **Friedrich Nietzsche** (1844-1900) sustentará posição semelhante: daqui a milhões de anos, estaremos novamente no mesmo lugar, fazendo as mesmas coisas.

Nessas teorias de tempo circular, o que rege a vida humana é o **fado** (o acaso): um destino cego, traçado nas estrelas, com a sorte dependendo do seu curso (haveria dias ***fas*** e dias ***nefas***, ou seja, dias de sorte e dias nefastos). Daí o estudo da **astrologia**, para compreender o destino humano, de acordo com as órbitas circulares dos astros. Assim, os antigos não concebiam a História como obra da atividade livre dos homens e como um projeto comum da Humanidade.

Tal concepção da História é **pessimista**, descrevendo a evolução do destino humano como a **degeneração de uma idade de ouro** inicial. Assim, na visão grega, a vida é decadente, todo tempo passado foi melhor, e quando se chega ao fundo do poço, recomeça novo ciclo, ***"ad infinitum"***.

Hesíodo (séc. VIII a. C.), na obra **"Os Trabalhos e os Dias"**, traça um panorama desse tempo circular decadente:

IDADE	CARACTERÍSTICAS
Do ouro	Homens viviam como deuses (sem o mal e com muitos bens).
Da prata	Homens não tinham saber e não honravam os deuses.
Do bronze	Homens guerreiros e violentos.
Dos heróis	Homens sábios e fortes (semi-deuses).
Dos homens	Homens submetidos aos males (alguns bens).

O homem, na concepção dos antigos, só escaparia fugazmente ao tempo circular, na **memória** dos demais, pelos seus **feitos heróicos** ou grandes obras a serem lembradas (**imortalidade precária**).

Essa concepção foi mantida parcialmente na **Idade Média**, com a crença no **"Grande Ano"**, no qual os astros estariam todos na mesma diagonal, ocasião em que recomeçaria o ciclo. Alguns pensadores antigos e medievais chegaram, com base na astronomia, a calcular a **duração de cada ciclo:**

PENSADOR	DURAÇÃO DO CICLO HISTÓRICO
Aristarco	2.484 anos
Aretas	5.552 anos
Heráclito	10.800 anos
Dion	100.020 anos
Cessandre	3.600.000 anos

A concepção circular e fatalista da História somente foi **superada** com o **cristianismo**, que aponta para um **tempo retilíneo**, que tem início na **criação** e término no **juízo final**, desenvolvendo-se no âmbito da **liberdade humana**: reconhecimento da **imortalidade pessoal**, com um prêmio ou castigo eternos, de acordo com as ações boas ou más levadas a cabo durante a vida na dimensão histórica (responsabilidade pessoal).

Com efeito, onde não há **liberdade**, não há responsabilidade: não há mérito ou demérito a ser recompensado ou punido (aprofundar nesse tema será o objeto de nosso **próximo artigo**).

3. MODELOS DE DESENVOLVIMENTO HISTÓRICO

Ainda que não se possam estabelecer **leis gerais** da História (nas Ciências Humanas a certeza não é física mas moral), pois a conduta humana que a embasa **não é determinista** (o protagonista da história é o homem com liberdade), é possível fazer algumas **generalizações**.

Assim, não se poderiam estabelecer **modelos absolutos** de desenvolvimento histórico, mas se podem apresentar **modelos relativos**, extraindo as regularidades através da observação (Ex: governos que aumentam impostos caem; reinos divididos internamente fragmentam-se; etc). O que se pode fazer é captar a **tendência** de evolução histórica, diante de um quadro fático dado.

Nesse sentido e com essas matizações, poderíamos classificar os **modelos básicos** de periodização da História como:

- **Cicloides** – tempo circular
- **Retilíneos** – apontam para uma meta
  - **imanente**
    - **otimista**
    - **pessimista**
  - **transcendente**

4. MODELOS CICLÓIDES

A tradição greco-romana e hindu da **História circular e repetitiva** foi teorizada por alguns historiadores modernos e contemporâneos, dentre os quais podemos destacar, com suas respectivas concepções:

a) "Ciência Nova" da História – Giambattista Vico (1668-1744):

ÉPOCA	CARACTERÍSTICAS
Dos Deuses	Dos sentidos; fenômenos naturais com deuses (linguagem gestual e ideográfica)
Dos Heróis	Da Fantasia; lutas de povos e tribos (linguagem poética)
Dos Homens	Da razão; leis escritas e igualdade (linguagem em prosa)

B) Organismos Vivos - Oswald Spengler (1880-1936):

FASES	CARACTERÍSTICAS
Inverno	Infância (gênese da civilização: cria seus próprios valores)
Primavera	Adolescência (ascensão da civilização)
Verão	Maturidade (auge da civilização)
Outono	Velhice (decadência da civilização: subversão dos valores)

C) Modelos de Desenvolvimento de Civilizações - Arnold Toynbee (1889-1975):

O desenvolvimento das civilizações seria marcado por **respostas criativas aos desafios** do meio geográfico ou humano (detectadas 37 civilizações ao longo da História).

MODELO	CARACTERÍSTICAS
Helênico	Unidade cultural e desunião política; guerras contínuas até se atingir uma união política tardia
Chinês	Ritmo cíclico de união e desunião política dentro de um mesmo âmbito cultural
Judaico	Manutenção da identidade cultural apesar da perda da base territorial

Nesses modelos, fica patente que o **desenvolvimento das civilizações** parte de um princípio (melhor ou pior), chega ao seu ápice (de verdadeiro esplendor ou mera dominação), vindo a fenecer (mais cedo ou mais tarde), dando origem a novo ciclo, com nova civilização. A característica **circular** diz respeito apenas à repetição de um mesmo padrão de desenvolvimento, mas com diferentes sujeitos e condições, **sem uma meta estável** a ser atingida (tudo sendo passageiro e transitório, todas as obras humanas sendo efêmeras e perecíveis, por mais sólidas e perenes que possam parecer).

5. MODELOS DE DESENVOLVIMENTO HISTÓRICO RETILÍNIO, IMANENTE E OTIMISTA

Podemos citar como historiadores (com suas respectivas concepções originais) que visualizaram o desenvolvimento histórico de forma **retilínea e otimista**, com um **fim imanente ao mundo**, que se consuma na própria Terra:

a) Concepção Trinitária da História - Joaquim de Fiore (1135-1202):

ERA	PERÍODO
do Pai	Antigo Testamento (domínio dos leigos e casados)
do Filho	Começa com a Encarnação (domínio dos clérigos e da Igreja)
do Espírito Santo	Começa com S. **Bento** (domínio dos monges, sem instituições)

A chegada da 3ª Era representaria a volta ao **paraíso terreno** do Éden. As guerras fratricidas no seio da Cristandade, ocasionadas pelo **cisma protestante**, mostraram a impossibilidade real da realização desse paraíso terreno de inspiração cristã.

b) Lei dos Três Estágios - Augusto Comte (1798-1857):

ESTÁGIO	PERÍODO
Teológico	Idade Antiga (forças sobrenaturais para explicar os fenômenos naturais)
Metafísico	Idade Média (explicações abstratas dos escolásticos: o lugar natural)
Positivo	Idade Moderna (explicações científicas dos fenômenos)

A chegada ao 3º Estágio representaria o **progresso ininterrupto** da Humanidade. As **duas guerras mundiais** ocorridas na primeira metade do século XX substituíram, no campo filosófico, o otimismo positivista pelo pessimismo existencialista, uma vez verificado que o progresso científico e tecnológico não leva necessariamente ao progresso humano e moral (degradação da Humanidade, que construiu os campos de extermínio em massa dos judeus; e, nos dias que correm, a História se repete, mas com sinais trocados, com o massacre da população palestina de Gaza pelos israelenses, onde a palavra "perdão", tão arraigada na tradição cristã, parece não constar dos dicionários das partes envolvidas no conflito).

c) Materialismo Histórico - Karl Marx (1818-1883):

CLASSES	PERÍODO
Livres e Escravos	Orientais e gregos
Patrícios e Plebeus	Romanos
Barões e Servos da Gleba	Feudalismo
Burgueses e Proletários	Revolução Industrial
Sociedade sem Classes	Comunismo

A evolução histórica no marxismo segue o esquema determinista da **luta de classes** com **superação dialética** (tese, antítese e síntese) e base nos meios de produção, até a chegada ao **paraíso comunista**. Também este modelo historiológico se viu superado pela realidade dos fatos: as **revoluções comunistas** desencadeadas no âmbito russo e chinês, bem como de seus satélites, não levou ao paraíso terreno da sociedade sem classes, mas a uma férrea **ditadura do proletariado**, com a criação de uma classe privilegiada de governantes (a **Nomenklatura**), cujo império durante 70 anos, plasmado no Estado Soviético, só serviu para empobrecer ainda mais os países do Leste Europeu.

É curioso notar como tanto o **Marxismo** quanto o **Positivismo** dão continuidade ao **ingênuo otimismo** do **Iluminismo**, fundado na "bondade natural do homem" (o mito do "bom selvagem" encontrado nas Américas, imaginado puro pelos enciclopedistas, mas encontrado canibal pelos conquistadores). Contrapunha-se o **século das luzes** (Enciclopedistas Pré-Revolução Francesa) aos **séculos das trevas** (que seriam os 1.000 anos da Idade Média). Preconceito ideológico ainda encontradiço em livros e aulas de história, em que se **esquecem**, por um lado, das **grandes realizações do período medieval** (Universidades, Catedrais, Hospitais, Direito Internacional, Código Ético, dignificação do homem e da mulher) e, por outro, das **aberrações da Revolução Francesa** (regime do terror, abundância de guilhotinados, descristianização da sociedade).

Assim, nem todo movimento e **mudança** representa efetivamente progresso. Há mudanças que são verdadeiros **retrocessos** (Ex: regimes totalitários na Alemanha Nazista, Itália Fascista, Rússia, China e Cuba Comunistas; desigualdades sociais nas democracias ocidentais; drogas e pornografia; aborto; manipulação genética; violência urbana; etc).

Confunde-se **progresso técnico** com progresso integral, quando pode haver **retrocesso moral**. É a crença de que a técnica é que constrói o "homem novo" (naturalismo iluminista). E, nesses casos, o que se verifica é ser o homem **menos homem**.

A tão esperada e decantada **"Era da Informática"** acaba se transformando em **"era da infernática"** pelo trabalho deletério de haeckers e fabricantes de vírus, a introduzir insegurança existencial no uso e manipulação de bancos de dados e informações na rede mundial de computadores. Como pichadores virtuais, a imagem que tais parasitas sociais passam (também os pichadores não virtuais) é a mesma do personagem **Coringa** do filme "Batman – The Dark Knight" (2008): sua felicidade é a desgraça e o sofrimento alheio; ver o circo pegar fogo.

A conclusão que se chega, em relação aos modelos retilíneos otimistas é a de que o **otimismo se frustra** justamente **por ser imanente**, ou seja, buscar o paraíso na terra, como se fosse possível um **governo perfeitamente justo** e o **cidadão plenamente feliz e solidário**. A **tendência** deve ser essa, mas não se pode cair na ingenuidade de acreditar que "aqui" e "agora" isso exista perfeitamente realizado na prática. Santos, só no Céu; na Terra, todos pecadores (ou seja, **vulneráveis** ao pecado, mas lutando por ser melhores, sem entregar os pontos).

6) MODELO DE DESENVOLVIMENTO HISTÓRICO RETILÍNEO, IMANENTE, MAS PESSIMISTA

O melhor exemplo de **modelo retilíneo imanente pessimista** da História é encontrado no **Voluntarismo** de **Edward von Hartmann** (1842-1906), que esquematiza o desenvolvimento do tempo histórico nas seguintes etapas (em "Filosofia do Inconsciente" - 1869):

ETAPAS	CARACTERÍSTICAS
Princípio do Mundo	O Absoluto Espiritual Inconsciente (Vontade e Intelecto existiam em harmonia antes do surgimento do mundo)
Desenvolvimento	A Vontade irrompe na existência temporal (geração da infelicidade pela existência)
Fim do Mundo	Redenção pelo Conhecimento (compreensão que leva à perda da vontade de existir)

Em que pese não haver desenvolvido qualquer teoria da História, o filósofo que melhor representa o **pessimismo existencial**, numa coerência perfeita com o **ateísmo** que professa, é **Jean-Paul Sartre** (1905-1980). Sua filosofia se tornou conhecida especialmente através de suas obras teatrais:

a) em "A Náusea" (1938), fala da **ausência de sentido** nas coisas (absurdo do real), que provocaria esse frio no estômago, próprio de quem está em contínua queda livre, ao sentir que lhe falta terreno onde pisar (se Deus não existe, estamos soltos no mundo).

b) em "O Ser e o Nada" (1943), encara a existência do homem como vazia de ser mas aberta às possibilidades (**liberdade absoluta**, sem qualquer limite: *"Somos condenados a ser livres"*; *"A liberdade consiste na escolha do próprio ser. E essa escolha é absurda"*; daí que conclui: *"O homem é uma paixão inútil"*).

c) em "A Portas Fechadas" (1945), melhor alegoria sobre o **inferno** como lugar onde se vive voluntariamente, por rejeição a Deus e aos demais, conclui que *"o inferno são os outros"*.

Não obstante sua adesão ao marxismo, por sua concepção materialista do mundo (se o homem é suas possibilidades, estas estão limitadas pelas condições da vida material em que se encontra), **Sartre** rejeitará a visão marxista da História, por ser determinista e otimista (progresso contínuo), quando a existência seria livre, mas nauseante.

Talvez um dos melhores antídotos contra o pessimismo sartriano seja o também filósofo francês **Emmanuel Lévinas** (1906-1995), quando pondera que, diante do rosto do outro, o sujeito descobre o sentido da existência e o infinito, pois se descobre responsável: *"o paraíso são os outros"*, pelo valor da solidariedade e da amizade ("Totalidade e Infinito" - 1961). Basta lembrar da sincera, sólida e longa amizade que ligou **J. R. R. Tolkien** (1892-1973) a **C. S. Lewis** (1893-1963), que transcendia o mero gosto literário, pois tinha raízes na busca da verdade, do bem e do belo (dos transcendentais do ser).

7) MODELO DE DESENVOLVIMENTO HISTÓRICO RETILÍNEO TRANSCENDENTE

A obra por excelência que retrata um **modelo retilíneo transcendente** da História, pelo qual haveria uma meta de todo o caminhar humano pela Terra, é o livro "A Cidade de Deus" de **S. Agostinho** (354-430), em que o bispo de Hipona desenvolve sua **filosofia da História**.

Já nas "Confissões", onde relata seu processo de conversão do maniqueísmo ao cristianismo, em plena maturidade (*"Tarde eu te amei, ó Beleza tão antiga e tão nova, tarde eu te amei, e Tu estavas em mim e eu não estava contigo"*), coloca de plano o **ponto de partida** e a **meta** de toda existência humana e desenvolvimento histórico da sociedade: *"Criaste-nos para Vós, Senhor, e o nosso coração anda inquieto enquanto não descansar em Vós"*.

Numa **concepção criacionista do mundo**, baseada na realidade palpável de que o homem não se explica a si mesmo e não dá razão de sua própria existência sem o reconhecimento da dependência de Deus, a História tem como **princípio** a **Criação** a partir do Nada e como **fim** o **Juízo Universal**, no qual todas as ações humanas serão julgadas, recebendo-se o prêmio e o castigo por elas merecido (já **J. J. Rousseau** reconhecia a necessidade lógica desse juízo pós-morte, pois as injustiças na terra não poderiam subsistir eternamente). **Uma História com começo e final** (feliz para alguns, triste para outros, de acordo com o exercício da própria liberdade: *"Quem te criou sem ti, não te salvará sem ti"*).

Na "Cidade de Deus", S. **Agostinho** fala da construção paralela de duas cidades: *"Dois amores construíram duas cidades: o amor de Deus, até o desprezo de si mesmo, a celeste; o amor próprio, até o desprezo de Deus, a terrena. Uma se gloria em si mesma e a outra em Deus"*.

Para S. **Agostinho**, haveria a construção visível da **Cidade Terrena** (civilizações, impérios, culturas), que se realiza concomitantemente com a construção invisível da **Cidade Celestial** (o Reino de Deus que se vai formando nas almas que se santificam e se salvam), cujas pedras vivas são as almas que vão sendo ganhas para o Céu.

Para S. **Josemaria Escrivá**, há uma relação estreita entre a **santificação do trabalho** de agora (realizar bem o pequeno dever de cada momento) e a construção dos novos céus e da nova terra (sentido escatológico do trabalho). Não se trata da construção apenas de obras, mas de si mesmo. A melhor "dica" que dá para sermos pessoas centradas, equilibradas, realizadas e eficazes é aquela plasmada no **ponto 815** de seu livro "Caminho" (Ed. Quadrante): *"Queres de verdade ser santo? – Cumpre o pequeno dever de cada momento; faz o que deves e está no que fazes"*.

A **densidade do ponto** se percebe em contraste com aquilo que nos **desvia** do cumprimento dos nossos deveres ("ser santo", na verdade, quer dizer, é **"ser**

justo", ou seja, perfeito cumpridor dos próprios deveres familiares, profissionais, sociais, religiosos e políticos), que é a **evasão**:

a) para o **passado** – saudades de tempos melhores, querendo retornar a eles, ou idealização de épocas passadas, buscando imitá-las (crença de que as épocas anteriores foram melhores, esquecendo-se que cada geração tem seus próprios desafios a enfrentar, com os recursos culturais e técnicos que lhe foram ofertados pelo passado, mas sem querer congelá-lo);

b) para o **futuro** – sonhos de grandes realizações futuras e de desempenho de papéis de relevância na sociedade (esquecendo que as ações e escolhas de cada momento **condicionam**, ainda que sem determinar fatalisticamente, a evolução posterior, pois cada escolha concreta feita no passado fecha um leque de possibilidades e abre outro para o futuro, e as omissões de agora serão as deficiências técnicas e morais de amanhã).

É interessante e estimulante essa visão da História focada na importância de cada indivíduo e ação concreta, uma vez que:

a) a **importância real dos acontecimentos e das pessoas** somente será aquilatada ao final da História (o que vemos agora é apenas o lado detrás do tapete, com seus fios aparentemente soltos e desconexos; o lado da frente, com todos os desenhos perfeitamente delineados, só se conhecerá quando o tapete tiver sido integralmente confeccionado);

b) muitos dos que parecem grandes e com papel relevante na condução dos destinos humanos, se verão pequenos, e **muitos dos que parecem pequenos se verão grandes** e responsáveis pelas mudanças históricas (na saga do "Senhor dos Anéis", o mundo livre é salvo pelas mais pequenas das criaturas, os "hobbits");

c) revela a **importância de cada homem e mulher** (**de cada ação humana**, boa ou má, por menor que seja) na construção dos destinos humanos, e o **influxo** positivo ou negativo que podemos ter em relação àqueles que convivem conosco, que conosco se relacionam ou aos quais chegam nossas ações, escritos, pensamentos e orações.

O notável historiador inglês **Arnold Toynbee**, em seu "Um Estudo da História" (1972), ao falar da **desintegração das civilizações**, aborda esse último aspecto da importância do **microcosmo** para o **macrocosmo** político-social: *"Qual é o caminho que o indivíduo deve tomar para chegar ao seu destino de auto-realização em seu mundo íntimo? Ele experimenta, afinal de contas, a mesma crise que seus semelhantes em sua comum provação de vida numa sociedade em desintegração; entretanto, o que é para os outros um obstáculo, para ele é um supremo desafio. Quando o élan de desenvolvimento numa sociedade sadia parece ter desaparecido, o indivíduo passivo perde seu domínio sobre os mares ignotos do Universo; mas a reação alternativa para esta sensação de perda de controle não é olhar para o exterior, para um macrocosmo mergulhado em pecado, mas olhar dentro de seu íntimo e reconhecer a derrota moral como um fracasso de autodomínio. Este senso de pecado pessoal apre-*

senta o mais agudo contraste imaginável com a passiva sensação de deriva; pois, quando a sensação de deriva tem o efeito do ópio, instilando na alma uma insidiosa aquiescência a um pecado que se acredita estar nas circunstâncias externas, além do controle da vítima, a sensação de pecado tem o efeito de um estímulo, porque conta ao pecador que o mal não é externo, afinal de contas está em seu íntimo, e portanto sujeito à sua vontade. Aí está toda a diferença entre o vale de lágrimas e a fé que move montanhas" (Ed. UnB-Martins Fontes - 1987 - Brasília, p. 260).

Com efeito, saber que o **mal** se esconde dentro de cada um de nós (vide o processo de corrupção de Anakin Skywalker, a partir de um bem, que é o amor a Padmé Naberrie, e que se acompanha no Episódio III da série cinematográfica "Star Wars", até transformá-lo no terrível Darth Vader) é o primeiro passo para **combatê-lo e dominá-lo**, o que está ao nosso alcance. Com isso estaremos contribuindo significativamente para mudar o mundo à nossa volta para melhor.

8. A PROVIDÊNCIA DIVINA NA CONCEPÇÃO CRISTÃ DO DESENVOLVIMENTO HISTÓRICO

Na **concepção cristã**, a lei interna da História é a **Providência Divina** (não é o mero acaso), que dirige a História, respeitando a liberdade humana.

Henri-Irennée Marrou (1904-1977), seguindo na tradição da "Cidade de Deus" de **S. Agostinho**, resumia a História num **Tríptico** ("Teologia da História" - 1968), composto dos seguintes quadros:

- **Quadro da Esquerda** - o tempo do Antigo Testamento (desde a Criação até a Encarnação do Verbo, focado no povo eleito de Israel);
- **Quadro Central** - o tempo do Novo Testamento (entrada de Deus na História Humana, com Jesus Cristo);
- **Quadro da Direita** - o tempo da Igreja (desde o Pentecostes até a 2ª Vinda de Cristo, no final dos Tempos, abrangendo todos os povos).

Quando se pergunta sobre se a História teve um **princípio**, várias são as posturas:

RESPOSTA	PROPONENTE	EXPLICAÇÃO
Afirmativa	**Cristianismo**	Mundo criado por Deus num determinado momento.
	Ciência Atual	Universo em expansão a partir de uma explosão inicial (Big-Bang).
Negativa	**Platão**	Matéria eterna caótica, com o Demiurgo dando formas a essa matéria, criando o mundo.
	Aristóteles	Sustentava a eternidade do mundo.
	Karl Marx	O mundo seria apenas matéria e não teve princípio (não teria sentido se perguntar sobre a origem do homem).

O mesmo ocorre quando se pergunta sobre se a História terá um **fim**. Os pensadores concordam com a existência de um direcionamento do caminhar histórico, mas divergem quanto aos fins aos que esse caminhar levará:

FIM DA HISTÓRIA		
Intramundano	**Kant**	Paz perpétua (plenitude das liberdades)
	Marx	Sociedade Comunista (igualdade absoluta)
Extramundano	**S.Tomás de Aquino**	O fim último deve estar fora do Universo
Relativo		Passagem para outra forma (transcendente)
Absoluto	**Existencialistas**	Retorno ao nada

Há, no entanto, uma **heterogênese dos fins**; uma **dupla causalidade histórica** que explica os fatos históricos:

CAUSALIDADE HISTÓRICA	
Humana	O homem é o protagonista direto da História, através de seus atos livres (**construtor** da História; **causa segunda**, mas livre).
Divina	A Providência Divina guia a História, sem violentar a liberdade humana (**arquiteto** da História; **causa primeira**, que prevê e governa, respeitando a liberdade, mas aproveitando todos os acontecimentos para dirigí-los ao fim).

Assim, a História é **obra de Deus e dos homens**, cada um com a sua causalidade e com o seu fim. Deus tem um **plano**, que não se frustra, mesmo que, aparentemente, possa-se pensar que o mundo está de pernas para o ar e que a maldade impera.

Numa visão poética de rara beleza, **J. R. R. Tolkien** apresenta a **criação** de seu mundo como obra de um **Deus Único e Transcendente** ("Eru" ou "Ilúvatar"), mas que confere às suas criaturas a **participação na obra criadora**, imaginando a História do Mundo como uma **grande sinfonia**, com suas harmonias e dissonâncias:

> *"Disse-lhes então Ilúvatar:*
> – A partir do tema que lhes indiquei, desejo agora que criem juntos, em harmonia, uma Música Magnífica. E, como eu os inspirei com a Chama Imperecível, vocês vão demonstrar seus poderes ***ornamentando esse tema, cada um com seus próprios pensamentos e recursos, se assim o desejar***. Eu, porém me sentarei para escutar; e me alegrarei, pois, através de vocês, uma grande beleza terá sido despertada em forma de melodia.
> *E então as vozes dos Ainur, semelhantes a harpas e alaúdes, a flautas e trombetas, a violas e órgãos, e inúmeros coros cantando com palavras,* ***começaram a dar forma ao tema de Ilúvatar, criando uma sinfonia magnífica****; e surgiu um som de melodias em eterna mutação entretecidas em harmonia, as quais, superando a audição, alcançaram as profundezas e as alturas; e as moradas de Ilúvatar encheram-se até transbordar; e a música e o eco da música saíram para o Vazio, e este não estava mais vazio. Nunca, desde então, os Ainur fizeram uma música como aquela, embora tenha sido dito que* ***outra inda mais ma-***

> ***jestosa será criada diante de Ilúvatar pelos coros dos Ainur e dos Filhos de Ilúvatar, após o final dos tempos.***(...)"
> (...) Entretanto, quando eles entraram no Vazio, Ilúvatar lhes disse:
> - ***Contemplem sua Música!*** - E lhes mostrou uma visão, dando-lhes uma imagem onde antes havia somente o som. ***E eles viram um novo Mundo tornar-se visível aos seus olhos***; e ele formava um globo no meio do Vazio, e se mantinha ali, mas não pertencia ao Vazio. E, enquanto contemplavam perplexos, ***esse Mundo começou a desenrolar sua história***, e a eles parecia que o Mundo tinha vida e crescia. E, depois que os Ainur haviam olhado por algum tempo, calados, Ilúvatar voltou a dizer:
> - Contemplem sua Música! Este é seu repertório. Cada um de vocês encontrará aí, em meio à imagem que lhes apresento, tudo aquilo que pode parecer que ele próprio inventou ou acrescentou. ***E tu, Melkor, descobrirás todos os pensamentos secretos de tua mente e perceberás que eles são apenas uma parte do todo e subordinados à sua glória***" (**J. R. R. Tolkien**, *"O Silmarillion"*, São Paulo, Martins Fontes Editora, 2001. pp. 4-7) (grifos nossos).

Em primeiro lugar, o **tema** da sinfonia é determinado por Deus. Em segundo lugar, a **participação livre** de cada um (*"se assim o desejar"*) é que plasma a história (*"viram um novo Mundo tornar-se visível aos seus olhos"*). Em terceiro lugar, também o **mal** é conduzido e aproveitado para a glória de Deus (*"E tu, Melkor, descobrirás todos os pensamentos secretos de tua mente e perceberás que eles são apenas uma parte do todo e subordinados à sua glória"*), valorizando o mérito dos bons e ressaltando a sua beleza moral. E, finalmente, haverá uma **sinfonia eterna** cantada *"após o final dos tempos"* (ou seja, haverá um **fim** da História) por anjos e homens (*"coros dos Ainur e dos Filhos de Ilúvatar"*).

J.R.R. Tolkien, seguindo na tradição agostiniana, reconhecerá a **dupla causalidade na História**: o acaso não existe. E mais. Deus aproveita até o mal para dele tirar bens (não que o pecador não seja responsabilizado, mas pode ser perdoado, sem se arrepende e, mesmo que não o faça, suas obras más não impedem a realização do plano divino).

Como diria S. **Paulo**: *"Todas as coisas concorrem para o bem dos que amam a Deus"* (Rom 8, 28). E, na saga tolkiana dos Anéis do Poder, a visão do sábio **Gandalf** mostra bem esse dirigismo providencial da História, para que tudo termine bem, aproveitando-se até do mal:

> *"Os dias à nossa frente serão malignos. Vamos dormir, enquanto podemos!*
> *— Mas — disse Pippin.*
> *— Mas o quê? — disse Gandalf. — Só permitirei um único mas esta noite.*
> *— Gollum — disse Pippin. — Como é que eles poderiam estar andando com ele, até mesmo seguindo-o? E pude perceber que Faramir* não gostou mais do que você do lugar para o qual ele os estava levando. Qual é o problema?
> *— Não posso responder isso agora — disse Gandalf. - Mesmo assim,* ***meu coração de alguma forma sabia que Frodo e Gollum iriam se encontrar antes do fim. Para o bem ou para o mal.*** *Mas sobre Cirith Ungol* não falarei esta noite. Traição, *é a traição que receio; traição daquela criatura miserável. Mas precisava ser assim.* ***Vamos nos lembrar de que um traidor pode trair-se a si mesmo e fazer o bem que não pretende.*** *Pode ser assim, algumas vezes. Boa noite!"* (**J.R.R. Tolkien**, *"O Senhor dos Anéis"*. São Paulo, Martins Fontes Editora, 2001. p. 862) (grifos nossos).

"Fazer o bem que não pretende..." Quando se pensa na **"Providência Divina"** e na sua conjugação com a **liberdade humana**, é possível vislumbrar a sua compatibilidade, imaginando no que é **mais perfeito?**: a) dizer a um filho, com autoridade, que aja de determinada forma; b) convencê-lo racionalmente de que o melhor modo de comportar-se é aquele; c) dar exemplo para que o filho infira qual o comportamento adequado e queira adotá-lo; d) enfrentar de tal modo o mau comportamento do filho, que este se voluntariamente se emende e recobre o bom caminho.

Em suma, para um cristão, o **acaso** é uma palavra vazia de sentido. Pensando na **Providência Divina**, tudo o que acontece contra a nossa vontade, acontece em conformidade com a Vontade de Deus. Assim, até naquilo que nos afeta, que é o pecado alheio e próprio, há um elemento material e outro formal. Deus **concorre** para o **material**, pois nada se faz sem a participação de Deus, que **dá e mantém o ser** a todas as coisas. E **permite** o **formal**, justamente para não tirar a **liberdade** humana, mas utiliza o pecado como instrumento de **provação e santificação** do justo.

Com efeito, se o **pecado** (mal moral) é uma **desordem**, não é de estranhar que seus efeitos sejam desordenados (inocentes sofrendo as violências e pagando pelos erros dos culpados). No entanto, essa **injustiça visível** não é a palavra final sobre o homem e o mundo. Terminada a epopéia do homem sobre a terra, o papel, mérito e demérito de cada um na construção da sociedade humana será mensurado, premiado ou condenado.

Assim, o **mistério da História** está no caráter invisível do progresso real e na incapacidade de discernimento, neste mundo, daqueles que efetivamente mais contribuíram para esse progresso. Com isso, numa visão cristã da História, ***"melhor finis quam principium"***: o destino comum humano será alcançado numa dimensão mais elevada e realizadora do que a previsão original.

Capítulo IX

OS CONTOS DE FADA E A SANIDADE MENTAL

1. INTRODUÇÃO – O ESTRESSE DA VIDA DIÁRIA

Vida de juiz de Corte Superior. Estressante, quer pela quantidade de processos a resolver, quer pela responsabilidade de não se cometer injustiça ao deslindar os casos mais complexos. Perto de 50 processos a despachar por dia, cifra humanamente impossível de se dar conta, sem (ou mesmo com) uma assessoria qualificada e numerosa, em torno de 25 gabaritados bacharéis, mas que devem ser formados *ad mentem judicem*. Sessões longas de julgamento, em que nem sempre todos os elementos dos autos são dominados pelo julgador. E atendimento a advogados, que buscam convencer de que a razão está com seus clientes e esperam alguma sinalização de que terão ganho de causa. Tantas ocupações e preocupações, afora aulas, escritos, família e amigos, parecem não caber num dia de 24 horas. O recurso a Deus é contínuo, como sentido de tudo o que se faz, mas também para não perder a paciência e para resolver com sabedoria tantas causas e problemas alheios. Ingredientes suficientes para colocar à prova a saúde física e mental de qualquer um.

Vida não diferente da de tantos homens e mulheres da moderna sociedade de consumo e produção em massa, informatizada e globalizada, que se dedicam a ganhar o seu pão de cada dia com sacrifício nas mais diversas áreas de atividade humana (médicos, advogados, engenheiros, professores, comerciantes, empresários...), correndo atrás de clientes (para ter serviço ou receber por eles), estudando para passar em concursos (cada dia mais difíceis e concorridos), lutando para compaginar dois ou três empregos simultâneos (senão não se consegue pagar o aluguel do apartamento), enfrentando a concorrência desleal (desde o meio acadêmico ao negocial), suportando chefes iracundos e superlativamente exigentes (perfeccionistas mesmo) e procurando atender da melhor forma possível seus demais compromissos profissionais, familiares, religiosos e sociais. Há momentos em que, diante de tanta pressão e tensão (a corda do arco da vida está continuamente tencionada), dá vontade de repetir o que se viu numa pichação de muro de casa: ***Parem o mundo que eu quero descer!***

Será que não existe alguma outra válvula de escape ou de proteção da sanidade física e mental dos habitantes do planeta submetidos à azáfama da vida moderna, em que a rapidez das respostas num mundo dominado pelos computadores leva à necessidade de que as decisões sejam também rápidas, para não se perder no jogo da vida? Josef Pieper (1904-1997), filósofo alemão, dizia (na obra *O que é Filosofar? O que é Acadêmico?*) que a filosofia, a religião, a arte, o amor e a morte seriam os cinco elementos que teriam o condão de provocar um abalo no sujeito, capaz de fazer transcender o mundo do trabalho: é a natural admiração (o *mirandum* aristotélico), que faz desligar das atividades do dia a dia, percebendo que há algo mais no mundo além de produzir, ganhar dinheiro, conquistar poder ou obter reconhecimento social.

2. UMA VÁLVULA DE ESCAPE PARA A SANIDADE MENTAL

Pois bem, para o homem de negócios de uma sociedade globalizada da era da informática, esse abalo existencial ou válvula de escape renovadora que a arte pode provocar (sem deixar de considerar o outros quatro elementos) pode vir das mais variadas manifestações estéticas, desde a música, poesia, pintura, escultura, dança, literatura... até a dos contos de fadas. O que teriam eles de especialmente candente a ponto de serem, mais do que outras manifestações artísticas, capazes de preservar ou recuperar a sanidade psicológica ao homem comum, trabalhador e pai de família?

Em 1939, J. R. R. Tolkien (1892-1973) publicou na Inglaterra um ensaio intitulado *"On Fairy Stories"*, expondo, como já vimos em outro capítulo, as três funções que, a seu ver, os contos de fadas desempenhariam na vida humana, que seriam:

a) terapia de restauração para a alma em relação à atividade produtiva e laborativa absorvente;

b) sã evasão dos problemas angustiantes do dia-a-dia, encontrando um mundo de sonhos que engloba as mais elevadas aspirações humanas; e

c) consolo da alegria, que não se confunde com um gozo meramente evasivo da realidade, mas que constitui um eco da vida real (satisfação dos desejos humanos primordiais, de sabedoria, amor e beleza, como também de comunicação com todos os seres viventes).

Parem o mundo que eu quero descer! Quantas vezes não é precisamente esse o grito abafado que assoma aos lábios e ecoa na mente, em dias de especial pressão, derrotas ou fracassos. Em tempos de pressão, estresse e cansaço mental, sair do mundo do trabalho e penetrar num ***outro mundo***, semelhante mas diferente daquele em que vivemos, pode ser a terapia restauradora da alma.

Um ***mundo diferente*** é importante, para desligar das preocupações do dia-a-dia e aliviar a pressão interior de decisões a tomar ou trabalhos a concluir. E que seja um ***mundo semelhante*** é também de fundamental importância, pois só quando há similaridade com o mundo real se consegue a ressonância interior que atrai e cativa a alma, vendo-se retratada nas ações nobres ou vis dos personagens que povoam esse *mundo diferente*.

3. AS VIRTUDES DOS CONTOS DE FADAS OU LITERATURA FANTÁSTICA

A ***literatura fantástica***, como é conhecida a literatura de fantasia ou dos contos de fadas, tem muito a oferecer ao homem moderno nesse sentido, como o fez em séculos passados, preservando aquilo que G. K. Chesterton (1874-1936) mais prezava: o senso comum e o bom humor.

> *"A minha primeira e última filosofia, aquela na qual acredito com uma certeza inquebrantável, foi a que aprendi na escola maternal. A babá, essa grave sacerdotisa da democracia e, ao mesmo tempo, da tradição, foi quem, de maneira geral, ensinou-a a mim. As coisas nas quais mais acreditava, na época, e as coisas nas quais mais acredito agora são os chamados contos de fadas. Tais contos são, a meu ver, absolutamente racionais. Não são fantasias: as outras coisas é que, comparadas a eles, parecem-me fantásticas. Comparados a eles, a religião e o racionalismo são coisas anormais, embora a religião seja uma coisa anormalmente certa e o racionalismo uma coisa anormalmente errada. O País das Fadas não é outra coisa senão o ensolarado país do bom senso"* (*"Otodoxia"*, LTr – 2001 – São Paulo, p. 71).

Chesterton, no capítulo *"A Ética da Terra dos Elfos"*, do livro *"Ortodoxia"*, procura mostrar como os contos de fadas retratam, na sua lógica interna, um dos traços básicos do Cristianismo e do senso comum, como já pudemos ver em outro capítulo: o princípio da felicidade condicionada, ou seja, de que toda a alegria humana está condicionada à observância de umas regras morais mínimas, que, desprezadas, acabam por quebrar o encanto e a harmonia da vida.

Nesse ponto se verifica a similaridade com o mundo real. Chesterton traça o paralelismo entre o pecado original (tudo é permitido ao homem no paraíso, à exceção do fruto da árvore da ciência do bem e do mal) e as condições colocadas às fabulosas façanhas dos personagens de contos de fadas (Gata Borralheira que deve voltar do baile à meia-noite; Bela Adormecida que não pode se ferir numa roca; etc).

Esse realidade é bem retratada nas obras de Tolkien, nas quais a disputa pelos *"Silmarils"* e pelos *"Anéis do Poder"* é o exemplo emblemático da não aceitação, pela criatura, dos limites impostos pelo Criador, provocando a sua ruína (vide, por exemplo, a rebeldia de Morgoth contra Illuvatar; a dos numenorianos contra a proibição de navegar para o Ocidente; etc), mas com a subseqüente vitória da humildade sobre o orgulho, com o restabelecimento da harmonia quebrada (Elendil escapando do naufrágio da ilha de Númenor; Frodo e Sam salvando o mundo civilizado, com o cumprimento da missão de destruir o *Um Anel*).

O sentido do dever nos personagens tolkianos e o respeito a um Código de Ética que não é estabelecido pelos personagens, mas lhes vem imposto pela sua própria natureza de seres criados, é uma constante em todos os contos e livros de fantasia, explicando, em muito, o caráter atrativo das lutas e dramas de todas essas estórias.

4. PARADIGMAS PARA A VIDA

Ora, não apenas a juventude, mas também a idade madura e a terceira idade, vive buscando paradigmas que encarnem os ideais de sabedoria e fortaleza, nobreza e beleza, simplicidade e paciência, que transparecem nas aventuras de muitos dos heróis e heroínas das estórias de fantasia antigas e modernas, hoje transformadas em filmes:

a) Na saga de ***"O Senhor dos Anéis"***, de J.R.R.Tolkien, quem não se identifica, em muitas de suas circunstâncias de vida, com *Frodo Baggins* ou *Sam Gamgee*, ao tomar consciência da grandeza da missão que têm nesta Terra, não obstante a carência de talentos e virtudes para cumpri-la? Quem não gostaria de ter a prudência de *Gandalf* ou a nobreza de *Galadriel*? Quem não passou pela angústia de um amor impossível como Éowyn (encontrando, depois, seu verdadeiro companheiro de jornada) ou pela necessidade de passar oculto por tanto tempo e lutar perseverantemente em tantas frentes, até recuperar aquilo que lhe era devido e ver sua condição real reconhecida, como *Aragorn*?

b) Nos ***"Contos de Narnya"***, de C. S. Lewis (1898-1963), quem não se encanta com os irmãos *Pedro, Susana, Edmundo* e *Lúcia Pevensie*, passando do mundo real ao de *Narnya*, sempre enfrentando em fraterna união (mesmo com rupturas ocaionais) os dramas por que passam na terra maravilhosa da fantasia?

c) Nas aventuras de ***"Harry Potter"***, de J. K. Rowling (1965), a vida familiar e acadêmica atribulada de *Harry* é um retrato da vida de tantos e tantos estudantes, que com ele e seus inseparáveis amigos *Roney Wisley* e *Hermione Granger* se identificam, fazendo paralelismos entre o que acontece no mundo dos bruxos e o que passamos neste nosso mundo de trouxas.

d) Na hexalogia de ***"Star Wars"***, de George Lucas (1944), *Luke Skywalker* (dominando sua ira para não sucumbir frente ao Lado Negro da Força), a Princesa *Leia Organa* (valorizando seu amor a *Hans Solo*, sem se entregar facilmente), os Mestres Jedi *Obi-Wan Kenobi* e *Yoda* (com sua prudência sendo mais louvável que sua força), sem falar nos dramas pessoais de *Padmé Naberrie* e *Qui-Gon Jin*, são colocados como ícones admirados e emulados na vida de tantos jovens e menos jovens, na luta diária entre o bem e mal que se trava no coração, no trabalho e nas relações sociais.

e) Na ***"História sem Fim"***, de Michael End (1929-1995), a busca de *Atreiú* (ajudado por *Bastian Balthazar Bux*) pelo que poderia salvar o Reino da Fantasia e a Rainha Criança é a materialização da tese tolkien-chestertoniana da restauração da alma pela literatura fantástica, pois o tema central do livro é o poder de cura da imaginação, representado pelo estado em que Fantasia se encontra até que alguém a *salve*, ao reconstrui-la baseado em novas idéias e novos sonhos.

5. ESTÓRIAS E HISTÓRIA – MUNDO IDEAL E MUNDO REAL

S. Agostinho (354-430), em sua *"A Cidade de Deus"*, que pode ser considerada a primeira obra de Filosofia da História, fala de duas histórias paralelas se desenvolvendo no mundo: uma visível (a construção da *"Cidade Terrena"*), com a sucessão dos impérios e do progresso tecnológico, e outra invisível (a construção da *"Cidade Celeste"*), com a santificação das almas, pedras vivas que comporiam, com o tempo, o *"Reino dos Céus"*.

Ora, a importância e o papel das pessoas no desenvolvimento da história humana somente poderá ser aquilatado no final dos tempos, sendo que aqueles que aparentemente não fizeram nada de relevante podem ter sido os mais importantes (como, na saga do Anel, os *hobbits*). Daí que as perspectivas do real e do ideal, do mundano e do sagrado, do pequeno e do grande, do temporal e do eterno, adquirem sua mais plena dimensão quando contrastadas entre si e fundidas em plano no qual, sabendo-se distinguir as diferentes perspectivas, consegue-se aproveitar de cada uma o que tem de mais complementar às nossas deficiências.

Nossa vida real e o mundo de fantasia no qual nos refugiamos nos momentos de lazer, acompanhando as aventuras dos heróis com os quais mais nos identificamos, são, também, histórias paralelas, que se cruzam e interpenetram, servindo as virtudes vivenciadas pelos personagens de exemplo e estímulo para nossa luta diária contra a preguiça e o desânimo, a vaidade e a sensualidade, a ira e a inveja, a avareza e a intemperança. A diferença é que a nossa aventura é mais bonita e emocionante, porque é real.

Platonicamente falando, os contos de fadas são o mundo ideal, no qual encontramos os arquétipos de homens e mulheres com defeitos e virtudes equilibradamente distribuídos, passíveis de serem admirados e imitados. Olhando para eles, sentimo-nos quase que acompanhados em nossa caminhada no mundo real, vivendo situações semelhantes às que eles passaram, o que consola e anima, já que são eco de experiências humanas captadas e tão bem expostas pelos autores das sagas.

E mais. **Não há atividade profissional que não dependa de muita imaginação para se resolver os problemas que apresenta**. Arnold Toynbee (1889-1975), notável historiador inglês, em seu *"Um Estudo da História"*, sustentava que o elemento chave do desenvolvimento das civilizações seriam as respostas criativas aos desafios que o meio, quer ambiental, quer humano, apresentasse ao homem de cada época ou lugar. **Não terá a literatura fantástica um papel a desempenhar na busca de novos caminhos e novas soluções para os problemas que afligem a sociedade moderna**, arejando as mentes e distendendo os espíritos, permitindo olhar para o mundo com uma nova perspectiva?

Enfim, os embates diários da vida real serão melhor enfrentados e vencidos, num clima de distensão, bom humor e esportividade, por aqueles que sabem recuperar as forças e expandir a mente, tanto cultivando uma sólida vida interior quanto escapando temporariamente para um mundo povoado de seres fantásticos (o próprio homem é um ser fantástico!), capazes de fazer rir e chorar, pensar e amar, decidir e mudar, para melhor, o mundo real em que vivemos.

Capítulo X

PRIORIDADES

1. INTRODUÇÃO ESTRATÉGICA

A **grande decisão estratégica** dos Estados Unidos na Segunda Guerra Mundial não foi o desembarque na Normandia no Dia-D, nem o bombardeio massivo das cidades alemãs com os B-17 e B-24 para forçar uma rendição, nem o uso da Bomba Atômica contra os japoneses em Hiroshima e Nagasaki, mas a decisão de, mesmo tendo entrado na Guerra em face do ataque japonês a Pearl Harbour, perceber que **o inimigo principal a ser derrotado era a Alemanha Nazista** e que deveria **concentrar os principais esforços**, mesmo tendo de combater em duas frentes, **no teatro de guerra europeu** (cfr. **Louis Morton**, *"Primeiro a Alemanha: O Conceito Básico da Estratégia Aliada na Segunda Guerra Mundial"*, *in* "As Grandes Decisões Estratégicas", Ed. Bibliex – 1977 – Rio, tradução Álvaro Galvão).

A **matriz ideológica** do regime nazista (e não meramente imperialista, como a japonesa), aliada ao risco de dominação totalitária do **berço da civilização ocidental** por uma **nação militarmente superior** à japonesa, foram elementos que fizeram pender a balança do esforço bélico americano para a **priorização do combate e da vitória na Europa**.

Tanto na **vida corporativa** quanto na **vida pessoal**, e não apenas na seara militar, empresas e indivíduos são colocados diante dos mais variados tipos de **dilemas**, em que devem tomar **decisões** de maior ou menor importância para o seu desenvolvimento e realização. O **segredo** para tomar a decisão acertada, sem se deixar levar por aspectos acidentais e secundários do problema a ser resolvido, é pautar-se por uma **hierarquia de valores**, sabendo **priorizar o mais importante**, perguntando-se se a opção eleita para o caso concreto afasta ou aproxima do **objetivo principal**.

2. QUAIS AS NOSSAS METAS?

No misto de romance com livro didático que é *"A Meta"* (Nobel – 2003 – São Paulo), **Eliyahu Goldratt** oferta lições práticas de economia, administração e contabilidade, ao contar a estória do gerente de uma fábrica que está para ser fechada e tem 3 meses para reverter a situação. À **crise no trabalho**, soma-se a **crise em seu casamento**, que tenderá a se agravar se inverter maior dedicação ao trabalho. À exceção das angústias decorrentes de um sério comprometimento da **saúde**

física ou espiritual da pessoa, os maiores **dilemas** que se podem enfrentar são os que **contrapõem família e trabalho** e as **crises** que desembocam no **desemprego** e no **divórcio**.

O livro de **Goldratt** oferta, de forma atrativa, o **processo de análise do que está errado**, quando a vida pessoal e corporativa não anda bem, desenvolvendo, ainda que sem o querer explicitamente, um **enfoque filosófico** à questão, ligado ao que costumamos chamar de **causas últimas** e **fins existenciais**, quer de indivíduos, quer de sociedades e instituições. Com efeito, o problema que ocorre muitas vezes, no meio do **ativismo** da vida diária, é o de se perder no circunstancial e esquecer o *por quê* e *para que* fazemos as coisas.

Goldratt, ao colocar a questão fundamental de **qual é a meta de uma empresa**, mostra inicialmente uma resposta que aparentemente seria a apropriada: **produzir com eficiência um produto de qualidade**. No entanto, isso não é suficiente, pois se não se consegue vender o produto, a empresa fecha. Assim, conclui-se que a **produtividade não é o essencial**: é apenas o ato de aproximar uma empresa de sua meta. É **meio** e não **fim**.

Perguntar pela **meta** ou **fim** de uma instituição é se perguntar: afinal de contas, para que ela existe em última instância? Assim, podemos pensar em algumas instituições, distinguindo o que são seus fins, do que são meios para atingi-los:

a) Empresa – dar **lucro** (ganhar dinheiro) e não apenas produzir;

b) Igreja – **salvar almas** (levar para o Céu) e não apenas desenvolver obras sociais;

c) Tribunal – fazer **justiça** (com celeridade, qualidade e segurança) e não apenas decidir casos.

3. DILEMAS E PRIORIDADES

Na saga de *"O Senhor dos Anéis"*, **J. R. R. Tolkien** retrata bem, na parte final da Guerra do Anel, os **dilemas** do Senhor das Trevas e a **decisão** acertada dos Senhores do Ocidente sobre qual a estratégia a seguir, tendo em conta a **prioridade** que faz distinguir **fins e meios**. O diálogo entre Éomer, comandante dos Rohirrim, e *Gandalf*, o Mago, alma de toda a resistência a *Sauron*, Senhor das Trevas:

> *"– Mas como fica isso? – perguntou Éomer. Você diz que tudo é inútil se ele tiver o Anel. Por que não deveria ele julgar inútil nos atacar, se nós o tivermos?*
> *– Ele ainda não tem certeza – disse Gandalf -, e não construiu seu poder esperando até que seus inimigos estivessem seguros, como fizemos nós. Além disso, nós não poderíamos aprender como controlar todo o poder num único dia. Na verdade, o Anel só pode ser usado por um único mestre, e não por muitos; ele vai aguardar uma hora de discórdia, antes que um dos grandes entre nós se faça senhor e se coloque acima dos outros. Nessa hora o Anel pode ajudá-lo, se ele for rápido.*
> *– Ele está vigiando. Vê muito e muito escuta. Seus nazgûl ainda estão à solta. Passaram sobre este campo antes de o sol nascer, embora poucos dos que estavam cansados ou dormindo se tenham dado conta disso. Ele estuda os sinais: a Espada que lhe roubou o tesouro*

> *reforjada; os ventos da fortuna virando a nosso favor, e a inesperada derrota em seu primeiro ataque, a queda de seu grande Capitão.*
> *– **Sua dúvida está crescendo**, neste exato momento em que estamos falando aqui. **Seu Olho está agora perscrutando em nossa direção, praticamente cego para tudo o mais que se move**. Assim devemos mantê-lo. Aí está toda a nossa esperança. Este, então, é o meu conselho: **não possuímos o Anel. Por sabedoria, ou por uma grande loucura, nós o enviamos para longe para ser destruído, e para evitar que nos destruísse**. Sem o Anel, não podemos pela força destruir a força de Sauron. Mas **devemos a todo custo manter seu Olho longe do verdadeiro perigo que o ameaça. Não podemos conquistar a vitória por meio das armas, mas por meio das armas podemos dar ao Portador do Anel sua única oportunidade, por mais frágil que seja.***
> *– Como Aragorn começou, assim devemos continuar. Devemos empurrar Sauron para seu último lance. Devemos atrair sobre nós sua força oculta, de modo que esvazie seus domínios. Devemos marchar ao encontro dele imediatamente. Devemos transformar-nos em iscas, embora suas mandíbulas possam se fechar sobre nós. Ele aceitará essa isca, cheio de esperança e avidez, pois em tamanha audácia julgará estar vendo o orgulho do novo Senhor do Anel, e dirá: "Isso! Ele estica seu pescoço muito cedo e quer chegar muito longe. Deixarei que avance, e eis que o pegarei numa armadilha da qual não poderá escapar. Ali vou esmagá-lo, e o que me tomou em sua insolência será meu outra vez, para sempre"* (**Tolkien, J. R. R.** , "O Senhor dos Anéis", São Paulo, Martins Fontes Editora, 2001 – pp. 931-932) (grifos nossos).

A **sabedoria** de *Gandalf* era justamente a de perceber que **o Anel era a perdição** de seus portadores (corrompia aqueles que o possuíam), devendo destruí-lo para não ser destruído. E a **loucura** de *Sauron* foi a de esquecer que **o Anel era a fonte de seu Poder**, sendo ludibriado sobre onde ele poderia estar. A narração que **Tolkien** faz da captação, por parte de *Sauron*, de que, não tendo sabido **focar** bem a realidade, **perdeu-se no meio de muitos meios, esquecendo o fim essencial** é antológica:

> *"(...) De repente o Senhor do Escuro percebeu a presença do hobbit, e seu Olho, penetrando todas as sombras, atravessou a planície na direção da porta que ele fizera; e **a magnitude de sua própria loucura revelou-se a ele num clarão cegante, e todas as estratégias de seus inimigos foram finalmente desnudadas diante de seus olhos**. Então sua ira incandesceu-se numa chama devoradora, mas seu medo ergueu-se como uma vasta fumaça para sufocá-lo. Pois ele sabia do perigo mortal que estava correndo, e percebia o fio pelo qual estava agora pendurado seu destino.*
> ***De todas as suas estratégias e teias de medo e traição, de todos os seus estratagemas e suas guerras sua mente se libertou**, e todo o seu reino foi atravessado por um temor, seus escravos vacilaram, seus exércitos pararam e seus capitães, subitamente sem liderança, desprovidos de vontade, hesitaram e se desesperaram. Pois foram esquecidos. **Toda a mente e o propósito do Poder que os controlava concentravam-se agora com uma força arrasadora na Montanha.** A um chamado seu, rodopiando com um grito lancinante, numa última corrida desesperada voaram, mais rápidos que os ventos, os nazgûl, os Espectros do Anel, e com uma tempestade de asas arremessaram-se em direção ao sul para a Montanha da Perdição"* (**J.R.R. Tolkien**, "O Senhor dos Anéis", op. cit., p. 1002) (grifos nossos).

4. HIERARQUIA DE VALORES

O que **consome e estressa** o homem moderno é justamente a **perda de uma hierarquia de valores**, que faz se **dispersar em muitas atividades** e esquecer do essencial. Em momentos de **lucidez**, consegue perceber a dispersão de esforços em muitas frentes e a necessidade de **focar no mais importante**, sabendo cortar com tudo o que possa comprometer essa meta, objetivo e fim existencial. O que se espera, nesses casos, é que o acordar não seja tão tarde, como o foi para *Sauron*.

Na prática, na **vida individual**, não é muito difícil estabelecer uma **hierarquia de valores e prioridades**, segundo aquilo que intuitivamente percebemos como o mais importante. O **segredo da eficácia e realização** pessoal está justamente em descobrir e vivenciar a **ordem** na vida pessoal e profissional.

A **ordem** nada mais é do que a disposição das coisas e ações, segundo uma **hierarquia** de valores, que é intrínseca à natureza, o que pressupõe a distinção entre **fins e meios**. Toda ordem é manifestação de uma **inteligência** que a causa, contrapondo-se à desordem que caracteriza o caos e a casualidade.

Parece intuitivo que, na vida de uma pessoa normal, consciente da sua condição de **criatura** (não se explica a si mesma, nem ao mundo em que vive, sem o reconhecimento de uma Causa Transcendente) e de **ser social por natureza** (inserido, desde o nascimento, nas mais diferentes sociedades, da família ao Estado), a **hierarquia de valores** mais simples e empírica é aquela que aponta, na ordem prática do agir, para as seguintes prioridades: ***Deus, Família, Trabalho, Lazer***.

E porque essa hierarquia é empiricamente fácil de captar? Porque estabelece uma **racional relação de meios e fins** no agir humano:

a) Deus (deveres religiosos) - **fim último** do agir humano (sendo criaturas, a existência tem como sentido mais profundo a relação ordenada com o Criador nesta dimensão terrena e o merecimento de um prêmio na dimensão da eternidade);

b) Família (deveres familiares) - **fim mediato** do agir humano (nossos principais amores - esposa, filhos, pais, irmãos -, pelos quais se vive, se luta e se morre);

c) Trabalho (deveres profissionais) - **meio imediato** de se alcançar o bem dos fins último e mediato (serviço a Deus e ao próximo, de acordo com as capacidades, aptidões e possibilidades de cada um);

d) Lazer (descanso, esporte e cultura) - **meio mediato** de se alcançar os bens mediatos e últimos próprios do ser humano (a restauração das forças, o sadio cultivo do corpo e do espírito, não são apenas direitos, mas deveres para o equilíbrio da pessoa e sua perfeita inserção na sociedade em que vive - *mens sana in corpore sano*).

Parecem-me exemplos emblemáticos da **inversão de valores** os dois seguintes comentários:

a) uma secretária para a outra: *"Não sei porque meu marido implica tanto com o horário em que chego em casa, por ter que trabalhar até mais tarde. Marido a gente arranja outro, mas emprego está difícil!"*.

b) Presidente *Ronald Reagan* (1980): *"Hoje, pela legislação americana, eu posso me livrar mais fácil da minha mulher do que da minha empregada!"*.

Será que, realmente, o mais importante é o trabalho e não a família? Será que o sentido dos nossos esforços deve ser voltado mais para a nossa carreira do que para os nossos filhos, esposa ou marido? Parece-me que **não há sucesso profissional que efetivamente compense um fracasso familiar**: é o que pode ocorrer com um pai que se dedicou tanto a construir seu prestígio profissional, descuidando do convívio familiar e do acompanhamento dos filhos, que algum destes acaba drogado ou se suicidando.

Não é questão só ou principalmente de tempo, mas de **foco**.

5. PLANO DE VIDA

A **prioridade** do valor não se expressa absolutamente na **quantidade de tempo** a se dedicar a cada grupo de deveres. Pelo contrário, **quanto menos prioritário é um determinado valor, maior é o tempo que lhe dedicamos na prática**. No entanto, a nobreza e essencialidade do pouco tempo que dedicamos ao mais importante **não pode ser descuidada** nos casos de eventual conflito. Se não der para tudo, o mais importante deve ser feito e não postergado.

Numa **simulação matemática** das 24 horas de um dia e 168 horas semanais, costumamos distribuir nosso tempo, mais ou menos, da seguinte maneira (naturalmente se temos essa hierarquia de valores):

a) Lazer - 85 horas semanais (49 horas de sono no mínimo + 36 horas de hobbies, com os deslocamentos incluídos);

b) Trabalho - 44 horas semanais (é a jornada de trabalho prevista no art. 7º, XIII, da Constituição Federal para todo trabalhador brasileiro que não tenha jornada menor prevista legalmente, correspondendo a 8 horas por dia e 4 horas no sábado);

c) Família - 35 horas semanais (média de 5 horas diárias, com as refeições em família, passeios, tertúlias, encargos familiares, etc).

d) Deus - 4 horas semanais (computando uma hora da Missa dominical ou Culto evangélico, judaico, islâmico ou de qualquer outra religião, além do tempo diário - em torno de meia hora - consumido pelas diferentes práticas de piedade que se possa ter: meditação, exame de consciência, recitação do terço, leitura da Bíblia ou de livros de espiritualidade, etc).

Em que pese gastarmos habitualmente pouco tempo pensando nas coisas de Deus e do Além, é o que dá a luz para compreender o sentido de tudo o mais que fazemos. A **falta da meditação diária** (ao menos um exame de consciência ao final do dia) sobre aquilo que devemos fazer para atingir nossos fins existenciais (utilizando a leitura de algum livro de espiritualidade como estopim de nossas reflexões) é talvez a responsável pelo **ativismo** em que possamos estar mergulhados, fazendo muito, correndo muito, mas **sem direção**, porque não paramos para pensar onde devemos ir e a que lugar levam os caminhos que estamos trilhando.

6. MOTIVAÇÕES EFÊMERAS

Uma **reflexão sobre os fins e prioridades** no campo pessoal poderia ser pautada pelas seguintes perguntas de caráter filosófico: O que está em primeiro lugar na minha vida? O que quero acima de tudo? "Qual é a sua?" (diriam os paulistas) No que pensas e sonhas? Lucros, mulheres, honras, cargos, aplausos? No que não cedes? Do que fazes questão absoluta? Essa é a sua prioridade e o seu fim existencial!

Numa lista não exaustiva (mas substancialmente bem abrangente) dos fins e motivações da vida muitas pessoas, vamos encontrar:

a) Desejo de "instalar-se" na vida – adquirir um diploma universitário, um bom emprego (que dê para se sustentar), um cargo público (passando num concurso que dê estabilidade), um belo e carinhoso cônjuge (e um par de filhos no máximo), um bom patrimônio... e a vida se encarrega de ir nos desinstalando, com a perda da saúde, do poder, da influência e até do patrimônio e do cônjuge, quando vamos envelhecendo (nesse sentido, a coerência no que seria *"pensar num futuro seguro"* só poderia levar a comprar um terreno no cemitério...). **O previdente acaba frustrado.**

b) Vaidade – desejo de ser estimado, admirado e querido por todos, fazendo tudo em função da platéia... e vivendo escravizado por ter de agradar a gregos e troianos, com medo do que vão pensar ou dizer, numa vida de aparências, em que se pinta a fachada da casa, mas dentro está vazia, padecendo-se de uma suscetibilidade enfermiça sobre se foi bem tratado ou desconsiderado (sempre preocupado com a "imagem"). **O vaidoso vive angustiado.**

c) Ambição – desejo de subir, ganhar e vencer, passando por cima de tudo e de todos, fazendo dos outros instrumentos de seus objetivos, em busca de honras, poder, riquezas e prazeres, sempre se comparando, numa eterna competição com os demais... e o fruto é apenas a inveja (do cargo, da mulher, do carro, do apartamento... e até do celular ou do micro do outro), pois não dá para ser sempre o melhor, o primeiro e ter tudo a tempo e hora. **O ambicioso não tem amores e termina sozinho.**

Não há como não reconhecer, até empiricamente, que todos esse objetivos são "furados" e causam uma **insatisfação de fundo**, pois o homem tem uma **inata aspiração de algo definitivo e infinito.** *S. Agostinho* escrevia no início de suas *"Confissões"* : *"Criaste-nos para Vós, Senhor, e o nosso coração anda inquieto enquanto não descansar em Vós"*. Sempre falta algo na vida se o objetivo fundamental da existência não está fora de nós mesmos: em **Deus** e no **próximo.**

Na medida em que os anos passam, dependendo das **prioridades** e **objetivos** que o homem tenha colocado para sua vida, a sensação dominante pode ser a do **medo** ou da **realização**:

a) o **medo** é o de que a vida está se acabando, passando, e com ela todos os bens nos quais se colocou todo o empenho em se adquirir, inclusive a própria existência.

b) a **realização** é a de um **projeto concluído**, quando se capta o **sentido de missão** que a vida possui - cumprir o papel destinado por Deus a cada um na grande sinfonia da existência.

Neste último sentido, não é demais lembrar a beleza da imagem que **Tolkien** traça em *"O Silmarillion"* sobre a Criação do Mundo, com Deus dando aos primeiros espíritos criados um tema de música a desenvolver em conjunto, em relação ao qual cada um tem sua parte a implementar e se realiza cumprindo seu papel (cfr. **J. R. R. Tolkien**, *"O Silmarillion"*, São Paulo, Martins Fontes Editora, 2001. pp. 4-7). Só isso satisfaz e faz que a passagem do tempo não amedronte.

Pode-se dizer que é feliz e se sente realizado o homem que se entrega de corpo e alma a essa **missão**, de serviço a Deus e a toda a humanidade, através de seu trabalho profissional competente e do convívio familiar construtivo dos cônjuges e dos filhos. Em suma, se trata de viver para um **ideal que seja maior do que si mesmo** e que o ultrapasse e sobreviva a ele. A morte, para quem vive assim, é apenas a colocação da última pedra no edifício da existência, completando acabadamente a própria missão neste mundo.

7. QUESTÃO DE FOCO

Finalmente, a eleição das **prioridades** na vida pessoal e corporativa supõe o reconhecimento das **limitações** de capacidades e tempo de cada um.

Exemplo de **foco profissional** pode ser, sob o prisma **corporativo**, o *"Instituto de Estudos Avançados"* da Universidade de Princeton (de pesquisa científica puramente teórica, cujo fruto indireto foi o desenvolvimento do computador), e, sob o prisma **pessoal**, o *"Teorema de Gödel"* (desenvolvido pelo renomado matemático austríaco, que trabalhou no referido Instituto e foi grande amigo de *Einstein*):

> *"Gödel, na verdade, adquirira a ambição, ainda quando graduando na Universidade de Viena, de se dedicar somente ao tipo de matemática com implicações filosóficas mais amplas. Esse é um objetivo de fato intimidador, em certo sentido historicamente ambicioso; e um dos aspectos mais espantosos de sua história é que ele conseguiu atingi-lo.* ***Essa ambição intimidadora, que ele preservou pela vida afora, pode ter limitado sua produção, mas também garantiu que o que ele realizasse fosse profundo****"* (**Rebecca Goldstein**, *"Incompletude"*, Companhia das Letras - 2008 - São Paulo, p. 25) (grifos nossos).

Focar naquilo que é o principal e naquilo que podemos fazer bem supõe, necessariamente, abdicar de outros objetivos que impediriam a realização do ideal eleito. Quantos não chegam ao final da vida (ou ao meio dela) descontentes com os resultados, porque **abriram muitas frentes** (cursos, projetos, leituras, negócios) e **concluíram muito poucos**. Faltou a sabedoria, o discernimento e a humildade de reconhecer as próprias limitações, apontar para os objetivos mais importantes e persegui-los com **perseverança**.

Em suma, só seremos **felizes e eficazes** na vida se soubermos:

a) eleger acertadamente as **prioridades** da nossa vida, de acordo com uma saudável **hierarquia de valores**;

b) encarar a vida com **sentido de missão**, dedicando-nos com constância ao serviço dos outros, no trabalho e na família;

c) aceitar as próprias **limitações**, focando nossa atividade naquilo que podemos fazer bem, com competência e profundidade;

d) lutar por atingir as metas propostas, não desistindo do esforço por **adquirir as virtudes** necessárias, **vencer os defeitos** próprios e **transformar o mundo** em que vivemos.

Podemos concluir este capítulo lembrando as palavras com que o Prof. **Robert Kaplan**, da *Harvard Business Schooll*, começa seu livro *"Execução Premium"* (Elsevier - 2008 - São Paulo), em que trata do "Balanced Scorecard" (BSC), moderna técnica de mensuração do atingimento dos objetivos estratégicos de qualquer instituição: *"Uma estratégia sem táticas é o caminho mais lento para a vitória. Táticas sem estratégia representam o caos que antecede uma derrota"*. A **estratégia** diz respeito à eleição dos **fins e prioridades**, a **tática** corresponde ao uso dos **meios** para atingi-los.

No dia 26 de fevereiro de 2010, ao participar em videoconferência do III Encontro Nacional do Judiciário, organizado pelo CNJ, o Prof. Kaplan relembrou uma idéia básica, mas muitas vezes esquecida: *"É melhor uma estratégia simples bem executada do que uma estratégia brilhante sem acompanhamento executivo"*.

Portanto, fixar **poucas metas**, que sejam fundamentais, e **perseguí-las com denodo** é o segredo da vitória!

Capítulo XI

PRUDÊNCIA: A ARTE DE DECIDIR

1. INTRODUÇÃO

Quantos **dilemas** temos na vida? Viver é fazer **escolhas**, que nos limitam a **liberdade**. Não decidir é já decidir pelo pior. Mas como decidir bem, sem se **arrepender** das opções feitas? Para isso se destaca a virtude da **prudência**, como a **arte de decidir** e de escolher o melhor em cada momento. Vale a pena, pois, deter-nos a examinar em que consiste essa virtude e como se desenvolve.

Aristóteles fala da **prudência** no **Livros VI** do *"Ética a Nicômaco"*, como **sabedoria prática**, de direcionamento da vida, comparando-a às **virtudes intelectuais**, dentro do contexto do que distingue o homem do animal: o **agir racional**, pautado pelo conhecimento da realidade e pela busca do bem próprio da natureza humana.

Podemos **sintetizar** esse Livro, para nos servir de **roteiro de reflexão**, nos seguintes **tópicos**, conforme a numeração da própria obra:

Livro VI

1) Estando a **virtude** na **mediania** entre excesso e deficiência, a fixação do termo médio se dá pela **reta razão** (*orthos leghei*). Dividindo-se as **virtudes** entre **morais** (de caráter) e **intelectuais**, estas últimas dizem respeito a princípios invariáveis (**faculdade científica**) e variáveis (**faculdade calculadora**).

2) As **potências** da alma são a **sensação** (comum ao animal), a **inteligência** (que busca a verdade) e a **vontade** (que busca o bem). A **escolha** da ação correta pela vontade depende da **visão** do bem verdadeiro pela inteligência.

3) As 5 qualidades pelas quais a alma chega à verdade são: a **arte**, o **conhecimento científico** (*episteme*), a **prudência** (*fronesis* – sabedoria prática), a **sabedoria filosófica** (*sofia*) e o **entendimento** (*nous*). O **conhecimento científico** diz respeito às verdades eternas e imutáveis captáveis pela observação e alcaçáveis pela indução ou dedução.

4) A **arte** diz respeito ao **criar** ou **fabricar** (*to make* em inglês), inventando uma coisa nova, diferentemente do simples fazer ou realizar (*to do* em inglês).

5) A **prudência** diz respeito ao **deliberar** o que seja bom para si (administração doméstica) e para os demais (administração política) relativamente ao mutável, diferentemente do **conhecimento científico**, que respeita às coisas invariáveis. Como virtude, a prudência relaciona-se com a temperança e a fortaleza, na medida em *"o homem corrompido pelo amor ao prazer ou pelo medo da dor não consegue discernir qualquer primeiro princípio: o vício tende a destruir a percepção dos princípios"*.

6) O **conhecimento científico** diz respeito às colsas imutáveis e universais, chegando-se por **dedução** dos **primeiros princípios**, os quais são alcançados pelo **entendimento** através da **indução** e da **intuição**.

7) A **sabedoria** (*sofia*) seria uma **combinação** do entendimento com o conhecimento científico, pela visão ampla que oferta. *O ser humano não é a melhor coisa do mundo* (estaria acima dos animais, mas abaixo dos corpos celestes, mais divinos em sua natureza!). É melhor a **prudência** do que o conhecimento científico, pois o conhecimento factual ajuda mais na vida do que as teorias.

8) A **prudência**, sendo a virtude que pondera os fatos particulares para decidir, pode ser **pessoal** (condução da pessoa), **doméstica** (condução da família), **política** (condução da sociedade), **legislativa** (formulação das leis) e **judiciária** (julgamento das pessoas).

9) Ter **boas deliberações** (*euboulia*) constitui uma característica do homem prudente: a execução deve ser rápida, mas a deliberação lenta, ponderando os fatos e aplicando os conhecimentos teóricos, até dar com o melhor modo de agir no caso concreto.

10) O **discernimento** (*sinesis*) é a qualidade de julgar bem sobre as realidades cambiáveis, apreendendo adequadamente a realidade.

11) A **ponderação** (*gnome*) é qualidade de julgar com **equidade**, isto é, com consideração das circunstâncias particulares e indulgência (qualidade quase inata ou que se adquire com a idade).

12) Enquanto a **sabedoria** permite conhecer no que consiste a felicidade (**fim**), a **prudência** mostra o caminho que conduz a ela (**meios**). Se o fim não é bom, a prudência se converte em mera **engenhosidade** (*deinotês*).

13) Enquanto a **virtude natural** é a mera inclinação natural para o bem, a **virtude adquirida** é o hábito da prática do bem governado pela **prudência**. Conhecer o bem não é necessariamente praticá-lo, como pensava **Sócrates**: daí que a prudência *coopere*, com a justa razão das coisas, mas não necessariamente a *conforme*.

Vamos refletir sobre a **prudência e seus atos**, na **teoria** e na **prática**?

2. A PRUDÊNCIA COMO PRIMEIRA VIRTUDE CARDEAL

A **prudência** é considerada a **primeira** das virtudes cardeais e **norteadora** de todas as outras (cf. **Josef Pieper**, *Virtudes Fundamentais*, Aster – Lisboa, p. 11). E por que isso? Porque da mesma forma que o ser (**realidade**) precede o conhecer (**verdade** ou idéia que fazemos da realidade), que precede o admirar (**beleza** captada do conhecido), que precede o querer (**bem** desejado após ser inicialmente só admirado), assim também, na ordem do agir, primeiro se decide (**prudência**) o que fazer (**justiça**), vencendo as tentações do medo que afasta (**fortaleza**) e do desejo que atrai além da medida (**temperança**).

Nesse sentido é que se diz que a prudência é a **forma substancial externa** das demais virtudes (cfr. Pieper, op. cit. 15), uma vez que estabelece o **padrão**, a concepção intelectual, a idéia do que será a obra externa justa, corajosa e disciplinada. Com efeito, antes de se esculpir uma estátua, o artista concebe como será. Pois bem, toda **ação humana** pode ser uma **obra de arte** quando antes **bem concebida pela virtude da prudência**.

Prudência **não é *mineirice***, no sentido popular da expressão, sinônimo de **indecisão**, de ficar em cima do muro, de saber furtar-se aos riscos pessoais e comprometimentos. Pelo contrário, o ato característico da prudência é a **decisão ponderada**, que começa **observando a realidade**, continua **pedindo conselho**, prossegue **ponderando os prós e os contras** e termina tomando a **decisão mais acertada** e a pondo em **prática**.

Os antigos definiam a prudência como a ***recta ratio agibilium*** (*a reta razão no agir*), ou seja, agir segundo a **razão**, que capta objetivamente a **realidade** e, a partir dela, toma o melhor rumo para a conduta, o que explica as partes ou atos que a compõem, tal como os mencionamos.

A prudência está ligada, pois, à **perfeição moral do homem**, o desenvolvimento de suas qualidades interiores morais, o que difere da *recta ratio factibilium*, que diz respeito à aquisição das **virtudes intelectuais** e **destrezas técnicas**, as quais podem ser usadas para o bem ou para o mal, conforme a prudente decisão do homem que as adquire.

Caso paradigmático é o do desenvolvimento das **pesquisas nucleares**. O que mais impactou os cientistas que descobriram a **energia atômica** foi que, ao invés de utilizá-la para iluminar uma cidade inteira com um usina atômica, decidiu-se destruir as cidades com a bomba atômica! Portanto, a **excelência técnica** nem sempre vai acompanhada da **excelência ética**, que é o que mais importa. Não basta saber fazer (*know-how*); é preciso saber por que e para quem fazer (*prudentia*).

3. A OBSERVAÇÃO

O **primeiro ato** da virtude da prudência é a **observação**, ou seja a atenção e a disposição para captar a realidade tal qual é, quer em seus **princípios universais** (leis), quer em seus **aspectos particulares** (fatos).

Um **juiz**, por exemplo, para bem decidir, deve **conhecer bem** o **direito** que irá aplicar e os **fatos** sobre os quais esse direito incide. Pode errar ou por desconhecer as leis, ou por não ter captado o que realmente aconteceu com os litigantes.

Pieper esclarece que *"a primazia da prudência significa que a realização do bem tem como pressuposto o conhecimento da realidade"* (op.cit. p. 19). A prudência seria um **conhecimento diretivo**, uma **consciência circunstancial**, ou seja, a **razão prática** que, partindo do conhecimento dos **fins** do agir humano segundo a captação da realidade, elege os **melhores meios** para alcançá-los, levando em consideração as circunstâncias concretas de cada momento.

Além da **capacidade natural** de observação da realidade, S. **Josemaría Escrivá** lembra do **sentido sobrenatural**, isto é, da possibilidade de se ver as coisas como Deus as vê, com **olhos de eternidade**, o que ajuda a perceber o **valor relativo de pessoas e acontecimentos**, colocando-os no seu verdadeiro lugar:

> *"As pessoas, geralmente, têm uma visão plana, pegada à terra, de duas dimensões. – Quando a tua vida for sobrenatural, obterás de Deus a terceira dimensão: a altura. E, com ela, o relevo, o peso e o volume»* (*Caminho*, ponto 279).

4. O CONSELHO

O **segundo ato** da virtude da prudência é saber pedir **conselho** quando não se têm todos os dados, todo conhecimento necessário ou toda a experiência para decidir sobre a questão: trata-se de **ouvir os doutos**.

Na saga do *"Senhor dos Anéis"*, de **J. R. R. Tolkien**, um dos capítulos que mais prende a atenção é ***"O Conselho de Elrond"*** (Martins Fontes - 1994 - São Paulo, Volume I, Livro II, capítulo 2, pp. 361-410). Trata-se de uma reunião singular que se realiza em *Rivendell*, na casa de *Elrond*, com representantes dos diversos povos da Terra Média. Elfos, anões, *hobbits* e homens dos diversos reinos discutem o que fazer para salvar a Terra Média do domínio de *Sauron*, Senhor das Trevas, em, principalmente, que destino dar ao **Anel do Poder** que se encontra no momento em suas mãos, mas cujo controle absolutamente não detém.

O capítulo é atrativo porque, pela fala de cada um dos personagens, vai-se tendo um **quadro completo da situação da Terra Média**, indispensável para se tomar qualquer decisão. Por outro lado, os mais sábios do Conselho, *Gandalf* e *Elrond*, com toda a sua **experiência e sapiência**, ajudam a ver o problema com realismo e sem desespero, encontrando uma saída ao mesmo tempo **audaciosa** e **humilde**, por fazer a única coisa que o inimigo não esperaria deles: ir direto à *Terra de Mordor*, reduto do inimigo, para destruir o anel no *Monte da Perdição*, em que ele fora forjado. A mais prudente das decisões, aparentemente a mais tresloucada aos olhos dos "prudentes", foi tomada graças à humilde consulta a todos aqueles que poderiam ofertar elementos fundamentais para a tomada de decisão de tamanha envergadura. E graças à **decisão acertada**, a **Guerra do Anel** foi vencida pelos povos livres do Ocidente.

S. **Tomás de Aquino** que *"quem precisa de conselho alheio é porque sabe, se estiver em graça, aconselhar-se ao menos quanto ao fato de precisar de conselho alheio e quanto à distinção entre um conselho bom e um conselho mau"* (*Suma Teológica*, II-II, q.47, art. 14, ad 2). Exemplo de **mau conselheiro** no *Senhor dos Anéls* é *Língua-de-Verme*, cuja perfídia e covardia não é percebida pelo Rei *Théoden*, já que os conselhos correspondiam à sua **desistência da luta**. Acontecia com o monarca o problema para o qual alertava o Aquinate como a ruína da memória: a deturpação da realidade, já que a **memória fiel ao real** seria o primeiro pressuposto da perfeição da prudência (cfr. op. cit. II-II, q. 49, art. 1).

No fundo, apenas pela **humildade** de se reconhecer a própria incapacidade para dominar e conhecer todos os dados do problema é que torna o homem prudente a ponto de ouvir quem lhe possa melhor aconselhar a resolvê-lo.

Um dos defeitos da **juventude** é a **presunção** quanto ao próprio discernimento, desprezando o conselho dos mais velhos e experientes. Há um ditado que diz que devemos *"escarmentar em cabeça alheia"*, ou seja, tirar experiência dos erros alheios, para neles não incidir. Há, no entanto, pessoas que só **escarmentam na própria cabeça**, demonstrando, justamente por isso, pouca cabeça.

Com efeito, a história não começou conosco nem conosco terminará. A frase presidencial tão repetida – *"nunca antes na história deste país"* – só demonstra desconhecimento da história ou presunção que o tempo se encarrega de corrigir. A prudência recomenda sempre **levar em conta a experiência do passado e dos que nos antecederam** (pais, professores, administradores, etc), para dar continuidade às boas obras e corrigir o que tiver de ser corrigido, mas após uma detida e aprofundada apreensão dos problemas envolvidos.

5. A PONDERAÇÃO

O **terceiro ato** da virtude da prudência é a **ponderação** ou **reflexão**, isto é, o ato de estudar e comparar as razões favoráveis ou contrárias a uma determinada decisão.

Nessa tarefa, é de fundamental importância desenvolver a capacidade de **prever as consequências** dos atos: é a **providência** ou **juízo de consequência**. O imprudente por irreflexão é aquele que logo se arrepende do que disse ou fez, ao perceber que sua precipitação no agir voltou-se contra ele mesmo.

Há pessoas que passam pela vida como por um campo minado, desarmando bombas relógio, prontas a explodir a cada passo, porque não souberam **planejar** o dia, a semana, o mês. Sem capacidade de previsão. Só seguindo a vontade do momento... E sofrendo as consequências de perdas de tempo, dinheiro, amizade, família, emprego e a vida.

Como ajuda na vida **um pouco de organização**: uma agenda em que se anotam os compromissos e tarefas, que se consulta e verifica, a cada período de tempo, qual a tarefa a fazer, de acordo com a **hierarquia de prioridades** que se estabeleceu previamente.

Por outro lado, conspiram contra a prudência nesse momento de ponderação, as **segundas intenções** e os **interesses inconfessáveis** que pressionam interiormente a inteligência e a vontade numa determinada direção.

Aqui a prudência perde seu nome de virtude e se transmuda na **astúcia** e **sagacidado** daquele que pretende ver prevalecer seus interesses em detrimento da verdade e do bem.

A prudência é o meio de implementar a **justiça**, ou seja, de se agir respeitando os direitos alheios e cumprindo os próprios deveres. Essa a **motivação** da virtude da justiça, que influi no processo de tomada de decisão.

As **segundas intenções** estão geralmente ligadas aos conhecidos **sete pecados capitais**, que por serem *feios*, não querem mostrar sua cara: a **retórica** e o discurso apresentam o agir com pele de cordeiro, escondendo o lobo que há por baixo.

Assim, as motivações humanas veladas acabam sendo, quando não desmascaradas, a **avareza** de só buscar o proveito próprio em detrimento da justiça; a **luxúria** oculta numa vaidade manifesta de encantar e atrair quando já se está comprometido; a **ira** canalizada no espírito de vingança que age de forma destrutiva; a **inveja** que faz criticar e se opor àquilo que não contou com a nossa participação ou não foi idéia nossa; a **vaidade** que faz agir movido pelo aplauso ou desejo de manter bem a própria imagem; o **orgulho** que não admite dar o braço a torcer e mantem opiniões e atitudes insustentáveis; a **preguiça** que busca encontrar o caminho mais fácil e a opção mais agradável e não a mais eficaz; a **gula** que nas refeições esquece e desliga das pessoas e conversas, concentrado profundamente na árdua tarefa de meter gorduras pelo tubo digestivo...

Dizia **Pieper** que *"faltando o desejo do bem, todo o esforço em descobrir o que aqui e agora é prudente e bom redunda em ilusão e atividade vazia"* (op. cit. p. 46).

Com efeito, sem **retidão de intenção**, nenhum ato é bom e nem prudente, pois a própria noção de prudência diz respeito à **reta razão no agir**. Daí que uma das atitudes mais necessárias para se adquirir e crescer na virtude da prudência é **retificar a intenção**, quando percebemos que o que nos move a agir são, na verdade e no fundo, motivos menos nobres e que causariam vergonhas se descobertos.--Afinal de contas: O que nos move? Por quem os sinos dobram?

Também aqui, é paradigmático o caso da **bomba atômica**. Ainda paira no ar a pergunta histórica: Tendo sido do Presidente **Truman** a decisão de usar a bomba atômica para encurtar a guerra, por que escolheu as duas cidades católicas do Japão, Hiroshima e Nagasaki? Mera coincidência ou uma segunda intenção velada?

6. A DECISÃO

O **quarto ato** da virtude da prudência é a **decisão**, ou seja, **escolher** o melhor dos caminhos ou opções que se apresentam.

No entanto, S. **Tomás de Aquino** nos alerta para um perigo que leva à **indecisão**, qual seja, querer ter **certeza** sobre qual a melhor opção ou qual o caminho ideal: *a certeza da prudência não pode ser tão grande que afaste por completo a inquietação* (*Suma Teológica*, II-II, q. 47, art. 9, ad 2). E porque é assim? Porque a prudência parte das premissas teóricas da ciência, mas que se aplicam ao que é **contingente e circunstancial**, sujeito a mutações e não perfeitamente captável pela limitação humana. A **casuística** de **moralistas** que pretendem mapear todas as situações possíveis e fixar o comportamento tropeça no mesmo escolho de

juristas que sonham com o **Código** perfeito, abrangendo todas as possíveis situações de conflito e as solucionando previamente.

Quem sonhasse com essa certeza estaria **abdicando da liberdade e correspondente responsabilidade**: o medo de decidir e de errar faria com que se esperasse de uma instância superior - o chefe ou a lei - a ordem de fazer assim ou assado.

Pieper alerta: *Uma vez que se chega à casuística, a primeira coisa que acontece é que a decisão no caso de consciência é subtraída à consciência individual e transferida para a autoridade do especialista".* E conclui: *"A primeira das virtudes cardeais não e apenas o índice da maioridade moral; é também, e precisamente por isso, o índice da liberdade"* (op. cit. p. 44).

Em que pese o pessimismo de seu autor, a conhecida expressão sartreana tem muito de verdade: *Estamos condenados a ser livres.* Ou seja, **não podemos nos furtar a decidir e responder pelo acerto ou erro de nossas decisões.**

Com efeito, podemos, no campo do Direito, conhecer bem as **leis** que regem determinado campo da atividade humana, e saber, teoricamente, como se deve agir numa dada situação. No entanto, para agir é preciso conhecer também os **fatos**, a situação concreta sobre as quais se aplicam as leis. E estes são mais difíceis de se captar em sua integralidade.

Daí que muitos fiquem **paralisados**, bloqueados pela ilusão de chegar à solução perfeita para determinada situação, quando, no campo do agir humano, **não há certezas matemáticas, mas apenas certezas morais**, isto é, a aproximação do que é o justo e o bom no caso concreto.

Se, por um lado, pode-se ficar **paralisado** diante das várias opções aparentemente igualmente exigentes de sua assunção, por outro, pode-se tomar a **decisão errada** no momento de fazer a escolha de que caminho a seguir.

Nesse sentido, uma obra que chama a atenção por elencar **grandes erros históricos**, por decisões equivocadas em momentos cruciais que exigiam escolhas ponderadas e respaldadas na humilde aceitação do conselho dos sábios e prudentes, é *"O Minuto Decisivo de Waterloo"*, de **Stephan Zweig** (Livraria Civilização Editora - 1937 - Porto). Descreve não apenas a decisão do Marechal **Grouchy**, de continuar na perseguição dos prussianos, quando os canhões começaram a troar em Waterloo e seus generais o instavam a sair em socorro do Imperador, já que Bluchër estava se dirigindo para lá e foi o fiel da balança na batalha, a favor de Wellington (cfr. pp. 7-39), mas também a decisão do Capitão **Scott** de prosseguir na tentativa de alcançar em primeiro lugar o Pólo Sul, com um membro a mais incluído na expedição, não recomendado por seus comandados, em face da escassez de víveres, vindo a morrer no final, exatamente por ausência dos suprimentos necessários para o retorno (fls. 91-130).

Exemplos não faltam de que a **decisão acertada** é fruto não apenas da realista análise dos elementos fáticos, quanto da humilde aceitação de conselhos que, pelo seu teor, se mostram fundamentados e prudentes, ponderando-se sem açodamento as várias opções que se mostram viáveis e acertadas para resolver a questão que nos aflige.

Quando a Rainha **Vitória** (1819-1901) subiu ao trono da Inglaterra, ainda muito jovem (com apenas 18 anos), seu tio, o Rei **Leopoldo I** da Bélgica, escrevia-lhe, dando **conselhos de prudência**, que ela incorporou até ao ponto de tornarem-se proverbiais algumas de suas expressões:

a) nunca tomar de imediato uma decisão sobre um assunto importante de governo, sem **refletir ao menos de um dia para o outro** (quando a pressionavam com assuntos urgentes, respondia: ***"I will think it over"***); e

b) guardar reserva sobre os assuntos pessoais, abrindo-se apenas com quem tivesse o direito de conhecer sua intimidade (quando lhe faziam perguntas indiscretas, respondia apenas: ***"We are not amused"***) (Cfr. **Anka Muhlstein**, *"Vitória"*, Companhia das Letras - 1999 - São Paulo, p. 27).

7. A AÇÃO

O **quinto ato** da virtude da prudência é a **ação**, que significa passar rapidamente da deliberação à prática do que se decidiu.

O principal defeito nesse caso é o **atraso** em colocar em prática o que se viu claramente como o dever a cumprir. É a **falsa prudência**, do covarde, do preguiçoso ou do sensual.

Na verdade, a ação já refoge ao campo da prudência, pois esta diz respeito à tomada de decisão. No entanto, podemos colocá-la como o **epílogo** do processo decisório, para mostrar que o prudente que **decidiu e não fez é o imprudente**.

Também é imprudente o que **estanca** a ação diante dos **obstáculos** encontrados. É natural que toda ação encontre resistência para ser implementada. É uma das leis de Newton: *"A toda ação corresponde uma reação de igual intensidade e em sentido contrário"*. Cabe a nós, com a virtude da prudência, **prever e contar com os obstáculos e adversidades** como coisas de ordinária administração. Não é possível pensar que tudo o que planejamos irá dar certo do começo ao fim. Alguns objetivos atingiremos, outros não. E então, continuaremos no seu encalço, enfrentando as contrariedades.

Um exemplo histórico interessante é o da **Operação "Market-Garden"**, na 2ª Guerra Mundial, que **Cornelius Ryan** tornou célebre através de seu livro *"Uma Ponte Longe Demais"* (Biblioteca do Exército Editora - 1978 - Rio). Para encurtar a duração da Guerra e invadir a Alemanha ainda no final de 1944, o Marechal **Montgomery** idealizou um avanço de divisões blindadas sobre a Holanda, cuja rapidez dependia da preservação de três pontes sobre os principais rios do país. Para isso, preparou a maior operação de paraquedistas da História, em que os da primeira ponte teriam que preservá-la por 2 dias, até a chegada dos tanques, os da segunda por 5 dias e os da terceira por mais de uma semana! Tudo teria que sair perfeitamente, para que os paraquedistas encarregados da terceira ponte pudessem resistir por tão longo período sem apoio. É claro que a operação acabou fracassando, pois a terceira ponte era "longe demais" para que os reforços chegassem a tempo! Foi, efetivamente, uma **imprudência** realizar a operação **otimizando to-**

das as estimativas. Dos 10.000 ingleses que saltaram para capturar a última ponte, apenas 1.500 conseguiram sobreviver, após abandonar a posição conquistada.

Portanto, a prudência deve **prever os obstáculos**, ver se são superáveis e contar com **tempo para os vencer**. Assim, os obstáculos não serão impeditivos de se alcançar os objetivos almejados e nem se deixará de buscá-los ao tropeçar com resistências na busca do bem árduo.

8. CONCLUSÃO

A **prudência**, como **arte de decidir** bem, supõe, portanto, detectar onde falha o processo de tomada de decisão: na observação do mundo, no desprezo aos conselhos, na falta de reflexão imparcial, no adiamento para decidir ou para pôr em prática o decidido. O homem prudente, que influi na sociedade com eflcácia e vive uma verdadeira paz e alegria na vida, é aquele realista, humilde, reflexivo, decidido e ativo: espera o suficiente para refletir, e age com a diligência que a situação exige.

Capítulo XII

A JUSTIÇA: É POSSÍVEL VIVÊ-LA? PODEMOS ACREDITAR NELA?

1) INTRODUÇÃO

Josef Pieper (1904-1997), insigne filósofo alemão, Professor da Universidade de Münster, refere-nos, em seu livro sobre as *Virtudes Fundamentais*, uma curiosa máxima do pensador espartano **Cheilon**, um dos 7 sábios da Antiga Grécia, segundo a qual haveria 3 **coisas especialmente difíceis de se viver**: *guardar um segredo, suportar a adversidade e usar bem o tempo livre* (*Virtudes Fundamentais*, Aster - 1960 - Lisboa, p. 104).

A par das razões de ordem teológica, diz-se jocosamente que o principal motivo pelo qual a Igreja Católica não admite a ordenação sacerdotal de mulheres é o de que **não aguentariam guardar o segredo** da confissão...

Em relação ao **tempo livre**, quanto maior, mais se desperdiça (se não se adquiriu a virtude da ordem e da laboriosidade). No entanto, o mais difícil mesmo parece ser suportar as adversidades, especialmente as **injustiças**.

Com efeito, o sentimento que mais aflige o homem, antes mesmo de atingir plenamente a idade da razão, é o da **injustiça** sofrida. A criança se rebela e grita quando se sente injustiçada, quando acredita que tem um direito e este direito não lhe é respeitado.

Não é por menos que **Ulpiano** definisse o **Direito** como *"a ciência do justo e do injusto"* (Digesto I, 1), uma vez que a **justiça** só é bem captada quando desrespeitada. A criança que toma sem pedir o brinquedo de outra como se fosse o mais natural, acaba compreendendo que não o deve fazer sem pedir, quando a outra criança pega o dela e ela se revolta pela intromissão indevida em seu patrimônio. Percebe, então, que **não deve fazer aos outros o que não quer que façam consigo**.

Mas então, no que consiste a justiça?

2. O QUE É A JUSTIÇA?

Já os antigos definiam a **justiça**, unissonamente, como o hábito ou virtude de ***dar a cada um o que é seu*** **-** *suum cuique tribuere* (cfr. **Homero**, *Odisséia*, 14, 84; **Platão**, *A República*, 331; **Aristóteles**, *Retórica*, 1, 9; **Cícero**, *De Finibus*, 5, 23; S. **Agostinho**, *A Cidade de Deus*, 19, 21; S. **Tomás de Aquino**, *Suma Teológica*, II-II,

q. 58, art. 1), constando tal definição no **Direito Romano** como abertura do *Codex Juris Civilis* (I, 1) do Imperador **Justiniano**. A justiça estaria, pois, em **distinguir o próprio do alheio**.

Sócrates ia mais além, ao dizer que era **preferível sofrer do que cometer uma injustiça**, uma vez que a injustiça conspurcaria o interior do próprio homem que a comete (cfr. **Platão**, *Górgias*, 469 e 508).

Já **Aristóteles** trata da virtude da **justiça** no **Livro V** do Ética *a Nicômaco* (utilizamos a tradução de Edson Bini, EDIPRO - 2002 - São Paulo, pp. 135-162), que pode ser assim **sintetizado** em seus **11 tópicos** (espero que o leitor não se deixe vencer pela possível aridez da análise aristotélica, pois será recompensado pela descoberta do que seja a justiça em sua concepção mais original: vamos lá, são só 11 itens...):

1) A **justiça** é a virtude daqueles que praticam **atos justos** e se conhece o que seja justo pelas **injustiças sofridas**. O **homem justo** é aquele que obedece a **lei** (a qual estabelece **regras de justiça** e, em princípio, busca promover o **bem comum** e a **felicidade** de todos) e que é **equitativo** (ou seja, que não toma mais do que lhe é devido). Seria a **principal e soma** de todas as virtudes (a mais **perfeita** delas, pois tem em vista sempre o **bem alheio**).

2) A palavra **justiça** tem um sentido **geral**, de soma das virtudes, e um sentido **específico**, de virtude ligada à posse de bens materiais e imateriais. Nesse sentido, se divide em **justiça geral** (*dikaiosune*), de **distribuição** desses bens entre os cidadãos, e em **justiça particular** (*dikaion*), voluntária (surgida dos pactos entre os indivíduos) e involuntária (surgida das lesões aos indivíduos).

3) A justiça supõe uma relação de **proporção** entre 4 termos: 2 indivíduos e 2 porções. As relações entre indivíduo e porção dizem respeito à **justiça distributiva** (porção devida ao mérito de cada um). As relações entre indivíduos e as porções que se devem mutuamente dizem respeito à **justiça comutativa** (igualdade de porções). O **iníquo** (desigual) é o que fica com mais do que lhe é devido.

4) A justiça entre os iguais também é chamada de **corretiva**, por buscar restabelecer a igualdade das porções, quando há lesão de uma das partes. Nesse caso, as pessoas recorrem ao **juiz**: *o juiz ideal é a personificação da justiça*, como **mediador** entre as partes, de modo a restabelecer a **igualdade**. Daí que os termos **juiz** (*dikastes*) e **justiça** (*dikaiosune* ou *dikaion*) derivem de **metade** (*dika*), pois caberá ao juiz estabelecer a metade que cabe a cada um.

5) A justiça não é simples **reciprocidade** de obrigações (do contrário imperaria a *Lei do Talião*), mas supõe uma **proporcionalidade** decorrente da dignidade da pessoa e do valor do bem, este medido por um **padrão** convencional que é o dinheiro (*nomisma* - moeda), dando **comensurabilidade** a todas as coisas. Assim, *cometer injustiça é dispor de excesso e sofrer injustiça é padecer insuficiência.* O injusto é o que reserva mais para si ou que distribuiu desproporcionalmente os bens entre os demais.

6) Pode-se praticar **atos injustos** sem se ser substancialmente injusto: o ladrão e o adúltero ocasionais, que sucumbiram à **paixão**. Ao **governante** se cobra a **justiça política**, de garantir a cada um o que é seu e de não tomar para si mais do que lhe é devido pelo cargo, sob pena de se tornar **tirano**.

7) A **justiça política** se divide em **justiça natural**, invariável no tempo e no espaço, e **justiça convencional**, contingente de acordo com o que se estabelecer em cada sociedade.

8) Para ser justa ou injusta uma ação, ela deve ser **voluntária**. Se o agente pratica uma ação injusta por **ignorância** (desconhecimento) ou **coação** (involuntariamente), a ação só é injusta **incidentalmente**. Há, portanto, 3 **formas de ofensa à justiça**: o **infortúnio** (erro involuntário), o **erro culpável** (não desejava aquele resultado, mas só o ato) e o **ato de injustiça** (que pode ser passional ou deliberado, sendo este último o mais propriamente injusto).

9) É possível **sofrer injustiça voluntariamente**, quando se aceita de bom grado a deficiência na prestação e deliberadamente não se cobra aquilo a que se tem direito. No entanto, se a partilha é feita pelo que recebe menos, não está sendo injusto, mas **generoso**. Já o **juiz** que profere uma sentença não equitativa por **ignorância** não é injusto, ainda que a sentença objetivamente o seja. Isto porque, ao contrário do que pensam os homens, **não é nada fácil ser justo**: *saber como uma ação deve ser executada, como uma distribuição deve ser feita de maneira a serem uma ação justa e uma distribuição justa é mais difícil do que saber qual tratamento médico devolverá a saúde a um enfermo* (por aí se vê a árdua tarefa do juiz).

10) Acima e melhor que a justiça se apresenta a **equidaide** (*epiekéia*), que **retifica a justiça legal**, flexibilizando a letra fria da lei, tendo em conta as particularidades do caso concreto, já que a lei toma em consideração a **maioria dos casos**, devendo ser adaptada às **exceções à regra** e **lacunas legais**.

11) Como não é possível cometer injustiça contra si mesmo (adultério com a própria esposa ou furto de seus próprios bens), já que a justiça é relação com os demais, o **suicida** cometeria injustiça contra o Estado, privando-o de sua colaboração, razão pela qual não mereceria as cerimônias religiosas de sepultamento. Se não se pode cometer injustiça contra si mesmo, cometer injustiça contra os demais é o **pior mal** contra si mesmo, pelo **vício extremo** que representa.

Pedindo novamente venia pela inserção do resumo, mas ainda aproveitando a **teoria das causas** de **Aristóteles**, que procura explicar a realidade através das suas **4 causas**, teríamos, para a **justiça**, as seguintes causas:

a) causa material: Qual a matéria ou o objeto da justiça? É o **direito**, o *"suum jus"* de cada um;

b) causa formal: No que consiste a justiça? No **dar** a cada um o que é seu, o *"tribuere"*;

c) causa eficiente: Quem promove a justiça? Prévia e abstratamente, é o **legislador**, mas concreta e posteriormente à sua violação, é o **juiz** (por isso, o principal ato da virtude da justiça é a **restituição**);

d) causa final: Qual a finalidade da justiça? É a **pacificação social**.

Como se pode verificar, a justiça não é o primeiro que surge na relação entre as pessoas, mas o **direito**, já que a justiça consiste em dar a cada um o **seu direito**. Assim o expressa S. **Tomás de Aquino**: *"Se o ato de justiça consiste em dar a cada um o que é seu, é porque o ato de justiça é precedido daquele ato pelo qual uma coisa se torna pertença de alguém"* (*Summa Contra Gentiles*, 2, 28). Assim, a pergunta prévia à justiça é esta: O que faz com que uma coisa pertença a alguém? Quais são as **fontes geradoras do direito**?

3. O QUE É O DIREITO E DE ONDE NASCE?

S. **Tomás de Aquino** afirma que *"o direito é o objeto da justiça"* (*Suma Teológica*, II-II, q. 57, art. 1). Ter **direito** a alguma coisa supõe uma relação com a coisa e uma relação com os outros que faz com que essa coisa **pertença** a alguém e que os outros tenham o **dever** de dar-lha ou respeitar-lhe o direito.

Josef Pieper, ao tratar da virtude da justiça, fala que uma coisa **pertence** a alguém em dois sentidos: *"ser próprio de"* e *"ser devido a"* (*Virtudes Fundamentais*, op.cit., p. 74). Aí se delineiam as **duas fontes básicas** da geração de direitos para uma pessoa:

a) a **natureza** (*physis*), que faz ser próprio da pessoa humana, pelo simples fato de existir, o direito à vida, à liberdade e à igualdade;

b) as **convenções** (*nomos*), que fazem ser devido ao ser humano aquilo que se lhe prometeu por força de um pacto, como o salário, uma propriedade ou um bem qualquer.

Os **enciclopedistas franceses** – **Rosseau, Montesquieu, Voltaire** – faziam finca-pé nesta última vertente da fundamentação da Ordem Jurídica, falando de um **estado pré-social** do homem, superado pelo **contrato social** gerador de direitos e limitador de liberdades. Esse **iluminismo** que decantava o *Século das Luzes*, em contraste com a *Idade das Trevas*, via no ***bom selvagem*** das Américas o paradigma do homem em **estado de natureza**, bom e puro. Quanto **irrealismo** (basta ver o canibalismo em relação aos vencidos dos indígenas sul-americanos) e quanta **ingenuidade** (a *Liberté, Egalité, Fraternité* carentes de fundamentação metafísica levaram ao *Regime do Terror* e às execuções em massa pela guilhotina)!

E que **realismo** da visão aristotélica do homem como **animal social** por **natureza**, que já nasce no seio de uma **família**, submetido a uma **autoridade paterna** e vivendo uma **fraternidade natural** com os irmãos! Quanta sabedoria ao se perceber a distinção entre direitos naturais e convencionais do homem!

Lembrando da **Revolução Francesa**, palco de tantas injustiças e vilanias em nome da liberdade e da igualdade, tem-se exemplo paradigmático de **tentativa de recomposição da balança de encargos e recompensas na sociedade** que apenas passou de uns para outros os privilégios e benesses do Poder.

Com efeito, durante a **Idade Média**, a distribuição de encargos e privilégios na sociedade mantinha **razoável equilíbrio**: a **nobreza** guerreira, por cuidar da defesa, e o **clero**, por cuidar do culto, educação e assistência, estavam dispensados da atividade produtiva, própria do **povo**.

A **Idade Moderna**, com a constituição dos exércitos profissionais e a acomodação da **nobreza** em seus privilégios já injustificáveis, termina com a derrocada do **absolutismo monárquico**, sendo emblemática dessa época a figura de **Maria Antonieta** (1755-1793), tão bem retratada em suas misérias iniciais e grandezas finais por **Stefan Zweig** (1881-1942) em sua obra homônima (Livraria Civilização Editora - 1980 - Porto).

Inteligente mas dispersiva, **Maria Antonieta** não aprofundava nas coisas, pois o esforço intelectual e o trabalho a repugnavam (dizia-se que nunca abrira um livro). Ao assumir o trono francês pelo casamento com Luís XVI, tinha como única preocupação na vida a de se divertir, esperando que todos a servissem nesse ideal: *"Tenho medo de me aborrecer"*.

Sua mãe, a Imperatriz **Maria Teresa**, da Áustria, conhecedora da fraqueza da filha, escreveu-lhe conselhos e pediu que os relesse todos os dias 21 de cada mês. Foi-lhe escrevendo várias cartas, apontando todas as suas frivolidades e prevendo as consequências funestas.

Ao ser recebida em Paris, o **patrimônio de confiança e admiração popular** que recebeu foi bem retratado no galanteio que lhe dirigiu o Marechal de Brissac: *'Madame, ainda que doa ao Delfim, estão aqui 200.000 homens apaixonados por Vossa Alteza'*.

No entanto, **Maria Antonieta** dilapidou rapidamente esse patrimônio tornando-se perdulária, endividando o Tesouro com gastos de vestidos, jóias e penteados, além dos jogos de azar: **havia aceito todos os direitos do trono, sem querer saber de nenhum de seus deveres**.

Tendo se retirado para o Trianon (em Versalhes), onde não se submete a qualquer norma de etiqueta e bom costume (além dos gastos de embelezamento dessa casa de campo), seu isolamento egoísta acaba por torná-la **impopular quer na Corte, quer entre o povo**.

A gota d'água se dá com o **caso do colar**, que lhe compraram por 1,5 milhão de libras, o qual vira processo no Parlamento, com a condenação moral de **Maria Antonieta**, já que o povo passava fome pelas más colheitas.

Tornado público o caso do colar e o resultado do julgamento, com o valor das jóias, o povo se revolta com o caráter perdulário da rainha, que chama **Necker**, ministro demitido por Luís XVI, para reassumir a pasta do Tesouro, de modo a salvar a França da **crise econômica** devida aos **gastos da nobreza** e às **péssimas colheitas**: porém, a mudança de postura da rainha se dá tarde demais para corrigir seus erros.

Necker decide adotar solução radical para salvar a bancarrota francesa: **convocar os Estados Gerais** (maio de 1789), duplicando a representação popular, em cuja abertura **Maria Antonieta** é recebida com a maior frieza.

O Terceiro Estado, percebendo que a Nobreza só quer autorização para aumentar os impostos, decide não se deixar dissolver até votar uma **Constituição**.

Os acontecimentos se precipitam, tão bem por nós conhecidos: **queda da Bastilha**, tentativa frustrada de fuga da família real, deposição do rei.

Finalmente, **Maria Antonieta** é acusada formalmente pela Convenção e separada do resto da família, ficando na *'Conciergerie'* durante o processo (lugar destinado aos condenados à morte), já nada mais lhe importando. Durante os interrogatórios do processo responde com uma **prudência, serenidade e altivez** que mostram como, na adversidade se foi forjando o caráter que nunca teve.

Após se confessar, foi guilhotinada, recebendo pena maior do que os pecados que cometeu, servindo, no entanto, de exemplo do que pode acarretar – a Revolução Francesa – um acentuado **desequilíbrio da balança da justiça distributiva**.

4. O QUE É O DIREITO NATURAL?

A primeira, pois, das fontes do Direito é a **natureza humana**, que faz com que todo ser humano, pelo simples fato de existir (e isso desde a sua concepção), tenha o direito a que os demais lhe respeitem a vida e os decorrentes **direitos humanos fundamentais**, que compõem aquilo que tradicionalmente se convencionou chamar de **Direito Natural**.

É interessante notar que, em relação aos direitos humanos fundamentais, fala-se de **declaração**, e não constituição, como são exemplos a **Declaração de Independência Americana** (1776), na qual se diz que *"os homens são criados iguais e são dotados por seu Criador de direitos inalienáveis, entre os quais se encontram a vida, a liberdade e a busca da felicidade", a* **Declaração dos Direitos do Homem e do Cidadão** (1793), formulada na Revolução Francesa, e a **Declaração Universal dos Direitos Humanos** (1948), formulada pela ONU.

Assim, o primeiro e mais radical fundamento do direito é a **Lei Natural**, que impõe o reconhecimento, por parte das legislações positivas nacionais, da **dignidade da pessoa humana** e da **inviolabilidade de seus direitos fundamentais**. O desrespeito a esses direitos é marcante nos **Estados totalitários** (sejam regimes de direita, como o nazista, sejam de esquerda, como o comunista), que tratam o **ser humano** como mero **momento** do desenvolvimento do **ser social**, que é o Estado, este sim com existência real.

Nesse sentido, é paradigmático o diálogo entre Winston e O'Brien, seu torturador, que aparece no *1984* (Companhia Editora Nacional - 1984 - São Paulo; publicado originalmente em 1948) de **George Orwell** (1903-1950). Winston pergunta a O'Brien, pensando na imagem do *Big Brother* que aparece por toda parte:

- *Existe o Grande Irmão?*

- *Naturalmente existe. O Partido existe. O Grande Irmão é a corporificação do Partido.*

- *Mas existe da mesma maneira que eu existo?*

- *Tu não existes* (p. 240).

Quando a **vida**, primeiro e principal dos direitos humanos fundamentais, é **relativizada**, como ocorreu na recente decisão de nossa Suprema Corte (diga-se de passagem, por um voto de diferença) autorizando a utilização de seres humanos em fase de desenvolvimento embrionário para pesquisas científicas, começou-se a trilhar o caminho que leva ao totalitarismo despersonalizante e esmagador do indivíduo, tão bem retratado no romance de Orwell.

5. QUAIS OS ÂMBITOS DA JUSTIÇA?

A **justiça**, diferentemente da prudência, fortaleza ou temperança, diz respeito fundamentalmente aos **atos externos** do homem, àquilo que se relaciona aos **demais**: a Deus e aos homens. Por isso que são **partes** da virtude da justiça a **religião** (deveres para com Deus) e a **piedade** (deveres para com os pais), pelas quais tentamos, de alguma forma, retribuir-lhes o que deles recebemos, sabendo que nunca o conseguiremos adequadamente.

A virtude da **justiça** diz respeito, por outro lado, não apenas aos bens materiais, mas também imateriais: a **honra** e a **imagem**. Por isso são lesões à justiça a **calúnia** (atribuir falta que o outro não cometeu), a **difamação** (revelar falta alheia sem justo motivo), a **murmuração** (falar mal dos outros) e até a ***derisio*** (ridicularizar o outro até deixá-lo envergonhado).

A justiça supõe sempre uma **relação com outro**, que pode ser estritamente **jurídica** (pagar o preço do carro comprado) ou meramente **moral** (cumprimentar um colega quando se encontra com ele).

6. O HOMEM JUSTO

Pieper lembra que, na **Sagrada Escritura**, fala-se da **justiça** e do **justo** mais de **800 vezes**, e que os termos equivalem a **bom** e a **santo** (cfr. *Virtudes Fundamentais*, pp. 96-97). Com efeito, se a justiça é a **mais alta das virtudes**, que mostra o perfil ético de que a possui, e se caracteriza pelo **cumprimento de todos os deveres** para com os demais, temos que, além dos **deveres profissionais, familiares e sociais**, o homem, como criatura, tem os seus **deveres religiosos**, de obediência e culto ao Criador. Daí que **justo** seja sinônimo de **santo**, nas Sagradas

Escrituras, como aquele que cumpre todos os seus deveres para com **Deus e os homens**. Um cumprimento não fastidioso, mas amoroso, de quem deseja retribuir a Deus, aos pais e à sociedade as atenções e afetos de que é objeto.

Há uma tentação, nesse campo, que é a de querer estar sempre **quites com todos**, de não dever nada a ninguém. Ora, a justiça é uma virtude e uma situação que está **sempre em construção**: em tudo o que fazemos nos tornamos ou credores ou devedores de ações alheias. O importante não é estar sempre com a **balança equilibrada**, mas em buscar recolocá-la na posição isonômica enquanto vivermos. Daí o cultivo de uma virtude conexa à justiça, de fundamental importância para o convívio social, que é a virtude da **gratidão**: dizemos *obrigado* por um favor que não conseguiremos retribuir.

Os antigos não tinham o conceito de **direitos humanos fundamentais**, pois focavam a justiça sob o prisma dos **deveres** a cumprir em relação aos demais. Talvez uma das razões pelas quais os direitos fundamentais sejam tão desrespeitados na sociedade moderna seja esteja no fato de que ela se transformou em **reivindicatória** e esqueceu de ser cumpridora de suas obrigações.

O problema é de enfoque: o **homem justo**, que gera a **sociedade justa**, é aquele que, ao invés de só reivindicar **direitos**, pensa nos **deveres** que tem a cumprir; e ao invés de encarar negativamente os deveres como uma carga, vê neles **virtudes** a adquirir (cfr. nosso artigo *A Ética das Virtudes x a Ética dos Deveres – Um Modo de Olhar para o Código de Ética da Magistratura Nacional*, Revista LTr, Volume 73, nº 7, pp. 811-817).

7. A JUSTIÇA E O PRINCÍPIO DA INTEGRIDADE

Conforme já registramos acima, **Aristóteles** dizia que *"o juiz ideal é a personificação da justiça"* (Ética a *Nicômaco*, Livro V, nº 4). Para ditar sentenças justas deve buscar ser integralmente justo. Por isso os modernos Códigos de Ética da Magistratura erigem o **princípio da integridade** como um de seus principais pilares.

O **Código de Ética da Magistratura Nacional**, editado em 2008 pelo CNJ, contempla o princípio em seu capítulo V, no qual se inserem, entre outros, os seguintes dispositivos:

> *"Art. 15. A integridade de conduta do magistrado fora do âmbito estrito da atividade jurisdicional contribui para uma fundada confiança dos cidadãos na judicatura.*
> *Art. 16. O magistrado deve comportar-se na vida privada de modo a dignificar a função, cônscio de que o exercício da atividade jurisdicional impõe restrições e exigências pessoais distintas das acometidas aos cidadãos em geral".*

Nosso Código seguiu a linha do **Código Iberoamericano de Ética Judicial** (2006), que dedica a esse princípio seu **Capítulo VIII**, albergando 3 dispositivos de considerável densidade:

> "Art. 53. La integridad de la conducta del juez fuera del ámbito estricto de la actividad jurisdiccional contribuye a una fundada confianza de los ciudadanos en la judicatura.
> Art. 54. El juez íntegro no debe comportarse de una manera que um observador razonable considere gravemente atentatória contra los valores y sentimientos predominantes em la sociedad em la que presta su función.
> Art. 55. El juez debe ser consciente de que el ejercicio de la función jurisdiccional supone exigências que no rigen para el resto de los ciudadanos".

Este último artigo (como o art. 16 do CEMN) é muito sugestivo. Com efeito, o que se espera de um **médico** é que cure seus pacientes. Sua matéria-prima é a **saúde**. Se é ético ou não, só secundariamente importa (como, por exemplo, se começa a revelar a terceiros, sem autorização, as moléstias de que sofre seu paciente). De um **engenheiro** se espera que calcule bem as estruturas dos prédios que constrói. Sua matéria-prima é a **matemática** (que não vá, no entanto, reduzir ao limite de risco uma estrutura, para embolsar o valor dos materiais poupados na construção).

Já de um **juiz** se espera que distribua justiça, o que faz da **justiça** sua matéria-prima. Assim, se **não é justo na vida privada**, que garantia teremos de que o será na vida pública? Que confiança terá um litigante num juiz que, quando despe a toga, trai a mulher com a secretária, não registra a carteira de trabalho da empregada, dá calote num amigo e descuida da educação dos filhos, que reclamam de sua ausência de casa?

O mesmo se pode dizer de um **advogado**, que, em palavras de **Piero Calamandrei**, *"é o primeiro juiz da causa"* (*Eles, os juízes, vistos por um advogado*, Martins Fontes - 2000 - São Paulo), verificando a **justiça do pleito** de quem o contrata, para saber se irá abraçar essa causa. Do contrário, se percebe a injustiça do pleito e, mesmo assim, o patrocina, estará sucumbindo à tentação do **dinheiro**, deixando-se corromper por ele.

O **advogado íntegro** tem sempre o respeito e a admiração dos juízes, que olham a causa que patrocina com maior atenção, sabendo que não sustentaria uma tese contrária ao direito e à justiça.

Exemplo literário de até que ponto pode chegar um advogado na defesa justa dos interesses de seu cliente encontra-se no romance de juventude de meu pai, só recentemente publicado, intitulado ***"Um Advogado em Brasília"*** (MP - 2009 - São Paulo). Ambientado no começo dos anos 60, pouco antes da Revolução que colocou os militares no Poder, retrata o que havia de corrupção no próprio Poder Judiciário e as relações espúrias com o Poder Executivo. Aventuras, romances, grandezas e misérias de juízes e advogados, políticos e policiais, empresários e sindicalistas, sacerdotes e prostitutas, são os ingredientes que tornam o livro uma obra de atrativa leitura e ponderada reflexão sobre a pergunta: É possível acreditar na Justiça?

8. O ESTADO JUSTO

Dizia **Tales** que, quando num povo não há alguém demasiado rico nem alguém demasiado pobre, então se poderia dizer que aí reina a Justiça. Para **Bias**, a justiça impera num Estado quando os **cidadãos temem as leis** tanto quanto temem os tiranos (cfr. **Pieper**, op.cit. 103-104).

Para S. **Tomás de Aquino**, reina a justiça numa comunidade quando há ordem nas 3 relações básicas entre governantes e governados (cfr. *Summa Teológica*, II-II, questão 61):

a) justiça comutativa - relação dos indivíduos entre si (*ordo partium partes*);

b) justiça distributiva - relação do todo social com os indivíduos (*ordo totius ad partes*);

c) justiça legal (*ordo partium ad totum*) - relação dos indivíduos com o todo social.

Propriamente falando, só há justiça entre os **iguais**, pois é a **um** outro que se deve alguma coisa concreta e que é passível de **mensuração**. As demais formas o são por **analogia**, isto é, guardam semelhanças e dissemelhanças com o que seria a estrita justiça.

Com efeito, quando assinamos um **contrato** ou fazemos um **juramento**, sabemos perfeitamente a que estamos nos obrigando: pagar R$50.000,00 pelo **carro** que compramos; se **casamos**, ser fiéis *na alegria e na tristeza, na saúde e na doença, todos os dias da nossa vida, até que a morte nos separe*; se nos tornamos **juízes**, *cumprir e fazer cumprir a Constituição e as leis da República*.

Nesses casos, impera o **fundamento básico** da **justiça convencional**, que é a regra antiga que vem dos romanos: *pacta sunt servanda* (os pactos devem ser cumpridos).

Não somos obrigados a comprar um carro, casar ou virar juiz. Mas se o fizermos, temos a obrigação de pagar integralmente o preço do bem adquirido, ser fiéis ao cônjuge (e não traí-lo ou trocar por outro) e distribuir justiça de forma imparcial (sem benefício pessoal).

Já a **justiça distributiva e legal** carece de **parâmetros precisos** de fixação do *suum cuique tribuere*: Qual o nível total de **tributos** que se pode impor aos cidadãos, frente aos serviços públicos que se lhes promete? Qual o ponto de equilíbrio de distribuição dos frutos da produção entre **capital e trabalho**? Como garantir a **renda mínima** a todos os cidadãos sem cair num paternalismo que acomoda os beneficiários?

Nesse sentido, a **Justiça Social** é aquela que tende a **harmonizar o convívio social**, a **pacificar** os conflitos que surgem na sociedade, dando cumprimento à máxima bíblica, estampada na bandeira do Tribunal Superior do Trabalho, o **Tribunal da Justiça Social**: *Opus iustitiae pax* (A obra da justiça é a paz - **Isaías**, 32,17).

Obra da Justiça Social é **promover a justa distribuição de renda** na sociedade, de modo a que a abundância de uns não se dê pela carência de outros. No campo da justiça distributiva, os **indivíduos são os credores** e o **todo social**, representado pelo governante, o **devedor**. Daí a extrema responsabilidade de quem governa e a necessidade de uma especial **formação** para o fazer sem cometer injustiças, privilegiando uns em detrimento de outros, pois o que caracteriza a justiça distributiva é a **partilha** segundo o **mérito** de cada um e não segundo a proximidade do poder.

Chama a atenção, muitas vezes, que aqueles que se dizem e pregam um **socialismo** de resultados (igualitarismo independente do mérito), com redistribuição de rendas e propriedades, não vivem, na vida pessoal, o desprendimento que apregoam, lembrando a máxima estabelecida pelos *porcos* na *Revolução dos Bichos* (Editora Globo - 1993 - São Paulo, p. 93, publicado originariamente em 1945) de **George Orwell**: *todos os animais são iguais, mas uns são mais iguais do que os outros...*

Em suma, a **justiça distributiva** não tem em vista tanto a proporcionalidade dos bens quanto a **condição pessoal de cada um**, para dar-lhe o que é devido segundo seu **mérito** (participação efetiva no esforço coletivo), sem deixar de atender à sua **necessidade** (ponderação do que precisa para sobreviver, se não teve condições reais de contribuir para o bem comum).

Ives Gandra Martins (pai), em sua *Uma Breve Teoria do Poder* (RT - 2009 - São Paulo), apresenta **visão pessimista do homem no Poder**, analisando historicamente regimes e governos e mostrando como é generalizada a tendência dos **detentores do poder**, de **se servirem da sociedade** e não de estarem a serviço desta. E, no entanto, S. **Tomás de Aquino** dizia que *"realizar a justiça é a finalidade do poder"* (*Comentário à Epístola aos Efésios*, 6, 3, *apud* **Pieper**, op. cit., p. 124), completando ser mais fácil a **tirania** nascer numa **democracia** do que numa **monarquia**, uma vez que o monarca não tem **partido**, ao passo que o governante eleito tem de promover o bem comum, mas foi colocado no poder por um partido que visa preservar primariamente seus **interesses partidários** (cfr. *Do Regime do Príncipe*, 1, 6, *apud* **Pieper**, op.cit., pp. 129-130).

Quão distantes nos encontramos do modelo ideal e quão pouco se pode fazer para remediar a injustiça distributiva, já que o Estado (e o governante que o rege) detém o monopólio da força e, quando injusto em suas leis e comandos, deixa ao cidadão apenas o caminho da **desobediência civil**, de discutível eficácia e difícil exercício.

9. CARÁTER ESCATOLÓGICO DA JUSTIÇA

No **Sermão da Montanha**, Jesus Cristo coloca como uma das **bem-aventuranças** que configuram o perfil ético de uma pessoa a que trata da virtude da justiça: *Bem-aventurados os que tem fome e sede de justiça, porque serão saciados* (Mt 5, 6). E conclui a enumeração desses motivos de alegria e felicidade para a pessoa, com uma espécie de **resumo** das bem-aventuranças: *Bem-aventurados os que são perseguidos por causa da justiça, porque deles é o Reino dos céus!* (Mt 5, 10).

Duas idéias podemos tirar dessa passagem bíblica e mensagem central do Evangelho:

a) nesta vida, o homem justo será perseguido e injustiçado, a ponto de descrer da Justiça humana, que premia os maus e espertos e constrange e vilipendia os bons e sinceros, o que faz reconhecer a existência de uma outra vida, onde os justos serão premiados e os injustos castigados. A essa conclusão chegava racionalmente **Jean-Jacques Rousseau** (cfr. *"A Profissão de Fé do Vigário de Sabóia"*) e à constatação que a embasa chegava poeticamente **Luis de Camões**:

Os bons vi sempre passar
no mundo graves tormentos,
e, para mais me espantar,
os maus vi sempre nadar
em mar de contentamentos.
Cuidando alcançar assim
o bem tão mal ordenado,
fui mau. Mas fui castigado.
Assim que só para mim
anda o mundo concertado (*Rimas*).

b) os que tiverem a ambição de ser justos, esses não deixarão de sê-lo por falta de meios, mas apenas de empenho, pois, como dizia S. **Josemaría Escrivá**: *Paradoxo: é mais acessível ser santo do que sábio, mas é mais fácil ser sábio do que santo* (*Caminho*, nº 282).

Por outro lado, como a justiça diz respeito aos **atos exteriores**, temos que um homem pode ser justo e ter a **intenção** de praticar atos justos e, no entanto, ser **objetivamente injusto** numa ação concreta, se deixa de dar ao outro o que lhe devia. O **juiz** pode ser justo e cometer erros ao decidir, proferindo **sentenças injustas**, se dá o objeto do litígio a quem não é devido. Como pode ser isso?

O problema da justiça está em que **não basta a intenção** de ser justo. É fundamental como **postura**, mas não é suficiente. É preciso perquirir bem o que é devido a quem.

No filme *Ausência de Malícia* (1981) de Sydney Pollack, com Paul Newman e Sally Field, esta faz o papel de uma jornalista que, sem maldade, mas com muita leviandade, destróia a vida de um empresário, pelas notícias que publica, sem maior aprofundamento sobre o que realmente aconteceu: foi sumamente **injusta**, lesando a **honra e boa fama** de que gozava o empresário, sem *sem malícia...*

A **virtude** da justiça está, pois, no **hábito** de buscar efetivamente saber **o que cabe a cada um** e dá-lo *"com alegria e sem hesitação"* (S. **Tomás de Aquino**, *Suma Teológica*, I-II, q. 197, art. 4).

Exemplos contrapostos de **homens justo e injusto** na saga de *O Senhor dos Anéis* (Martins Fontes - 2002 - São Paulo) de **J.R.R.Tolkien** são respectivamente ***Aragorn*** e ***Denethor***. O primeiro, como descendente de ***Elendil*** e legítimo herdeiro do trono do *Reino de Gondor*, reivindica aquilo que em direito lhe é devido, praticando ações heróicas durante a longa *Guerra dos Anéis do Poder*. Já ***Denethor***, como Mordomo do Palácio e descendente dos Regentes do Reino até o retorno do Rei, recusa-se a reconhecer sua posição subordinada e pratica ações vis ao longo de toda essa guerra.

Exemplo emblemático de **epiquéia** (equidade que matiza a justiça) é, no *Senhor dos Anéis*, a história de ***Beregorn***. Quando ***Denethor***, na sua loucura, leva o filho ***Faramir***, doente e à beira da morte, para serem queimados juntos nas *Tumbas dos Reis e Regentes de Gondor*, ***Beregorn***, soldado da Terceira Companhia da Guarda de *Minas Tirith*, luta para salvar ***Faramir*** e acaba matando alguns dos guardas das Tumbas. Com a chegada de ***Gandalf*** e ***Pippin***, conseguem retirar ***Faramir*** da Pira, enquanto ***Denethor*** ateia fogo e se joga nela. Terminada a *Guerra dos Anéis*, ***Faramir***, como Regente de Gondor e já recuperado de sua enfermidade, recebe ***Aragorn*** e lhe entrega o Reino. Este é coroado por ***Gandalf*** e nomeia ***Faramir*** Príncipe de *Ithilien*, absolvendo **Beregond** das mortes que havia provocado nas Tumbas dos Reis e Regentes. No entanto, como **a lei exigia a degredo** pelas mortes, ***Aragorn*** nomeia ***Beregorn*** como Capitão da Guarda de ***Faramir***, a quem deverá acompanhar para *Emyn Arnen*. Assim, **a absolvição não se fez sem punição**, mas adequando a pena às circunstâncias do crime (**dosagem da pena**), que não foi doloso mas culposo, na busca de se salvar a vida do futuro príncipe de *Ithilien*.

A estória de ***Denethor***, de orgulho insano e apego ao Poder, ambientada num mundo de espadas e cavaleiros, faz lembrar o ***Salmo 2***, recitado na Idade Média pelos **cavaleiros templários**, misto de **monges e guerreiros**, antes de entrarem em batalha, e que fala da **insensatez das nações ao rejeitarem a Deus**:

> *Por que se amotinam as nações? Por que tramam os povos vãs conspirações? Erguem-se, juntos, os reis da terra, e os príncipes se unem para conspirar contra o Senhor e contra seu Cristo. Quebremos seu jugo, disseram eles, e sacudamos para longe de nós as suas cadeias! Aquele, porém, que mora nos céus, se ri, o Senhor os reduz ao ridículo. Dirigindo-se a eles em cólera, ele os aterra com o seu furor: Sou eu, diz, quem me sagrei um rei em Sião, minha montanha santa. Vou publicar o decreto do Senhor. Disse-me o Senhor: Tu és meu filho, eu hoje te gerei. Pede-me; dar-te-ei por herança todas as nações; tu possuirás os confins do mundo. Tu as governarás com cetro de ferro, tu as pulverizarás como um vaso de argila. Agora, ó reis, compreendei isto; instruí-vos, ó juízes da terra. Servi ao Senhor com respeito e exultai em sua presença; prestai-lhe homenagem com tremor, para que não se irrite e não pereçais quando, em breve, se acender sua cólera. Felizes, entretanto, todos os que nele confiam* (Salmo 2, 1-11).

Talvez a **raiz das injustiças**, felonias, violências, opressões e desmandos no mundo, de homens contra homens e do homem contra a Natureza, esteja na **revolta do homem contra Deus**: ao não reconhecer sua dependência para com o Criador e a ordem por este estabelecida no mundo, provoca uma reação em cadeia de desordens e injustiças, que violenta a Natureza e destrói a fraternidade humana, conduzindo a um mundo de insegurança, medo e violência.

Não serão aos virtudes da **justiça** (relação entre os iguais), da **piedade** (relação com os pais, as autoridades e a pátria) e da **religião** (relação com Deus) o meio e o caminho para se construir uma **sociedade mais fraterna e solidária**, um mundo habitável e aprazível?

Na *Summa contra Gentiles*, S. **Tomás de Aquino** lembra da **insuficiência da justiça**, se não integrada com as outras virtudes, para harmonizar a vida social e pacificar seus conflitos: *"Querer conservar o mundo na paz e na concórdia através do imperativo da justiça é insuficiente, se o amor não lançar entre os homens as suas raízes"* (3, 130).

10. CONCLUSÃO

Concluímos, pois, dizendo que em todos os atos de virtude a **justiça está de permeio**:

a) na fé, por se acreditar nos fundamentos da justiça comutativa e distributiva, buscando vivenciá-las na relação com os demais;

b) na **esperança**, por se acreditar na possibilidade de se construir uma sociedade justa e solidária, trabalhando para isso;

c) na **caridade**, por se viver a hierarquia no amor, querendo em primeiro lugar a Deus, depois aos familiares, depois aos amigos, aos colegas, até chegar a todas as almas, inclusive aos inimigos (aprendi de meu pai, advogado a mais de 50 anos, que não se deve ter inimigos, mas, eventualmente, adversários, sabendo divergir das idéias sem deixar de querer as pessoas);

d) na **prudência**, por se procurar decidir, em cada momento, qual o dever a cumprir, e procurar fazê-lo;

e) na **fortaleza**, quando se vence o medo ou a preguiça no cumprimento do dever;

f) na **temperança**, quando se vence a tentação de ficar no mais aprazível, deixando de cumprir o dever que nos insta em cada momento;

g) na **humildade**, já que modera a auto-estima e o amor à própria excelência, reconhecendo o mérito, o valor e a contribuição alheia ao bem comum;

h) na **castidade**, quando se respeita a pessoa em sua integridade, corpo e alma, e se é fiel aos compromissos assumidos no matrimônio;

i) na **laboriosidade**, quando se trabalha cumprindo as exigências quantitativas e qualitativas da tarefa confiada;

j) na **paciência**, quando se resiste à tentação de abandonar a tarefa que devemos cumprir; etc.

A justiça, portanto, **sintetiza e congrega** todas as virtudes, sendo o resumo e a marca distintiva do **homem bom**, ideal de excelência a ser buscado por cada um de nós.

Ao terminar um ano e começar outro, costumamos fazer **propósitos** de melhora. Mudando o lema ***"ano novo, vida nova"***, que não condiz com a realidade, já que a virada de uma folha do calendário não tem o condão de mudar a pessoa, para ***"ano novo, luta nova"***, como costumava fazer S. **Josemaría Escrivá**, encho-

-me de coragem e de desvergonha para revelar quais serão os meus no ano de 2010 (esperando que o leitor amigo também pense nos seus):

1) Falar pouco (discrição);
2) Ouvir muito (paciência);
3) Comer pouco (temperança);
4) Ponderar muito (prudência);
5) Não pensar mal (justiça);
6) Só falar bem (caridade);
7) Trabalhar muito (laboriosidade);
8) Não cacarejar nada (humildade);
9) Confiar muito (fé e esperança);
10) Cantar a beleza da vida mais ainda (alegria).

Capítulo XIII

FORTALEZA E CORAGEM: DO QUE TEMOS MEDO?

1. INTRODUÇÃO

Quem não tem medo de nada? Quem nunca sentiu as pernas trepidarem diante de uma situação real ou imaginária de perigo? Nas *Aventuras de Asterix* (conhecida estória em quadrinhos de **Uderzo** e **Gosciny**), os bravos gauleses eram comandados pelo destemido chefe **Abracurcix**, que, no entanto, tinha um único temor: *Que o céu lhe caísse sobre a cabeça...*

Na minissérie *"Band of Brothers"*, dirigida por Tom Hanks e Steven Spilberg (2002), que conta a história de uma companhia de paraquedistas americana na 2ª Guerra Mundial - a ***Easy Company*** -, comandada pelo intrépido Tenente **Dick Winters**, o 2º episódio apresenta a atuação da companhia no **Dia D**, em que, saltando atrás das linhas alemãs na Normandia, consegue tomar de assalto e colocar fora de operação, com apenas 9 homens, uma bateria alemã de 4 canhões em Brécourt Manor, operada por um pelotão de 50 soldados. O sucesso da operação baseou-se na audácia do ataque, com posições de fogo vindo de várias direções, convencendo os alemães de que estavam sendo atacados por uma força superior.

Perguntado por **Stephen Ambrose**, autor do livro que deu origem à série, sobre como conseguiram realizar aquela façanha, respondeu o sargento **Carwood Lipton**:

> *"Lutamos como uma equipe, sem estrelismos. Éramos como uma máquina. Não tínhamos ninguém que desembestasse de encontro à posição de uma metralhadora inimiga e a atacasse (...) Não houve muito dessa coisa de exibicionismo heróico. Tínhamos aprendido que heroísmo era uma forma de morrer sem fazer o trabalho que precisava ser feito, e fazê-lo era mais importante"* (**Stephen E. Ambrose**, *Band of Brothers*, Bertrand Brasil - 2008 - Rio de Janeiro, 4a. Edição, p. 90).

A análise de **Lipton** sobre as razões do sucesso servem bem para emoldurar a virtude da **coragem** nos seus precisos termos, tal como dela fala **Aristóteles** em sua ***"Ética a Nicômaco"*** (Livro III, nº 6-8): a **coragem** é o meio-termo entre o **medo** e a **auto-confiança**. Aquele que se deixa dominar pelo medo é o **covarde**, que nunca empreende uma ação heróica. Mas o que despreza o medo, muitas vezes por ainda não ter experimentado a derrota, a dor ou o fracasso, é o **temerário**.

2. O MEDO

A experiência do **sofrimento físico ou moral** gera o medo de se repetir a situação aflitiva e o desejo de se fugir dela. O **medo**, definia **Aristóteles**, é a **antecipação do mal**, desde a desonra, pobreza, doença, abandono dos amigos, até a morte (Ética, Livro III, 6).

No dizer de **Josef Pieper**, o **pressuposto metafísico** da coragem é a **existência do mal** no mundo: do mal que sofremos (e precisamos de fortaleza para suportar) e do mal que praticamos (e precisamos da temperança para controlar) (cfr. *Virtudes Fundamentais*, Editorial Aster - 1960 - Lisboa, p. 170). E seu **pressuposto físico** é a **vulnerabilidade humana**: a possibilidade efetiva de fraquejar, de cair, de ser ferido, de morrer (p. 173). *Ser forte não é o mesmo que não ter medo (...), mas em não se deixar dominar por ele ao ponto de chegar a abster-se de realizar o bem* (p. 185).

O **medo descontrolado** e irracional (como também as profundezas insondáveis da tristeza) desenvolve no homem as **fobias**, que paralisam e podem tornar a vida um tormento. Medos e fobias há de todos os gêneros: desde o medo das correntes de ar (aerofobia), passando pelo medo de voar (ptesiofobia), de falar em público (agorafobia), do escuro (nictofobia) até o medo da morte (tanatofobia) e de tudo (pantofobia).

O medo supõe o reconhecimento da **possibilidade** da ocorrência do mal que se teme. Efetivamente, a vida é sempre um **risco**. *Viver é muito perigoso*, repetia Riobaldo Tatarana, personagem central de *Grande Sertão: Veredas* de **Guimarães Rosa**.

Os versos de **Gonçalves Dias** são mais animadores:

Não chora, meu filho,
Não chora , que a vida
É luta renhida,
Viver é lutar.
A vida é combate,
Que aos fracos abate,
Que aos fortes e aos bravos
Só pode exaltar.

Já as **fobias** são geradas por uma **certeza** (obviamente infundada) de que o mal **vai acontecer**.

A moderna psiquiatria reconhece que a causa mais profunda das doenças psíquicas é o **neurótico desejo de segurança**, de se estar a salvo de todos os perigos, esquecendo-se da sabedoria profunda das palavras evangélicas: *Quem ama a sua vida perdê-la-á* (Jo 12, 25).

3. O SEGREDO PARA VENCER O MEDO

Ora, o segredo para vencer medos e fobias é justamente **aceitar os riscos** que a vida traz consigo. No fundo, **aceitar a vida como ela é**, com suas contingências e limitações. Mais. Se o medo está ligado ao receio de perder alguma coisa ou sofrer algum mal, ele é vencido pelo **desprendimento** daquilo que amamos (e a que estamos apegados, a começar pela própria vida) e pelo **hábito de enfrentar as dificuldades**, que se chama **fortaleza**.

No caso do medo de perder algo, o episódio 3 da minissérie *Band of Brothers* dá uma resposta contundente para vencê-lo. Um soldado está paralisado de medo na trincheira e não consegue se controlar e sair para o ataque. O tenente que o vê desse modo lhe diz: *O medo de morrer paralisa, porque nos apegamos à esperança de sobreviver; se considerarmos que já estamos mortos, lutaremos sem medo.*

Com efeito, o **soldado que se deixa dominar pelo medo** e que foge ou fica paralisado na sua posição será mais rapidamente atingido por aquilo que mais temia: a morte. No entanto, se luta com a coragem que vence a covardia e não se deixa levar pela temeridade, esse tem mais chances de sobreviver.

Na vida diária, o treino no **desapego das coisas e pessoas** é o que nos faz vencer muitos dos nossos medos. Desprendimento dos **bens materiais**, que faz vencer o medo de perdê-los e da neurose das mil medidas de segurança para preservá-los, o que fará que os desfrutemos melhor. Desprendimento da **saúde**, que libertará das hipocondrias e garantirá uma vida mais saudável, até psicologicamente. Desprendimento da própria **imagem**, que faz vencer o medo de ficar mal ao ter de falar ou decidir, fazendo-o com mais acerto. Desprendimento das **pessoas** que amamos, que acabará com os ciúmes que matam e corroem a alma, fazendo com que amores e amizades não sejam possessivos mas oblativos, isto é, de doação aos outros, verdadeiro cimento dos relacionamentos.

4. A CORAGEM, MEIO-TERMO ENTRE COVARDIA E TEMERIDADE

Para **Aristóteles**, o **homem corajoso** seria aquele que suporta ou teme as coisas certas (as mesmas coisas não são temíveis a todos), para o propósito certo (por nobreza e não vileza), da maneira certa (dentro do limite da possibilidade humana) e no momento certo (o suicídio, por exemplo, seria covardia, por se fugir de mal que se reputa maior), e que mostra autoconfiança de forma semelhante. **Não seria covardia**, no entanto, o **medo da desonra**. Por outro lado, o **máximo da coragem** estaria em **vencer o medo da morte**.

A **falsa coragem** do temerário, bem como a **falsa covardia** do prudente estão bem sintetizadas no ponto 132 do livro ***"Caminho"*** (Quadrante - São Paulo) de S. **Josemaria Escrivá**: *Não tenhas a covardia de ser "valente"; foge!*

Na vida, são muitas as situações em que a coragem se manifestará em **não ter medo de fugir das ocasiões de queda**, por se conhecer a própria fraqueza: o alcoólatra deve evitar passar na frente de um bar; a mulher pródiga deve fugir de passear no shopping; um marido ou mulher que ama o seu cônjuge deve evitar ficar a sós, em conversa mais pessoal, com alguém por quem sinta especial atração... Pode não acontecer nada, mas é mais difícil vencer a tentação colocando-se em situação que exija um auto-domínio extra.

Ambrose Bierce (1842-1914), em seu *Dicionário do Diabo*, definia satiricamente o **covarde** como a *pessoa que, diante de uma emergência perigosa, pensa com as pernas* (apud **Ben Schott**, *A Miscelânea Original de Schott*, Editora Intrínseca - 2005 - Rio de Janeiro, p. 34).

Pensa com as pernas ou, mesmo que não seja covarde e enfrente a situação, fica com as **pernas bambas**. Ora, a aquisição da virtude da **fortaleza** faz com que cada vez menos as pernas batam uma contra a outra nos casos de medo ou ansiedade.

Conta-se de um **general castelhano** que, nos tempos da conquista da América, quando perguntado sobre seu poderio militar, respondia:

Homens: 5.000 cavaleiros e 15.000 infantes;
Armados: de arcabuzes, espadas e lanças.
Valor: se lhes supõe!

Só que apenas na batalha é que se verá se são efetivamente corajosos ou covardes. **A virtude se prova nas situações de dificuldade**. E, enquanto não se adquire a virtude, se procura agir **como se a tivesse, até a adquirir**, ou seja, procura-se controlar os nervos e as pernas, aparentando coragem e serenidade, até que, com o passar do tempo e das lutas, a coragem e fortaleza passam a ser uma **segunda natureza** da pessoa, que já domina seus medos e receios, a ponto de quase não reparar nas dificuldades.

Para o **medo de falar em público**, o diagnóstico da síndrome pode estar na incompatibilidade de se ser **protagonista e espectador** ao mesmo tempo. Aquele que fica mais preocupado com a **forma** do que com o **fundo** do que vai falar; que está pendente do que **vão dizer ou pensar**; se está **abafando ou sendo ridículo**; enfim, que está se observando enquanto fala, acaba entrando em parafuso, pois, usando a linguagem da informática, ***os dois programas não rodam simultaneamente***. A **vaidade** acaba tornando a pessoa refém da opinião alheia, a ponto de ter um **medo terrível** de desagradar e desapontar.

No *Senhor dos Anéis*, de **J.R.R. Tolkien**, o que mais intriga a *Gandalf* nos aparentemente pequenos, pacatos e indefesos *hobbits* é justamente de onde tiram a **coragem** e tenacidade para enfrentarem os perigos da missão de destruir o *Anel Um do Poder*. E a resposta para explicar essa **fortaleza** subjacente seja justamente a ausência de vaidade, ostentação e arrogância, que dão eficácia à sua atuação.

Os *hobbits* não se colocavam gratuita e nesciamente em situação de perigo. Se, por um lado, a **disposição para o martírio** é a raiz essencial de toda fortaleza cristã, uma vez que está em jogo o bem mais prezado pelo cristão, que é a **vida eterna**, por outro, a primitiva Igreja Cristã condenava os que buscavam diretamente o martírio. É o que nos relata a *Ata do Martírio de S. Policarpo*, uma das mais antigas do Cristianismo:

Um, porém, um frígio de nome Quintus, atemorizou-se à vista dos animais selvagens. Fora ele precisamente que se apresentara voluntariamente ao tribunal, arrastando outros con-

sigo. E o procônsul convenceu-o, com repetidas exortações, a jurar e a sacrificar. Por isso, irmãos, nós não louvamos aqueles que se denuneiam voluntariamente; e também não é isso o que o Evangelho ensina (*apud* Pieper, op. cit., p. 175).

Com efeito, na **escala dos temores**, o medo da **morte** é, naturalmente, o maior que se pode ter. E se vence, humanamente, como lembra **Aristóteles**, pelo medo maior do homem nobre de perder sua **honra**. Já sobrenaturalmente, como lembra S. **Tomás de Aquino**, esse mesmo medo se vence também por um medo maior, que é o da **condenação eterna**. A rigor, esse deveria ser o medo dos medos: o da **infelicidade existencial**.

Portanto, como nada na vida se consegue sem **sacrifício** (passar no vestibular ou num concurso, encontrar e manter um bom emprego, superar as dificuldades da vida a dois e da educação dos filhos, e, principalmente, a conquista da vida eterna, condicionada ao mérito da criatura, correspondendo ao amor do Criador), a **fortaleza** consiste em **não desistir da busca do bem árduo**.

5. O OBJETO DA FORTALEZA: O BEM ÁRDUO

O lema da *Royal Air Force* (*RAF*) é bem ilustrativo da virtude da fortaleza: *Per ardua ad astra*. Com **esforço e sacrifício** se chega alto e longe, na busca dos iideais que se tenha. Modernamente, o lema da própria sociedade de consumo é *No pain, no gain!* Ainda prefiro o primeiro, que pode servir de bandeira ao homem idealista.

S. **Tomás de Aquino** escreveu em sua ***Suma Teológica*** que *aceitar a morte, em si não é de louvar, mas tão somente na medida em que prepara para o bem* (*Summa Theologiae*, II-II, q. 123, art. 12, ad 2): *Não é o sofrimento que interessa, mas a realização do bem* (Pieper, op. cit. p. 179).

Amar o sofrimento em si é próprio do **masoquista**, que é vítima de um **desvio psicológico**. No filme *O Código Da Vinci* (2006), baseado na novela homônima de **Dan Brown** (2004), a figura grotesca do monge **Silas** se **flagelando** com um certo prazer mórbido não poderia estar mais distante da figura que pretende retratar, de um **numerário do Opus Dei**. O fiel cristão – e um membro do Opus Dei, Prelazia da Igreja Católica, é um fiel cristão como qualquer outro – não ama a dor pela dor, mas a aceita como meio não descartável de se alcançar o **bem árduo**: aquele que, para ser atingido, custa sacrifício. O próprio **fundador do Opus Dei**, S. **Josemaria Escrivá** reconhecia em seu best-seller espiritual *Caminho* (op.cit. nº 175): *Nenhum ideal se torna realidade sem sacrifício.*

Confesso que conhecendo o Opus Dei há bem mais de 30 anos e a vida heróica e abnegada em serviço do próximo de seus membros, imaginava, com superlativa dose de ingenuidade, que um dia se poderia escrever um **romance** em que o ***mocinho*** seria um ***numerário***, retratando-se suas lutas, ideais, vitórias e derrotas. Qual não foi minha contundente surpresa quando o primeiro romance que retrata um numerário apresenta-o justamente como o ***vilão*** da estória, sem escrúpulos, sem coração e sem cabeça. O oposto do ideal cristão (que, aliás, é deturpado pelo livro e pelo filme, mostrando como o papel e a tela aceitam tudo).

Espero que o novo filme que vem por aí (2010), retratando uma parte da vida de S. **Josemaría** e dos que o seguiam durante os difíceis anos da Guerra Civil Espanhola, possa de certa forma mostrar uma versão mais realista do que é viver em plenitude a vida critã no meio do mundo. O filme chama-se ***"There Be Dragoons"***, dirigido por **Roland Joffé** (mesmo diretor de ***"A Missão"*** e de ***"Gritos do Silêncio"***), contando em seu elenco com atores da envergadura de Charlie Cox (que faz S. Josemaría), Rodrigo Santoro, Geraldine Chaplin e Olga Kurylenko.

Enfim, sendo a **fortaleza** não a primeira, mas a terceira das 4 virtudes cardeais (prudência, justiça, fortaleza e temperança), ajusta-se às demais precisamente porque recebe da 1a. e da 2a. a sua **forma**, ou seja, a sinalização de qual é o **bem** pelo qual **vale a pena** lutar! Por isso que **Pieper** lembra a tradição escolástica, segundo a qual a fortaleza é **informada** pela **prudência** e pela **justiça**, tanto no sentido de que é **ensinada** sobre o bem a ser buscado ou dado a cada um, como no sentido de que são a prudência e a justiça que lhe dão a sua **forma interior**, o objeto que justifica o esforço.

Por isso, a fortaleza como virtude que está a meio caminho entre a coragem e a temeridade supõe a **ponderação** – ato próprio da virtude da prudência – entre aquilo que se **arrisca** e aquilo que se pode **ganhar** com a vitória sobre o medo que paralisa a ação e a tentação de ficar no mais fácil. Qual o **bem mais elevado**, que compensa o esforço? Pelo que **vale a pena** dar a vida e gastar-se? Que ideal **"justifica" o viver**?

Por isso S. **Agostinho** escrevia: *Martyres non facit poena, sed causa* (*Enarrationes in Psalmos* 34, 13). Ou seja, o que distingue um **mártir** de um simples condenado é a **causa** pela qual morre. E S. **Ambrósio** completa: *Toda fortaleza sem justiça é uma alavanca ao serviço do mal* (*De Officis* 1, 35) (apud **Pieper**, op. cit., p. 185).

No caso dos mártires cristãos, além da **esperança no prêmio eterno**, que era fundamental acicate para enfrentarem o medo da morte (e uma morte dolorosíssima em muitos casos, comidos pelas feras, queimados vivos, esfolados, mutilados...), contavam com o **Dom da Fortaleza**, isto é, com uma ajuda especial do Espírito Santo para suportarem tantos tormentos, já que a natural fragilidade de muitos os levaria à apostasia antes que ao martírio. Com efeito, sem levar em consideração esse esteio sobrenatural não se consegue explicar humanamente tanta fortaleza em pessoas normais. Situação semelhante é aquela vivida e descrita pelos **místicos** (S. **Teresa de Ávila**, S. **João da Cruz**, S. **Pio de Pietralcina**, Madre **Teresa de Calcutá**...), de verdadeiro **martírio interior**, com o que denominaram **noite escura dos sentidos** e **noite escura do espírito** pela qual passaram, de completa aridez espiritual, permitida por Deus, como **meio de purificação** até o completo desprendimento de coisas, pessoas e da própria vida.

Concluímos, pois, que o próprio do **homem normal** é **suportar** o sofrimento, em vista ao **bem maior** que busca alcançar, dentro dos limites do que é humanamente possível suportar. Ou seja, não se procura o perigo, mas o bem que se pode conseguir, enfrentando os perigos que se apresentam e apenas na medida em que não podem ser afastados. Do contrário, está-se diante do **aventureiro.** E, em relação a ele se aplica o antigo provérbio, recolhido na Escritura: *Quem ama o perigo nele perecerá* (Eclesiástico 3, 27).

6. PARTES INTEGRANTES DA FORTALEZA: A PACIÊNCIA (PARA RESISTIR) E A CORAGEM (PARA ATACAR)

A virtude da **fortaleza** tem duas **partes integrantes** ou virtudes conexas, ligadas aos seusdois principais atos, que são:

a) a **paciência**, para resistir ao mal;

b) a **coragem**, para atacar em busca do bem árduo.

Paciência vem de *patere*, padecer. É a ciência ou **capacidade de padecer, sem reclamar** ou se revoltar. Sinal de fraqueza diante das dificuldades da vida, que são o pão nosso de cada dia, é a **reclamação**. O **"reclamão"** é uma pessoa **"chata"**, que vê a vida sempre pelo prisma **pessimista**, de que as coisas não estão boas, porque não estão totalmente ao seu gosto. O **impaciente** é aquele que **não agüenta esperar**: quer que tudo e todos estejam ao seu dispor na hora em que precisar. E o mundo não se curva aos seus caprichos.

O impaciente deixa-se abater pelo **desânimo** diante das dificuldades e demora para atingir as metas que se havia proposto. É o perigo da **tristeza**, de que nos fala S. **Tomás de Aquino**: *Paciente não é quem não foge do mal, mas quem não se deixa arrastar por ele para uma tristeza desordenada* (*Suma Teológica*, II-II, q.136, art. 4, ad 2).

Há uma **tristeza boa**, do descontentamento consigo mesmo, que leva a querer melhorar, lutando contra os próprios defeitos. É própria do atleta, que não se contenta com as marcas atingidas, mas treina e se esforça por se superar. Que **tira da derrota impulso** para chegar logo à vitória.

No filme *O Mestre dos Mares* (2003), baseado nos livros de **Patrick O'Brian** e estrelado por **Russel Crowe** como o Capitão **Jack Aubrey**, o primeiro embate entre o *HMS Surprise* e o *Acheron*, que ele perseguia, quase acaba com o primeiro, que era menor, mas consegue fugir aproveitando a neblina. Mesmo sabendo da disparidade entre as naus, o Comandante **Aubrey** decide perseguir o *Acheron* (que era a ordem dada pelo Almirantado Britânico aos navios ingleses que se encontrassem no Atlântico Sul). Mas para poder enfrentá-lo, treina seus artilheiros em rapidez e eficiência, para que consigam dar 3 salvas de canhões enquanto o inimigo dá 2. Sua **paciência** no treinamento e na perseguição à nau francesa (a estória se passa no período das guerras napoleônicas), aliada à **coragem** (não sem estratagemas) de atacar o inimigo leva à vitória britânica, da tristeza com as perdas iniciais (um dos jovens grumetes havia perdido o braço no primeiro encontro das naus, mas não se desanima, pensando no grande Almirante **Nelson**, que perdera o braço direito em combate) à alegria da captura final do *Acheron*.

A **tristeza má** é, no entanto, a que acabrunha e faz desistir dos objetivos vitais. É a tristeza daquele que não consegue (porque não se propõe) dominar seus nervos e medos. Esquece as palavras do Evangelho: *In patientia vestra possidebitis animas vestras* (Lc 21, 19).

Se a paciência está ligada a uma **paixão** - a tristeza -, a **coragem** supõe outra - a **ira boa** -, que se indigna contra o mal e busca vencê-lo. Para isso, conta com outra virtude conexa - a **perseverança** -, que supõe continuar a lutar, sem desistir do bem árduo, quando a luta se prolonga no tempo e os resultados demoram a sair.

7. EXEMPLO DE CORAGEM, PACIÊNCIA E FORTALEZA

Um dos épicos mais famosos de Hollywood foi *El Cid* (1961), que conta a vida e lutas do herói da reconquista ibérica D. **Rodrigo Diaz de Bivar** (1043-1099), representado por *Charlton Heston*, e do amor a sua pátria e a sua dama, D. **Ximena**, representada por *Sofia Loren*.

Recentemente revi esse clássico do cinema, cumprindo um desejo que tinha da última vez que o vira: anotar as **frases lapidares** de seus principais personagens, que servem de estímulo na luta por grandes ideais (descontando-se, naturalmente, o tom dramático e grandiloqüente de algumas delas). Não resisto à tentação de reproduzi-las neste artigo, a par de recomendar vivamente que o filme seja assistido. Para não ser completamente o chato estraga prazeres, que conta o final do filme, alerto desde já que o farei, mas recomendando aos que se animarem a ver o filme, que passem diretamente desta parte à seguinte do artigo, pois o filme falará melhor que estas linhas. Aos que já viram o épico ou, como um amigo meu hoje gaúcho, gostam de conhecer antes o final de um romance, para o lerem com menos sofreguidão, o resumo que faço servirá para recordar e despertar a vontade de ver de novo. Seguem, pois, alguns ditos e diálogos memoráveis, que mostram a **fibra moral** dos personagens (as glosas vão em parênteses):

a) O próprio **nome do filme** é a resposta de um príncipe árabe, libertado da forca por D. Rodrigo, diante da simples palavra de que não atacaria mais os cristãos:

Na minha terra, ao guerreiro que sabe ser justo e ter a coragem de ser misericordioso damos o nome de "El Cid"

b) Quando o *Cid* havia enfrentado pela primeira vez os mouros, não foi sem se desviar de seu caminho, resgatando um sacerdote que lhe diz, profeticamente: *O senhor pegou um atalho não para chegar até sua noiva, mas até seu destino* (sentido mais amplo e profundo, que retrata a **missão** que cada homem tem na vida, a ser enfrentada com a **fortaleza**).

c) A própria noiva de D. Rodrigo, D. Ximena, havia deplorado o desvio que o levara à guerra, dizendo: *Não entendes o tempo do amor* (claro que o entendia, mas **não podia fugir do dever de lutar**, para depois poder gozar do bem pelo qual lutava, com a **paz** da Espanha).

d) Quando D. Rodrigo **mata**, numa luta, o pai de D. Ximena, que **insultara** seu pai, esta busca alguém que a vingue. Segue-se o diálogo:

- Um homem pode viver sem a sua honra?

- Compraste a tua honra com a minha dor.

- O homem que amas não poderia fazer outra coisa.

- Achas que a mulher que amas faria menos que tu? (**medo da desonra**, que não é covardia, mas nobreza de caráter).

e) Tendo que lutar contra o campeão do Rei de Aragão pela cidade de Calahorra, que era **mais forte e mais experiente**, a par de ter sobre si o sangue do pai de D. Ximena, fala ao Rei de Castela: *Se for culpado, Deus colocará sua lança no meu coração; se for inocente, será o meu escudo* (coragem que vem da **confiança em Deus e na Sua Justiça**).

f) Diante da **traição** de D. Ordonhez, desmascarada, D. Rodrigo contesta a reação primária do Rei D. Sancho, de mandar matar o traidor: *Qualquer um pode matar; só um rei pode dar a vida!* (**perdão**, que não é fraqueza, mas grandeza de alma).

g) D. Sancho é morto por uma traição de seus irmãos D. Alfonso e D. Urraca. D. Rodrigo exige do novo rei que jure sobre a Bíblia não ter participado da conspiração. D. Alfonso jura, mas **expulsa** D. Rodrigo do Reino. Este, ao cavalgar sozinho e sem bens no exílio, encontra e socorre a um **leproso** no caminho, que o agradece:

- Obrigado, meu Cid.

- Como me conheces?

- Só há um homem em toda a Espanha capaz de humilhar a um rei e depois dar de beber a um leproso em seu cantil (conjugação da **coragem** com a **compaixão**).

h) Ao se ver finalmente sozinho e **reconciliado** com D. Ximena, que antes lhe havia negado o seu amor (*- Podes ter o meu corpo, mas não terás o meu coração. - Se não tiver este, não quero aquele*), exclama, valorizando esse bem mais que os outros: *Se soubesse que o exílio é isso, todos quereriam ser exilados.*

i) 300 cavaleiros castelhanos procuram *El Cid* no exílio e o elegem seu chefe, ao que protesta D. Ximena, pedindo que não parta novamente em **guerras contra os mouros**: *Direi a Deus o quanto preciso de você.* Ao que D. Rodrigo responde: *E teríamos um esconderijo onde pudéssemos nos esconder de nós mesmos?* (**coragem de assumir a própria missão**, sacrificando os gostos pessoais).

j) Durante a invasão árabe, o novo rei D. Alfonso é **batido** em Sarajas e se apresenta no convento onde estava refugiada D. Ximena (após a partida de D. Rodrigo). Ao ver o teimoso rei em farrapos, exclama: É preciso mais do que coragem para fazer um rei (o ataque havia sido um ato de **temeridade**, pois faltara prudência ao rei).

k) *El Cid* acaba por tomar a cidade de Valência, mas quando seus homens o querem coroar rei, declina da glória e oferece a coroa a D. Alfonso. O Emir mouro que o acompanha (aquele que havia dado o nome de *El Cid* a D. Rodrigo), ao ver a grandeza de alma do seu líder, comparada à mesquinhez do rei, exclama: *Que súdito nobre! Se tivesse um rei tão nobre...*

l) D. Ximena chega a Valência, que é então cercada pelos mouros. Vendo a fibra do marido, que não se rende à superioridade do inimigo, pergunta-lhe:

- Onde achas a tua coragem?

- Gostaria de saber. Cada um tem de achá-la a cada vez (no fundo, descobrir o **bem superior** pelo qual vale a pena lutar).

m) Para libertar Valência, *El Cid* deve romper o cerco: *Vamos à última batalha, que tanto esperamos, e depois virá a paz.* No entanto, é justamente nessa última batalha que é **ferido de morte**, o que lhe coloca o **dilema vital**: permanecer no castelo, para se recuperar, o que trará a derrota final; ou sacrificar sua vida, saindo á frente de suas tropas, amarrado ao seu cavalo, o que infundiria medo nas hostes inimigas. Diante do pedido de D. Ximena para que fique, fala do amor que viveram e que deve agora ser sublimado: *Não ficamos muito tempo juntos. No entanto, parece que os que passaram a vida juntos tiveram menos que nós. Não podes salvar minha vida, mas podes ajudar-me a renunciar a ela* (**entrega** da vida pelos outros, que é o ato maior de bravura).

n) Na noite em que *El Cid* agoniza no seu leito de morte, o rei D. Alfonso, que tanto o havia perseguido, vem em seu socorro, e entra nos castelo pelo lado ainda não cercado. Reconhece a **injustiça** com que trato D. Rodrigo e lhe pede **perdão**, ao que *El Cid* responde: *Não é fácil vencer a si mesmo. Vossa Majestade o conseguiu. Não fracassei. A Espanha agora tem um rei.* Virando-se, então, para D. Ximena, faz-lhe o pedido derradeiro, para que o coloque no dia seguinte no cavalo: *Quero que você e minhas filhas* (as gêmeas Soledad e Elvira) *se lembrem de mim cavalgando junto do meu rei* .

o) Assim termina o filme, com *El Cid* cavalgando nas praias de Valência, diante dos mouros fugindo das tropas cristãs: *Então El Cid saiu da História para entrar para a Lenda.* E o bispo da cidade rezando: *Pai Celestial, recebe a alma daquele que viveu e morreu como um puro cavaleiro.*

Penso que na vida de qualquer homem ou mulher, mais cedo ou mais tarde, se colocam **dilemas existenciais** que só se resolvem com a **perda do medo ao sacrifício**, abrindo-se mão do mais fácil e prazenteiro em função do mais nobre e elevado, que pode trazer a felicidade para si e para os outros.

8. CONCLUSÃO: A FORTALEZA NO TRABALHO E NO DIA-A-DIA

A fortaleza não é só para os heróis de guerra e forjadores de grandes empreendimentos. É virtude fundamental para ser vivida no trabalho e no dia-a-dia do homem comum, pois consiste no perseverar no cumprimento do dever, resistindo às contrariedades e dificuldades (cfr. **Rafael Llano Cifuentes**, *"Fortaleza"*, Quadrante - 1991 - São Paulo). É a valentia e a coragem de não fugir dos problemas, mas enfrentá-los com serenidade e paciência.

Fortaleza para não desanimar diante dos próprios erros e saber exigir, sem temor a contristar. É ser tenaz nos propósitos, não abandonando as metas, até atingi-las.

Impressionam, nesse sentido, duas histórias de fracassos, mas que demonstram a fortaleza de ânimo diante das dificuldades, muitas vezes acima dos limites humanos, e que são um exemplo do que ocorre no trabalho.

Uma é a da tragédia do Everest, de 11 de maio de 1996, no qual morreram os experientes alpinistas **Bob Hall** e **Scott Fischer**, descrita por **Jon Krakauer** (*"No Ar Rarefeito"*, Companhia das Letras – 1998 – São Paulo), um dos sobreviventes da expedição em que pereceram mais 7 pessoas, mas da qual escapou miraculosamente o Dr. **Seaborn Beck Weathers**, depois de passar uma noite com a cara na neve, numa tempestade, vindo a perder as mãos e o nariz. Mesmo após o desastre, a equipe da IMAX, que estava fazendo um filme sobre o Everest, decidiu empreender a escalada, chegando ao topo no dia 22 de maio, liderados por **Ed Viesturs** (que escalou sem oxigênio), **Araceli Segarra** (jovem catalã de 27 anos) e **Jamling Norgay** (filho de um dos dois primeiros homens a subir no Everest), num exemplo de tenacidade.

O comentário de todos os alpinistas a respeito da escalada é a de que o esforço é tão grande, que, no final, o corpo vai seguindo em frente por pura força de vontade, pois cada passo é um sacrifício sobre-humano. Assim também no trabalho, há momentos em que a carga que pesa sobre os nossos ombros, quer de responsabilidades, quer de tarefas a realizar, é tão grande, que nos sentimos esmagados por tanto peso. Nesse momento, como os alpinistas do Everest, devemos pensar apenas num passo depois do outro, não desistindo de lutar, pois é justamente através do pequeno esforço de cada momento que alcançamos as grandes metas da nossa vida.

A outra é da lendária expedição de Sir **Ernest Schackleton** à Antártida (ver **Caroline Alexander**, *"Endurance"*, Companhia das Letras – 1999 – São Paulo), em que o seu navio, o ***Endurance***, acabou preso nos blocos de gelo, vindo a afundar, fazendo de sua luta pela sobrevivência um exemplo de fortaleza e tenacidade, pois com sua liderança, conseguiu salvar todos os membros da tripulação, depois de 1 ano e meio de luta nos mares do Pólo Sul (entre 5 de dezembro de 1914 a 20 de maio de 1916).

O que impressiona nesse relato é também a força de vontade de **Schackleton**, para manter o ânimo elevado, a disciplina e a atividade de homens que enfrentavam temperaturas de 40 graus negativos, sofrendo todas as privações possíveis, sem desistir da luta por salvá-los todos. Foi um exemplo de liderança e coragem.

Mas a verdadeira fortaleza não está nos feitos heróicos ou na força bruta e, sim, na **força de vontade**, que esses exploradores demonstraram diante das dificuldades. Diz a Escritura: *"O paciente vale mais que o herói, e o que domina o seu ânimo mais do que o conquistador de cidades"* (Provérbios, 16, 32).

Ou seja, no fundo, a maior vitória que podemos ter não é contra as forças e inimigos exteriores, mas em **dominar a nós mesmos**. A fortaleza é virtude do **auto-domínio** diante das dificuldades que a vida traz consigo, pois dominar as dificuldades e contrariedades está além das nossas forças.

A **paciência** em perseverar no esforço começado merece mais louvores do que as façanhas aparatosas, mas ocasionais. Por isso, a Bíblia também traz outro conselho de especial importância para a valorização de qualquer trabalho: *"Aprende o teu ofício e envelhece nele"* (Eclesiástico 11, 21). Há pessoas que não resistem à rotina e sucumbem diante do esforço repetitivo. No entanto, é ele que forja a personalidade e reveste o homem das virtudes necessárias para desempenhar cada vez melhor a sua profissão e o seu papel na família.

E então? Será que não vale a pena o esforço por adquirir as virtudes da fortaleza, paciência, coragem e perseverança? Não serão o segredo para superarmos receios e temores, medos e angústias?

Capítulo XIV

A TEMPERANÇA: COMO CHEGAR AO EQUILÍBRIO INTERIOR

1. INTRODUÇÃO

Ao procurar mostrar o **espírito das leis**, no que inspiraria futuramente **Montesquieu, Platão**, em sua obra sobre *As Leis*, coloca no **Estado Espartano** o mais próximo do ideal de Estado, pela sua preocupação educacional. Porém, critica-o, pela forma da educação ministrada, num diálogo entre um espartano e um cretense, contestados por um ateniense, que estava de passagem por Creta. O contexto é a fundação próxima de uma colônia cretense, perguntando-se **quais as melhores leis** para regê-la.

A base das respostas é a poesia de **Tirteu**, que coloca como dever supremo do cidadão a **defesa da pátria**, para o que é preciso buscar a **virtude e perfeição pessoal**. Para Tirteu (espartano), a essência da vida seria a **luta**, o sentido da existência a **vitória** e a única virtude a **coragem**. Já para **Teógnis** (ateniense), toda a *areté* (virtude) se resumiria na **justiça**. A passagem do Estado beligerante (espartano) para o Estado jurídico (ateniense) faria integrar a fortaleza com as demais virtudes (prudência, justiça e temperança).

Com efeito, **Platão** observa em seu diálogo que os espartanos valorizavam tanto a **fortaleza** (luta contra a tentação do medo e da fuga da dor), que **descuidaram da temperança** (luta contra as tentações do prazer desregrado), vindo a **cair na pederastia e licenciosidade** (*Leis* nº 633-637).

É interessante notar que **Platão**, em contraposição à disciplina espartana, louva paradoxalmente, como caminho para a **temperança** e para o **verdadeiro equilíbrio da alma e do corpo**, a educação ateniense através dos **banquetes** (*simposium*), que treinariam o homem no **domínio de si**, evitando a embriaguez (temperança), mais do que no **domínio dos outros** (violência), que era a preocupação espartana (cfr. **Werner Jaeger**, *Paidéia*, Martins Fontes - 2003 - São Paulo, pp. 1293-1374).

Mas em que consiste essa qualidade humana da **temperança**, tão louvada por **Platão**, como o segredo do **equilibrio e da paz interior**?

2. O EQUILÍBRIO INTERIOR

Quando se define o **homem** como **animal racional**, não quer isso dizer que o ser humano seja uma razão que governa um corpo animal. Na querela medieval sobre a **unidade da forma substancial**, defendida por S. **Tomás de Aquino**, seus contestadores defendiam que o homem era composto de 3 almas: **alma vegetativa** (comum às plantas), **alma sensitiva** (comum aos animais) e **alma racional** (própria somente dos homens). O Aquinate sustentava, em sentido contrário, que a única alma humana, como forma substancial do homem, englobava as três funções: é o homem inteiro que respira, sente e pensa.

Assim, o racional e o animal, no homem, estão de tal forma entrelaçados, que não se pode falar de vida propriamente humana sem um dos componentes. Daí que o **equilíbrio interior** suponha um agir em que a **inteligência** (que conhece as coisas), a **vontade** (que se dirige racionalmente a elas) e as **paixões** (sentimentos de atração ou repulsa, que compõem o campo da afetividade, tradicionalmente elencados como amor, ódio, esperança, desespero, alegria, tristeza, desejo, fuga, medo, audácia e cólera) atuem de forma **harmônica**.

> *"Las pasiones poseen uma influencia enteramente positiva sobre el actuar moral, más aún: son imprescindibles para el actuar virtuoso. Cuando se las integra en el orden de la razón les corresponde una función simultáneamente cognitiva y conativa. Pero esto significa también: como tales, separadas de la razón, por así decir independizadas y en su propio orden, interfieren con la racionalidad y pueden ejercer sobre la voluntad – que es una tendencia guiada por la razón y cuyos actos, por su propia naturaleza, consisten en la inclinación a lo bueno para el hombre – una influencia perturbadora. Y esto lo sabe todo el mundo por propia experiencia"* (**Martin Rhonheimer**, *"La Perspectiva de la Moral – Fundamentos de la Ética Filosófica"*, Rialp – 2000 – Madrid, p. 179).

O **homem equilibrado** é aquele em que **inteligência, vontade e paixões** não seguem em sentidos opostos, desgarrando a alma e o corpo, mas confluem para um **agir racional**, impulsionado por uma **vontade forte** e uma **afetividade estimulante e bem ordenada**.

1) Exemplos atrativos desse **equilíbrio interior** na ***Saga dos Anéis*** de **J.R.R. Tolkien** são:

a) Aragorn, que sabe se ocultar e passar despercebido durante tantos anos, até encontrar os meios para recuperar a coroa que lhe pertencia por direito hereditário e usá-los de forma equilibrada, a par de vencer a tentação de sucumbir aos atrativos da princesa Éowyn, lembrando do compromisso que havia contraído com a princesa Arwen;

b) Gandalf, paradigma de sabedoria, prudência, humildade e fortaleza na condução da estratégia para vencer o Senhor das Trevas, confiando nos mais singelos habitantes da Terra-Média – os *hobbits* – e desconfiando de sua capacidade de auto-domínio, se possuísse o *Um Anel*.

2) Exemplos de **domínio das paixões sobre a racionalidade** são claramente, no *"Senhor dos Anéis"*:

a) Saruman, cuja cobiça pelo *Um Anel* fê-lo perder a sabedoria acumulada, transformando-se, nas suas próprias palavras, de *Saruman, o Branco* em

Saruman, das Muitas Cores, ou seja, um verdadeiro camaleão de artimanhas e subterfúgios;

b) Sauron, obnubilado de tal forma pela sede de destruição dos seus opositores, que não deu importância aos pequenos *hobbits*, desprezando seu valor e sendo justamente por eles derrotado;

c) Denethor, tomado de desespero pela perspectiva de derrota de Minas Tirith, prefere imolar-se a si e ao filho ferido do que aceitar um novo rei, do qual voltaria a ser o mordomo (equivalente ao primeiro-ministro);

d) Boromir, não se contendo no desejo de se apossar do anel, tenta obtê-lo à força, dos *hobbits*, vindo a sucumbir na luta que se trava com a decomposição da *Companhia do Anel*.

3) Exemplos marcantes de **transformação e recuperação do equilíbrio interior** são:

a) Théoden, rei de Rohan, dominado pelo desânimo e por seu mau conselheiro Língua-de-Verme, ressurge com o estímulo de Aragorn e Gandalf, recobrando o desejo de combater as forças de Mordor que ameaçavam engolfar toda a Terra-Média, tendo uma morte digna e heróica em combate na Batalha de Pélennor;

b) Éowyn, que, em seu desespero por ver repelido seu amor a Aragorn, foge disfarçada de cavaleiro para a guerra em Minas Tirith, desejando a morte em combate, mas, após vencer o Nâzgul e ser ferida por este, encontra nas casas de saúde o equilíbrio interior e o amor do príncipe Faramir.

O **equilíbrio interior** não significa um **malabarismo** entre forças contrárias. Nem, por outro lado, quando **Aristóteles** propugnava o *"in medio virtus"*, pensava em **mediania**. Com efeito, como destaca **Martin Rhonheimer**:

> *"Que a virtude moral consiste en un término médio es, probablemente, una de las tesis de Aristóteles que con más frecuencia se entiende mal. Ese posible malentendido consiste en ver la virtud como mediocridad o mero equilibrio, como la actitud propia de quien no es un exagerado. Pero no es esto lo que piensa Aristóteles: para él, el término medio en el que consiste la virtud moral no es otra cosa, al cabo, que lo conforme con la razón, y, por tanto lo correcto, lo oportuno o conveniente y lo bueno en tanto que lo bello. Como tal, el término medio es en cada caso lo mejor (ariston) y un extremo (akrotés)"* (op. cit., pp. 210-211).

Ou seja, a **virtude**, e especialmente a da **temperança**, não é **mediocridade** ou não ser **exagerado**, mas viver em **harmonia entre razão e sensibilidade**.

3. A VIRTUDE DA TEMPERANÇA

A virtude da **temperança** (*sophrosyne* em grego e *temperantia* em latim) é a virtude que tem por fim a *quietude do ânimo* (S. **Tomás de Aquino**, *Suma Teológica*, II-II, q. 141, art. 2, obj 2), fruto da **ordem e equilíbrio interior**. Diferentemente das demais virtudes cardeais, que se dirigem aos outros, a temperança diz respeito apenas ao próprio agente: que suas forças e instintos, ordenadamente utilizados, propiciem a **autoconservação** e não levem, pela desordem e busca de bens inadequados, à **autodestruição**.

> *A temperança disciplina e corrige todas as perversões egoístas da ordem interior, sobre a qual a pessoa moral se fundamenta e vive agindo* (**Josef Pieper**, *Virtudes Fundamentais*, Editorial Aster - 1960 - Lisboa, p. 219).

A inclinação natural para o gozo sensível, especialmente nos *prazeres da mesa e da cama*, ligados aos fins naturais da **autoconservação pessoal e coletiva**, quando desgovernado, tem o poder de conduzir o homem à **autodestruição**. Assim, os vícios da gula, luxúria, soberba, ira e até da *curiositas* são **ameaça constante ao equilíbrio do homem**, e as virtudes da sobriedade, castidade, humildade, mansidão e *studiositas* o seu **remédio.** Na verdade, mais do que isso, pois conformam o homem íntegro e bem constituído.

Aristóteles trata da temperança no final do **Livro III** da Ética a Nicômaco (EDIPRO - 2002 - São Paulo), nos **pontos 10 a 12**, além do **Livro VII** inteiro, que podem ser assim resumidos:

Livro III (parte final)

10) A virtude da **temperança** é a da **moderação** em relação aos **prazeres corporais**, mais especificamente do **tato** e do **gosto**, uma vez que não se fala em moderação em relação aos prazeres espirituais, nem quanto aos sentidos da vista, ouvido e olfato (**prazeres animalescos**, pois comuns a homens e animais, já que, em relação aos demais sentidos, não se pode falar propriamente em prazer sentido pelos animais: vista, cheiro e audição apenas despertam para o prazer que poderão ter com a comida e a satisfação do instinto sexual). Moderação como meio-termo entre o **desregramento** (excesso) e a **insensibilidade** (defeito). No fundo, a temperança estaria ligada à moderação nos prazeres do **tato** e em relação apenas a certas partes do corpo: a **boca** e os órgãos genitais.

11) A **intemperança** na **comida e bebida** é mais por **quantidade** excessiva do que por qualidade (alguns são imoderados em relação apenas a determinados alimentos), e é viciosa por afetar a saúde e boa forma corporal. A intemperança por **insensibilidade** é rara, por não corresponder ao homem bem constituído. A intemperança nas **relações sexuais** se dá não tanto pela quantidade, mas especialmente pelas circunstâncias de **pessoa** (com quem) e **modo** (anti-naturais).

12) A intemperança é mais **voluntária** que a covardia (o objeto do desejo é buscado, enquanto o do medo se repele instintivamente), razão pela qual é um vício mais vil (e também mais fácil de ser combatido). Assim, o **homem moderado** é aquele que deseja a coisa certa, da maneira certa e no momento certo, que é o **ordenado pela razão**

Livro VII

1) Os estados morais a serem evitados são o **vício** , o **desregramento** (*akrasia*) e a **bestialidade** (*theriotes*), As disposições opostas a eles seriam a **virtude natural**, o **au-**

to-controle e a **virtude sobre-humana**. O desregramento, a **indolência** e o **efeminamento** se opõem ao autocontrole e à **firmeza**.

2) A opinião de **Sócrates**, no sentido de que **o homem só prática o mal por ignorância** está em **desacordo com a realidade** observável. Mesmo conhecendo o certo, os **maus desejos** podem sobrepujar a prudência e fazer o homem capitular.

3) O **homem desregrado** não é o que não tem nenhum autocontrole, mas o que o **perde em determinados campos**, por ceder ao prazer ou por fugir da dor. Além disso, pode errar tanto por confundir conhecimento com **opinião**, quanto por conhecer a premissa universal teórica, mas desconhecer a premissa particular fática. Ademais, o *desconhecimento* do *descontrolado* é semelhante ao do adormecido, embriagado ou enlouquecido: a **ira** e o **desejo sexual** intensos obnubilam a mente e fazem *desconhecer* a lei moral.

4) O **descontrole** diz respeito ao prazer e à dor. As coisas que produzem **prazer** são de duas classes: **necessárias** (nutrição e procriação) e **desejáveis** (vitória, honrarias, riqueza, etc). O que busca o prazer premeditadamente é o **dissoluto**; o que busca como fruto de uma paixão é apenas **descontrolado**. O descontrole está em buscar os prazeres, sejam necessários ou desejáveis, de forma **imoderada**, fugindo aos ditames da reta razão.

5) Há **prazeres antinaturais** que só se explicam pelo **hábito** adquirido às vezes por abusos sofridos, atrofia no desenvolvimento ou costume de um povo, como são os atos de **bestialidade** ligados, por exemplo, à **pederastia** e demais **perversões sexuais**. Há o **descontrole antinatural inato**, fruto da demência congênita (*afron*) e o **adquirido** pela perversão que chega à **morbidez** (*mania*).

6) É menos grave e injusto, porque mais natural e racional, o descontrole da **ira** do que do **desejo**, sendo pior o dos **desejos antinaturais**. A **intemperança** se diz mais propriamente do descontrole dos desejos naturais.

7) O **desregramento** quanto aos prazeres do tato, sexo e paladar é mais grave quando **deliberado**. Enquanto o **autocontrole** sobre os **prazeres** supõe domínio (alcançar a vitória), a **firmeza** supõe apenas resistência sobre as **dores** (evitar a derrota). O **fraco**, quando simula enfermidade ou infelicidade para ser poupado, é já um **infeliz e doente**.

8) Enquanto o **desregrado** perdeu o norte e não se arrepende, vivendo constantemente no vício, o **descontrolado** se arrepende quando deixa de estar sobre o influxo da paixão, pois sabe qual a conduta certa, tendo quedas intermitentes.

9) Enquanto o **moderado** se pauta tanto pela razão que não se sente atraído pelo desejo ilícito, o **autocontrolado** sente o mau desejo, mas não cede a ele. *O indivíduo autocontrolado mantém-se firme contra a paixão e o desejo, estando pronto oportunamente para aceitar a persuasão; o obstinado, ao contrário, mantém-se firme contra a razão, não resiste ao desejo e é, amiúde, conduzido por este.* O **obstinado** aferra-se à sua opinião, como se fosse a verdade.

10) A **prudência** supõe tomar as decisões acertadas e colocá-las em prática. O **hábito** de praticar os atos virtuosos gera uma **segunda natureza**.

11) Na diferenciação da **virtude** e do **vício**, o **bem** e o **mal** são geralmente colocados como **fins** e o **prazer** e a **dor** como **meios**, ou seja, o **processo** que leva a buscar o bem ou o mal.

12) No entanto, a relação não é absoluta: tanto o bem quanto o prazer podem ser **absolutos** ou **relativos**, uma **atividade** ou um **estado**, razão pela qual há bens e prazeres intermediários e finais.

13) O **bem mais excelente** é uma **espécie particular de prazer** e a dor é um mal a ser evitado, mas não absolutamente, pois há dores que são bens e há prazeres que são maus. Assim, ingrediente necessário da **felicidade**, mas com ela não se confundindo, é o prazer, não necessariamente corporal.

14) Enquanto o natural é **não se buscar o prazer em excesso**, em relação à dor, o natural é fugir dela totalmente. *Deus frui um único e simples prazer perpetuamente*, que é o da posse completa e perfeita da existência.

Como se vê, **Aristóteles** fala tanto da **temperança** como controle do apetite sensível, quanto do **autocontrole** e do **regramento** em face do prazer e da dor nas suas diversas formas, mas principalmente no que diz respeito aos **prazeres corporais** e aos vícios a eles anexos.

4. LUXÚRIA E CASTIDADE

Em relação a estes, especialmente o da **luxúria**, a visão moderna distorceu o foco: ou vê em tudo o que está ligado ao sexo algo **impuro** (pieguismo de corte maniqueísta, contrapondo a bondade do espírito à maldade da matéria e do corpo), ou **não vê nada** de mal nas piores aberrações, como se fossem tendências naturais do homem (hedonismo).

S. **Tomás de Aquino**, na linha de **Aristóteles**, vê no sexo um **bem**, a **semente divina**, participação no poder criador de Deus, desde que se guarde a ordem e medida convenientes (cfr. *Summa Theologiae*, II-II, q. 153, art. 2). É o meio-termo aristotélico, que caracteriza toda virtude: o justo ponto de equilíbrio entre o excesso e o defeito.

Mais ainda: contra alguns escritores eclesiásticos do começo do Cristianismo, que sustentavam que a multiplicação da espécie humana ter-se-ia feito de outra forma antes do pecado original, S. Tomás de Aquino defendeu que, pelo contrário, **antes da queda original**, no paraíso terreno, o **prazer sexual seria inclusive mais forte**, por ser mais refinada a natureza humana não corrompida e a sensibilidade do corpo maior (cfr. *Summa Theologiae*, I, q. 98, art. 2, ad 3).

Contra o **pieguismo** que sustentava que, pela forte carga de prazer do ato sexual, não poderia se dar sem pecado, já que a **razão ficaria subjugada pelo instinto**, S. Tomás de Aquino aduzia que, sendo corretamente usado, dentro da ordem da razão, o sexo é moralmente bom, pois do contrário até o sono seria mau, já que não está controlado imediatamente por um ato racional voluntário (cfr. *Summa Theologiae*, II-II, q. 153, art. 2, ad 2).

S. **Tomás de Aquino** mostra como todas as faltas contra a castidade são também **faltas contra a justiça**: o **adultério**, porque lesa o direito do outro cônjuge; o **estupro**, porque lesa a liberdade pessoal; a **fornicação**, porque lesa o bem da prole, que ficará sem a assistência do pai (cfr. *Summa Theologiae*, II-II, q. 154, art. 2). E poderíamos acrescentar: a **masturbação**, porque atenta contra a própria estrutura da pessoa, fechando-a no egoísmo do auto-prazer estéril; a ***greve de sexo***, porque expõe o outro cônjuge à tentação de buscar fora do casamento o que legitimamente não recebe nele; o **homosexualismo**, porque atenta contra a natureza das coisas.

O que dissemos acima certamente chocará num ambiente que cultua o ***politicamente correto***, mas se o politicamente correto é permitir que se defendam as maiores extravagâncias em nome da **liberdade de expressão**, porque não se poderá então cometer a extravagância maior, nos dias que correm, de defender o equilíbrio e os valores tradicionais?

No dizer de **Josef Pieper**, *o egoísmo é o nervo e o coração da luxúria como intemperança* (op. cit. p. 232), pois o sensual só tem olhos para o seu prazer.

Aqui é preciso distinguir a lúxuria (vício) e a castidade (virtude) como **(in) temperança** e como **(in)continência**. A incontinência é **fraqueza**, já a intemperança no sexo é **malícia**. A primeira supõe a falta de controle; a segunda a busca planejada. Pelo lado da virtude, a continência é uma mero **aguentar**, enquanto a temperança é a **pacificação dos sentidos**, ordenados pela razão.

Os **legalistas** intentam, no campo da moral, estabelecer listas detalhadas e abrangentes do que se pode ou não fazer. A Ética Clássica, por contraste, reconhece as peculiaridades de cada indivíduo e não se apega a casuísticas, mas a princípios que apontam para o **cume das virtudes**, sem se perder em descrever o **fosso dos vícios**.

Esse cume não é inatingível e proporciona uma visão límpida e integral da realidade humana, capaz de satisfazer em sua plenitude e simplicidade o instinto de felicidade que existe no homem: *Só quem olha o mundo com olhos limpos é que consegue reconhecer a sua beleza; só quem tem um coração puro é que poderá rir livremente* (**Josef Pieper**, op.cit. p. 239). O **homem animal** não consegue captar e compreender o **mundo do espírito** e nem sequer saborear o mundo e a beleza sensível em sua integralidade.

Com efeito, o homem animalizado pela intemperança se deixa dominar pelos instintos comuns ao animal. Para um **leão**, a vista, o olfato e a audição só servem para destacar a presença do objeto de seus desejos: a gazela e a leoa, o gosto e o tato. Os "pensamentos" mais elevados de um **macaco** são no que poderá "comer", literal ou figurativamente: a banana e a macaca.

O homem animal perdeu a capacidade de **contemplar a beleza** de uma paisagem, de uma pintura, de uma sinfonia e até de um rosto ou corpo humano, pois **só pensa em consumir** e o que é mais rés do chão.

Há alguns anos o objeto de ataque de pais e educadores era a **televisão**, cuja programação cada vez mais deletérea constitui **elemento mais deformativo** do que construtivo de uma personalidade equilibrada. Hoje a **internet**, que dá acesso às mais depravadas manifestações de animalidade, faz da TV uma bomba convencional, perto do poder destruidor e corruptor da Web, de dimensão atômica.

Exercer a **liberdade**, quando se **vicia** em sexo internáutico, novelesco, solitário ou motelesco, passa a ser **luta de Titãs**: só a muito custo se sai do **atoleiro**. E mais cedo ou mais tarde, tanto homens e mulheres que nele mergulharam, sentem o desejo, mas carecem de força, para sair do **lamaçal**.

Dizia S. **Josemaría Escrivá** que *a gula é a vanguarda da impureza* (*Caminho*, nº 126) e que *o pudor e a modéstia são os irmãos menores da pureza* (op. cit. nº 128).

Com efeito, o **caminho** que conduz aos **piores atentados** contra o próprio corpo e à vida alheia **começa** pelas **pequenas intemperanças**: a falta de controle no garfo faz desejar, depois, prazeres mais fortes; o *dar de galinho(a)*, pavoneando-se de dotes intelectuais ou corporais, só serve para expor aos *ataques dos(as) gaviões(ãs)*; descontrolado o apetite sexual, que busca sua satisfação *hic et nunc*, a defesa e a prática do **aborto** passam a ser o derradeiro recurso para desvencilhar-se do fruto natural da união sexual, quando ***camisinha*, pílula ou *DIU* falharam** ou não se usaram.

Não é difícil chegar à conclusão, no que diz respeito à **temperança**, que o **prazer** é **meio**, colocado na natureza animal e humana, para a consecução de **fins existenciais**, e que o ponto de **equilíbrio** está em **não desvincular meios de fins**.

Assim, o natural é **comer para se alimentar**, ou seja, para o sustento corporal e a auto-conservação. A **gula** é o **excesso no comer e no beber**, quando a alimentação já não é mais necessária: embota a alma, engorda o corpo, conduz à preguiça e à luxúria.

Já a **castidade**, virtude a ser vivida não só por solteiros, mas também por casados, é aquela que coloca o sexo no seu lugar: dentro do **matrimônio** e **aberto aos filhos**.

Com efeito, quem não desenvolve o **auto-domínio** próprio da temperança antes do casamento, dificilmente o terá depois, para viver a **fidelidade** matrimonial. Quantos casamentos desfeitos, famílias separadas, órfãos de pais vivos não são fruto da **falta de luta pela aquisição da virtude na adolescência**?

> *Todos sabemos por experiência que podemos ser castos, vivendo vigilantes, frequentando os Sacramentos e apagando as primeiras chispas da paixão, sem deixar que ganhe corpo a fogueira. É precisamente entre os castos que se contam os homens mais íntegros, sob todos os aspectos. E entre os luxuriosos predominam os tímidos, os egoístas, os falsos e os cruéis, que são tipos de pouca virilidade* (S. **Josemaría Escrivá**, *Caminho*, nº 124).

Chama a atenção, ao ler as obras de **J.R.R.Tolkien**, quer seja *O Senhor dos Anéis*, quer seja *O Silmarillion*, *O Hobbit* ou outra delas, que o tema do **sexo** não encontre guarida. Os livros narram feitos heróicos, grandezas e misérias dos personagens, mas neles não se vê desvios morais nesse campo. Fala-se de **amor**, mas não como sinônimo de sexo (conceitos sinonimizados pela cultura moderna) e sim como sentimento que abrange a **pessoa por inteiro**, alma e corpo. Daí a capacidade de **contemplar a beleza** na suas múltiplas manifestações.

Um tema que tem se destacado ultimamente entre os problemas enfrentados no ambiente profissional, e que tem sido objeto de disciplinamento legal é o do **assédio sexual**. É o problema de não se viver no trabalho a virtude da pureza ou castidade.

> *"A castidade significa a integração correta da sexualidade na pessoa e com isso a unidade interior do homem em seu ser corporal e espiritual. A sexualidade, na qual se exprime a pertença do homem ao mundo corporal e biológico, torna-se pessoal e verdadeiramente humana quando é integrada na relação de pessoa a pessoa, na doação mútua integral e temporalmente ilimitada, do homem e da mulher"* (Catecismo da Igreja Católica, nº 2337).

Quando se concebe o sexo desvinculado de sua **finalidade natural**, de **união amorosa permanente entre os cônjuges** e de **transmissão da vida**, busca-se o prazer como fim e não como meio de se cumprir as naturais exigências da espécie. Daí que a corrupção seja o fruto amargo dessa busca desordenada do prazer.

Assim, o(a)s colegas ou subordinado(a)s, no trabalho, passam a não ser visto(a)s como pessoas, mas como corpos. De um lado, a **covardia** do homem que ocupa um cargo de chefia e se aproveita dele para satisfazer sua **incontinência**, causando traumas psicológicos muitas vezes irreparáveis. De outro, a ausência do exercício do **pudor** por parte da mulher, que expõe o homem a um estímulo e excitação contínuos à atividade sexual: é a saia curta demais, é o decote cavado, é a ausência de indumentária que se tornam provocantes, com ou sem a intenção de sê-lo.

Para a mulher, uma boa forma de se garantir contra assédios no trabalho é cuidar do modo de vestir ao ir trabalhar. Elegante e bem vestida, sim; provocante e parcamente coberta é imprudência. Depois, não é de estranhar as conseqüências. É significativa a observação de duas senhoras, na fila de um banco, ao ver entrar uma moça quase despida: ***"E depois prendem o Mike Tyson!"*** (fazendo menção à condenação do conhecido pugilista, por atentado sexual em circunstâncias que muito atenuariam a pena, pela conduta leviana da própria "vítima"). Viver o pudor é manter essa tendência natural de defender o domínio sobre a própria intimidade, não a expondo desnecessariamente. Aliás, o pudor não diz respeito apenas ao corpo, mas também à alma, pois os sentimentos e recordações pessoais estão sujeitos a essa **reserva de intimidade**, que não se abre a qualquer um (Cfr. **Ada Simoncini**, "O Pudor", Quadrante – 1991 – São Paulo.

5. A SOBRIEDADE NO COMER E NO BEBER

Aproveitando os exemplos da obra tolkieniana, o máximo de intemperança que se pode ver nos *hobbits* é a **apreciação da boa mesa**, mas bem ao estilo do **banquete platônico**: boa comida e cerveja, mas, principalmente, boa conversa e amigos. Não há a malícia que se nota em livros e novelas modernas.

E porque isso? Porque a **intemperança** da cultura moderna está fazendo as pessoas ficarem no epidérmico e banalizarem o sublime: toma-se uma coca-cola e *transa-se* com a garota que se acabou de conhecer, como se tudo estivesse no mesmo nível.

Sociedade do **superficial**, das **aparências**, das **sensações**, que já não alcança a essência, a substância, a realidade das coisas. No fundo, sociedade do **descartável**. E quem gosta de ser descartado? Da sua casa, do seu emprego, dos seus projetos e sonhos? No entanto, **o intemperante é o que descarta**: a mulher por outra, os amigos que já não servem, os valores que não se viveram, os ideais que se trairam.

No campo da temperança, especialmente quanto à virtude conexa da **sobriedade**, que trata do meio-termo no campo do **comer e beber**, parece que os principais personagens de *O Senhor dos Anéis* de **Tolkien** não a vivem devidamente.

Os *hobbits* tem um apreço todo especial por uma **boa refeição**, mas, pela lepidez de seus movimentos, precisam mesmo de muita energia acumulada.

Voltando à análise aristotélica da virtude da temperança, notamos que o **tato** parece ser o sentido mais tosco do ser humano. No entanto, é o que caracteriza mais propriamente a **sensibilidade**. Com efeito, um homem pode sobreviver se é **surdo** ou **cego**, ainda que seu mundo interior passe a ser muito mais limitado. No entanto, se perde o tato, que é o **sentido da dor**, passa a estar indefeso frente àquilo que o pode destruir.

A **dor**, portanto, é um sinalizador. Ninguém se queixa de dor, no seu estrito senso, por não ver ou ouvir algo, mas sim quando o corpo sente o frio ou calor excessivo, substâncias alérgicas ou instrumentos cortantes, reações químicas derivadas do descontrole orgânico.

Ora, a **dor** tem o seu **papel** na educação do homem no campo das virtudes. A virtude da **paciência** é justamente aquela que nos ensina a **saber padecer**. O doente é chamado de **paciente**, tanto porque é o que padece, quanto porque se espera que enfrente sua enfermidade com fortaleza, já que a paciência é parte dessa virtude.

Para a **saúde de corpo**, os antigos prescreviam basicamente **dietas alimentares**, que supunham justamente a **moderação no comer e beber**. S. **Tomás de Aquino**, nesse diapasão, chega a afirmar que o **jejum** é imposto, muitas vezes, como **preceito de lei natural** (*Summa Theologiae*, II-II, q. 147, art. 3). Não tem, portanto, caráter exclusivamente penitencial, mas principalmente de resgate da **alegria de ânimo**, pela própria leveza de corpo e alma.

De fato, o excesso no comer e beber conduz ao **embotamento da alma**. A gravidade da intemperança nesse campo só se manifesta quando se ultrapassa o limite que faz **perder o controle da razão e dos sentidos**: o motorista que, alcoolizado, atropela um e agride outro, física ou verbalmente, pode não ter culpa imediata do que fez, mas tem **culpa mediata**, ao não ter se controlado na bebida.

6. A TEMPERANÇA NO TRABALHO

Viver a virtude da temperança no trabalho é não caip-num dos 2 extremos: a **indolência** ou o ***workaholics***.

Dizia Mestre **Sam Gangee** (cf. *Senhor dos Anéis*) que *"o trabalho que mais custa a terminar é aquele que nunca se começa"*. Muita sabedoria nessas palavras.

O extremo oposto é a pessoa viciada no trabalho; **polarizada no trabalho**; a pessoa que vendeu a alma ao trabalho. A temperança é a virtude da **moderação**. O perigo do trabalho está em fascinar a pessoa a ponto de, pelo prestígio, poder ou saber que traz, levá-la a entregar-se de corpo e alma ao trabalho, esquecendo dos outros valores que lhe estão acima.

Viver a temperança no trabalho liga-se umbilicalmente a viver a **ordem** no trabalho, pautando-se por uma **hierarquia de valores**. Em primeiro lugar, **Deus**; em segundo lugar, a **família**; em terceiro lugar, o **trabalho**. Sacrificar a família pelo trabalho é investir num futuro infeliz: não há sucesso profissional que compense um fracasso familiar. Um casamento desfeito, pelo egoísmo de uma dedicação desmedida ao trabalho, ou o desencaminhamento de um filho, pelo esquecimento do pai, preocupado mais com sua carreira profissional, são realidades conhecidas e que, para os que as viveram, acabam trazendo uma frustração para a qual não há consolo possível: apenas o mergulhar ainda mais no trabalho, para esquecer o que se perdeu.

Viver a temperança no trabalho é saber que os **instrumentos** de que dispomos para o trabalho são meios e não fins, devendo, portanto, ser usados com moderação e **desprendimento**. Uma mentalidade perigosa que pode se infiltrar é a de que, se é a empresa que paga ou se é o Estado quem arca com as despesas, o negócio é "aproveitar"! Ora, a temperança, o desprendimento e a 'pobreza' não se vivem por motivos econômicos, mas por motivos ascéticos: a moderação se exercita justamente quando se tem os meios à disposição e não por não tê-los.

Assim, podemos lembrar muitos **exemplos práticos de desprendimento no trabalho**: Não escolher os pratos mais caros num almoço de negócios ou "assaltar" o frigobar do hotel, já que é a empresa que paga a conta; saber trabalhar com o mesmo empenho, mudando talvez a estratégia, quando o computador está fora do ar ou falta a caneta, o caderno, o celular ou o carro que utilizávamos para o trabalho; não esticar o horário que devemos permanecer na empresa, porque a tarefa que desenvolvemos nos é atrativa e as obrigações que nos esperam em casa talvez não o sejam tanto; etc.

Enfim, a temperança no trabalho é, fundamentalmente, reconhecer que o trabalho é **serviço** e não meio de auto-afirmação, de realização pessoal egoísta ou de aquisição de poder e dinheiro. Sendo meio, deve ser encarado dentro dessa ordem de valores, que dão o equilíbrio necessário para o desempenho eficaz de qualquer tarefa ou trabalho ao qual nos dediquemos.

Gosto de lembrar que a origem latina da palavra **ministro** (que vem de *ministrare*, servir) é **servidor**. Se alguém deve ser o servidor por excelência, esse é o ministro.

Se, por um lado, se pode pecar por excesso, polarizando-se no trabalho, pode-se também pecar por defeito, deixando-se levar pela **preguiça**. Vencer a inércia do real, das tarefas que aguardam o nosso empenho, é algo que exige esforço e sacrifício contínuos: *"Nenhum ideal se torna realidade sem sacrifício"* (S. **Josemaría Escrivá**, "Caminho", ponto 175).

O problema é que o preguiçoso não está disposto a fazer qualquer sacrifício por seus ideais. Não é que não os tenha. Na verdade, é um sonhador: *"Os desejos consomem o preguiçoso"* (Prov. 21, 25). Trabalha com mentalidade de se refestelar no que faz: vai fazendo pouco e devagar, para não se cansar. E sua falta de espírito de sacrifício faz com que nunca alcance o que desejaria ter. E acaba acomodando-se com o que tem e com o que é, quando se esperaria muito mais dele, pelos talentos que tem (cfr. **Francisco Faus**, "A Preguiça", Quadrante - 1993 - São Paulo).

7. CONCLUSÃO

O ideal formativo platônico da **paidéia** tinha como base a **harmonia entre razão e instintos**: o equilíbrio interior, pelo domínio racional dos apetites sensíveis.

Quem não se sente atraido por uma pessoa equilibrada? Quem não gostaria de sê-lo? Para isso, faz falta o esforço diário por dizer que não ao que nos puxa para baixo.

Como nas empresas que colocam num painel o número de dias **sem acidentes no trabalho**, podemos ter o nosso painel de combate para adquirir hábitos de auto-domínio e equilíbrio interior, que dão paz à alma: tantos dias sem capotagens, por exemplo, no campo da bebida e do sexo, mantendo os instintos dentro dos limites do física e moralmente saudável.

Em que pese estarmos, sob tal prisma, mais num enfoque de continência do que de temperança, é um modo de tornar **esportiva** a luta pela aquisição das virtudes: desejo de **quebrar recordes**, até ter como adquirido o hábito da temperança e a personalidade equilibrada, com **pleno domínio de si e das situações**.

Na verdade, é preciso não esquecer que só se alcança a virtude quando se chega a captar no âmbito prático a **beleza do comportamento virtuoso**. O conceito aristotélico de *areté*, principalmente no que diz respeito à temperança, está muito ligado a um certo sentido estético, de bom-gosto, **bom-gosto da racionalidade**. Vai muito além do simples auto-domínio útil.

Assim, a **virtude enraizada** não se confunde com mero auto-domínio titânico ou equilíbrio instável, mas se percebe num **agir firme, fácil, agradável e com estabilidade extrínseca**, de alguém que adquiriu uma segunda natureza pela prática da virtude (cfr. **Giuseppe Abba**, *"Felicidad, Vida Buena y Virtud"*, Eiunsa - 1992 - Barcelona, p. 271).

O contrário, o **domínio das paixões** sobre a racionalidade, está magnificamente retratado no *"Senhor dos Anéis"*, quando *Gandalf* explica a *Frodo* os efeitos que o *Um Anel*, tão cobiçado por todos, provoca na pessoa:

> *"Um mortal, Frodo, que possuir um dos Grandes Anéis não morre, mas também não se desenvolve ou obtém mais vida; simplesmente continua, até que no final cada minuto é puro cansaço. E, se usa o Anel com freqüência para se tornar invisível, ele* ***desaparece****: torna-se no fim invisível permanentemente, e anda no crepúsculo sob o olhar do poder escuro que governa os anéis. Sim, mais cedo ou mais tarde – mais tarde se essa pessoa for forte ou tiver boa índole no início; mas nem a força nem bons propósitos durarão -, mais cedo ou mais tarde o poder escuro irá dominá-la".*

A pessoa que não vive a temperança e que se deixa dominar pelo apetite sensível acaba **escrava das paixões**, que é a pior das escravidões: a bebida, o sexo, o dinheiro, o prazer passam a ser seus únicos motores, tornando-a um **espectro de ser humano**, enfastiada de vícios que já não satisfazem, mas que não consegue largar.

Estas linhas são apenas um ponto de partida para a reflexão sobre o que vale a pena fazer para chegar ao **equilíbrio e paz interior**, condição necessária até para usufruir mais e melhor do mundo criado. Fica para o próximo artigo a análise da **temperança no campo do amor-próprio**, plasmada na **virtude da humildade**, à qual se opõe o **vício da soberba**. Para tal estudo, a obra tolkieniana se mostra superlativamente abundante de exemplos.

Capítulo XV

SOBERBA E HUMILDADE: A GRANDEZA E MISÉRIA HUMANA

1. INTRODUÇÃO – TEMOS CONTROLE SOBRE NOSSO DESTINO?

Na Segunda Guerra Mundial, os Aliados acreditavam que **bombardeando** as fábricas e fontes de energia da Alemanha poderiam levar à falta de suprimentos e ao **colapso** do regime nazista, o que encurtaria a guerra. No entanto, a relação entre o custo e o benefício dessa estratégia não se mostrava animadora: cerca de 25% dos aviões que partiam em missão eram **abatidos** pelos caças ou baterias anti-aéreas inimigas e um tripulante de B-17 ou B-24 tinha que cumprir **35 missões** para estar liberado e voltar para casa. Assim, para os pilotos, navegadores, artilheiros e bombardeadores americanos, a perspectiva era **bem pouco esperançosa** de se sair vivo da guerra.

O que os tripulantes de um B-24 mais temiam era a ***flak***, a artilharia anti-aérea alemã: quando enquadrava um esquadrão de bombardeiros, **muitos aviões eram atingidos** e, com uma boa dose de sorte, conseguiam saltar de paraquedas, passando o resto da guerra como prisioneiros dos alemães. A maioria, no entanto, explodia junto com seus aviões. Nesse clima, a **percepção da impotência** na condução da própria existência, bem como da **dependência recíproca** e de um **Poder mais elevado** era quase física. Assim descreve **Stephen Ambrose** as reações dos membros da tripulação do ***Dakota Queen***, pilotado por **George McGovern** (posteriormente senador e ex-candidato à presidência americana), na missão do dia 16 de dezembro de 1944, para bombardear as refinarias de petróleo de Brux, na Tchecoslováquia (mesmo dia do contra-ataque alemão nas Ardenas):

> *"McGovern* pôs o Dakota Queen *em formação numa clareira da cobertura das nuvens, mas* 'de repente sumiu tudo'. *A formação inteira estava voando dentro das nuvens. McGovern manteve a sua posição, a de número três, mas ao chegar acima das nuvens descobriu que o avião da posição dois voava à mesma altitude, mas à sua esquerda. Eles haviam se cruzado.* 'Eu **fiquei gelado ao ver aquilo**'. *Ao perceber a situação, o piloto do líder perguntou pelo rádio:* 'O que é que está havendo aqui?'. *McGovern gesticulou para o outro piloto subir enquanto o* Dakota Queen *descia, e eles se cruzaram novamente até chegar à posição correta.* 'Aquele foi o momento em que estive mais perto de morrer, levando comigo a tripulação (10 homens) e o nosso bombardeiro', *disse McGovern. Ele tremeu de medo e de* 'saber **quão pouco controle temos sobre nosso destino** quando o tempo está no comando. Entre as nuvens não havia nada que se pudesse fazer exceto rezar, porque não dava para

> ver absolutamente nada'. *Nesta ocasião, Rounds* (o co-piloto) *disse a McGovern:* '**Deus tomou conta de nós**'.
> *"O* flak *sobre Brux foi intenso.* 'Eles puseram aquela coisa lá em cima', *nas palavras de McGovern,* 'quase como se um artista a tivesse desenhado'. *McGovern tinha a impressão de que os artilheiros alemães estavam ficando melhores a cada ataque.* 'Aqueles obuses estavam chegando cada vez mais perto de nós'. *Ele rezou* '**muitas orações durante aquele bombardeio, uma coisa que fazíamos instintivamente**'. (*"Azul Sem Fim"*, Bertrand Brasil - 2007 - Rio, p. 162) (negritos não constantes do original).

A percepção do **pouco controle que temos sobre o nosso destino**, o que levava os membros das tripulações dos bombardeiros americanos a **rezar instintivamente**, é uma captação das mais antigas da humanidade. **Platão**, ao desenvolver o seu projeto educativo (*paidéia*) na obra *As Leis*, dizia que o homem seria um **fantoche** nas mãos de Deus ou dos instintos (nº 645B). A **paidéia** seria a direção da vida humana pelo fio do ***logos***, manejado por Deus, em vez do homem se deixar levar pelos instintos (cfr. **Werner Jaeger**, *"Paidéia"*, Martins Fontes - 2003 - São Paulo, p. 1315).

2. A CONDIÇÃO CRIATURAL DO HOMEM

A visão de fantoches é **poética**, para retratar uma realidade palpável: a de que não temos controle sobre os fios que governam nossa vida. Prezamos muito nossa **liberdade e auto-determinação**, mas nem temos tanta liberdade assim, pois realmente, quem se deixa levar pelas paixões se torna **escravo dos instintos**, nem conseguimos dar o **rumo que gostaríamos** à nossa vida.

Com efeito, a sensação que McGovern teve, de **ficar gelado** ao perceber que acabara de escapar da morte por um triz, é mais comum do que imaginamos. Quem não se sentiu assim, após escapar de um acidente de carro, ao marcar um gol milagroso diante de uma defesa impenetrável (ou defender uma boa indefensável, ou mesmo levar um "frango" inexplicável), ao ser guindado a um cargo ou posição inesperada por confluência de fatores favoráveis (ou, pelo contrário, fracassar, quando fez tudo direito)?

Não posso me esquecer do dia em que, numa **excursão**, nos idos de 1983, saia do Rio Maranhão, na fronteira norte do Distrito Federal, e, ao subir a encosta da margem num dia chuvoso, senti algo escorregando por entre minhas pernas: era uma **cascavel**, que, pega de surpresa, não havia tido tempo de armar o bote. Pulei por cima dela, que escorregou em direção ao rio. Na hora, tive a presença de espírito de reagir rapidamente, afastando-me e avisando o resto do pessoal para voltar para o rio e subir mais à frente. Mas, passada a adrenalina momentânea, também gelei ao pensar sobre como e do que havia escapado.

Todas essas experiências e as que cada um traz na memória estão a nos lembrar nossa condição de **criaturas**, ou seja, de **seres contingentes** e não senhores do seu destino. Experiências que servem para desenvolver em nós a tão mal compreendida e, por que não dizer, humilhada virtude da **humildade**. Digo humilhada, porque despojada pela cultura moderna de toda a sua grandeza e importância.

Expliquemo-nos. A palavra que hodiernamente se usa na linguagem comum para falar de uma pessoa **apoucada, pobre, tímida** e pouco relevante na escala social é que é uma **pessoa humilde**. Nada mais distante do que seja a **virtude da humildade**.

S. **Tomás de Aquino** definia a **humildade** como a virtude pela qual nos avaliamos da maneira que corresponde à realidade. Faz parte da virtude da temperança, porque supõe encontrar o **ponto de equilíbrio para o amor-próprio** (cfr. *"Suma Teológica"*, II-II, q. 161, art. 6; q. 162, art. 3, ad 2). **Josef Pieper** destaca que o vício oposto à humildade é a **soberba**, que, mais do que uma falta para com os homens (julgar-se melhor e superior aos demais), é a **negação**, contrária à realidade, da relação de dependência da criatura para com o Criador: *"é um desconhecimento da* ***criaturalidade*** *do homem"* (*"Virtudes Fundamentais"*, Editorial Áster - 1960 - Lisboa, pp. 268-269).

3. A SOBERBA

A **soberba** é um dos sete pecados capitais, sendo também conhecida como **orgulho**. Distingue-se da **vaidade** pelo seu aspecto mais interior e profundo. Dizem que o **orgulhoso** é aquele que tem tanta convicção de sua superioridade sobre os demais homens que não precisa alardeá-la. Já o **vaidoso**, não tendo tanta certeza e vivendo a opinião alheia, procura em tudo e com todos mostrar suas virtudes, feitos e qualidades... Parece, este último, defeito feminino, mas é muito mais comum nos homens, pois a **vaidade intelectual** supera a **vaidade física**. Característico é o comentário do escritor narcisista: *"Já falamos muito de mim: Chega! Agora, falemos um pouco de você: O que você achou do meu último livro?"*.

Mas fiquemos inicialmente no **orgulho** e na **soberba**, que retratam a nossa aparente grandeza e real miséria.

Na obra de **J.R.R. Tolkien**, especialmente nos *"Contos Inacabados de Númenorë e da Terra Média"*, o conto da Ilha de Númenorë, à semelhança da lenda de Atlântida, é das melhores descrições da evolução da **soberba**, plasmada na dinastia dos reis numenorianos, cada vez mais prepotentes e distanciando-se do tradicional culto à Divindade. Assim podemos resumir essa evolução, em seus passos mais significativos (baseado na **sinopse** dessa obra, que fizemos em nosso *"O Mundo do Senhor dos Anéis"*, Martins Fontes - 2006 - São Paulo, pp. 79-100):

a) Em *"O Silmarillion"*, **Tolkien** desenvolve as bases de sua **mitologia inglesa**, descrevendo de forma poética a **criação do mundo** e a **origem do mal** sob a imagem de um **Deus Único** (*Eru* ou *Illúvatar*) que cria seres puramente espirituais (os *Ainur* ou *Vala*) e lhes dá uma **tema de música** para desenvolverem conjuntamente, sendo que um deles (*Morgoth* ou *Melkor*), por **soberba**, deseja desenvolver seu próprio tema e não se submeter à vontade de seu Criador, separando-se dos demais, e passando a ter como propósito da existência destruir tudo aquilo que os demais *Vala* (que seriam comparados aos deuses da mitologia antiga) vão construindo na esteira da música proposta por *Illúvatar*.

b) Assim, a estória da **Primeira Era da Terra Média** é a estória da **luta entre o bem e omal**: entre *Morgoth* e os demais *Vala*, da qual participam as principais criaturas inteligentes de *Illúvatar*, ou seja, os *elfos* (seres corpóreos não sujeitos à morte natural) e os *homens* (seres mortais). Essa Era termina com a vitória dos *Vala* sobre *Morgoth*, mas com a destruição da região de *Beleriand*, onde se haviam construído os principais reinos dos *elfos*, invadida pelo mar.

c) A estória da **Segunda Era da Terra Média** se desenvolve especialmente nos *"Contos Inacabados de Númenorë e da Terra Média"* e começa com os *Vala*, como recompensa pelos sofrimentos que os *homens* haviam passado na luta contra *Morgoth*, preparando-lhes uma **ilha entre a Terra Média e Aman**, denominada ***Númenorë***, para a qual se dirige *Elros* (primeiro rei da ilha) e os descendentes das principais casas humanas (passando a compor o povo dos *dúnedain*, de notável longevidade). No entanto, aos numenorianos, os *Vala* impõem, além da **mortalidade**, a **"interdição" de navegarem para o Oeste**, para as Terras Imortais.

d) Assim, no princípio de seu reinado, os reis numenorianos reinavam em *Armenelos* (sua capital) e prestavam o **culto divino** na montanha de *Meneltarma*. Com o passar do tempo, a monarquia numenoriana vai se tornando **poderosa e navegante**, conquistando partes do litoral da Terra Média e participando da **Primeira Guerra contra *Sauron***, braço direito de *Morgoth* e continuador de seus pérfidos desígnios de dominação e destruição da obra criadora de *Illúvatar*, que se havia feito passar por emissário dos *Vala* diante dos *elfos*, os quais forjaram os **anéis do Poder**, com a ajuda de *Sauron*, que, por sua vez, forjou o **Um Anel**, para a todos dominar.

e) A **decadência** de Númenorë começa pela **arrogância** de seus reis, que antes iam à Terra Média para ajudar os homens que lá ficaram, passando a **oprimi-los com tributos**, trazendo para Númenorë ouro e prata. Começam a desejar ir para *Aman*, **rebelando-se contra seu destino mortal** e **falando abertamente contra os *Vala***. Formam-se **dois partidos**: os homens do rei (contrários aos *elfos*) e os "fiéis" (que buscam preservar a amizade com os *elfos*). Quanto mais aumenta a soberba e ambição dos reis numenorianos e seu apego à vida, mais diminui seu tempo de vida. Os últimos reis começa a perseguir os "fiéis" e **já não mais reverencia *Illúvatar* na *Meneltarma*.**

f) O último rei numenoriano é *Ar-Pharazôn*, que se torna o **mais poderoso e arrogante de todos os reis de Númenorë**. Seu desejo de grandeza leva-o a armar uma grande frota, com a qual dirige-se à Terra Média para enfrentar *Sauron*. Desembarcando com seu poderoso exército em Umbar, intimida *Sauron*, que decide submeter-se a *Ar-Pharazôn*, de modo a conquistá-lo para os seus propósitos. *Sauron* vai para Númenorë como prisioneiro, mas acaba se tornando o principal conselheiro do rei, convencendo-o de que **o verdadeiro Senhor do Mundo seria *Morgoth*, a quem deveriam prestar culto, para obterem a libertação da morte**.

g) *Ar-Pharazôn* constrói um **grande templo em honra de *Morgoth***, no qual oferece sacrifícios humanos, perseguindo dessa forma os "fiéis". *Amandil*, descendente dos senhores de *Andúnië*, decide descumprir a ordem real e a interdição dos *Vala* e viajar para o Ocidente, para tentar obter nova salvação através dos *Vala*. Avisa os filhos para ficarem preparados para fugir de Númenorë quando a desgraça vier.

h) *Ar-Pharazôn*, convencido por *Sauron*, decide enfrentar os *Vala*, armando uma grande frota. Quando chega com ela à terra de Aman, ***Illúvatar*** provoca uma **grande fenda no mar que traga toda a frota de *Ar-Pharazôn***, separando para sempre a terra abençoada, do restante do mundo. Quando a armada dos numenorianos havia zarpado para Aman, Elendil, filho de Amandil, e seus dois filhos *Isildur* e *Anárion*, fogem de Númenorë numa pequena frota, em direção à Terra Média, escapando, assim, da **destruição de Númenorë, que é tragada inteira pelas águas**. *Sauron*, com o desastre de Númenorë, perde pela 2ª vez a forma corpórea.

A **estória de Númenorë** é a história da **ascensão e queda do orgulho humano**, bem retratada pela música popular brasileira, na *"A Banca do Distinto"*, de **Billy Blanco**:

> *"Não fala com pobre, não dá mão a preto, não carrega embrulho.*
> *Prá que tanta pose doutor?*
> *Prá que esse orgulho?*
> *A bruxa que é cega, esbarra na gente, a vida estanca.*
> *O infarto te pega doutor, acaba essa banca.*
> *A vaidade é assim, põe o tonto no alto, retira a escada,*
> *fica por perto esperando sentada,*
> *mais cedo ou mais tarde ele acaba no chão.*
> *Mais alto o coqueiro, maior é o tombo do tonto*
> *afinal, todo mundo é igual, quando o tombo termina,*
> *com terra por cima e na horizontal".*

4. A HUMILDADE

Pensando no **antídoto** contra a **soberba, orgulho e vaidade**, que é a virtude da **humildade**, chama a atenção, folheando as páginas do Evangelho, que a única virtude em relação à qual **Cristo** se coloca expressamente como **modelo**, não apenas no lava-pés, é justamente a virtude da humildade (de um Deus que se faz homem, despojando-se do apanágio da divindade, para conviver com os homens):

> *"Vinde a mim, vós todos que estais aflitos sob o fardo, e eu vos aliviarei. Tomai meu jugo sobre vós e recebei minha doutrina, porque eu sou manso e humilde de coração e achareis o repouso para as vossas almas. Porque meu jugo é suave e meu peso é leve"* (Mt 11, 28-30).

Todo o livro do *"Senhor dos Anéis"*, obra-prima de **J.R.R. Tolkien**, é uma **ode à humildade**, no mais genuíno espírito cristão: *"Aquele que se exaltar será humilhado, e aquele que se humilhar será exaltado"* (Mt 23, 12); *"Derrubou do trono os poderosos e exaltou os humildes"* (Lc 1, 52). A vitória sobre todo o **orgulho e prepotência** de ***Sauron***, o Senhor das Trevas, só é possível pela confiança de ***Gandalf*** nas mais humildes e fracas, do ponto de vista físico, das criaturas inteligentes da Terra Média: os ***hobbits.*** A aparente pequenez dos habitantes do *Condado* não deixava perceber toda a sua **fibra moral**.

Pensando em outro paladino da humildade e da grandeza moral, lembro que, numa entrevista sobre o Fundador do Opus Dei, poucos anos após o falecimento daquele, o **Bispo de Leeds** relembrava que quando pediu a S. **Josemaría Escrivá** (1902-1975) um retrato seu de lembrança, ele lhe deu um pequeno burrico de madeira. E o bispo disse que o colocou sobre a lareira de sua residência: *"Olho para ele quando estou me tomando muito a sério".*

Tomar-nos muito a sério é darmo-nos muita importância. É dar muita importância ao que nos acontece. E aí o orgulho sobe e se acende à menor desatenção de que somos objeto. Daí a importância da virtude da humildade para se **viver e trabalhar com eficácia**.

S. **Teresa de Ávila** (1515-1582) dizia que ***"a humildade é a verdade"***. A verdade sobre nós e o mundo. Diante de Deus, que é o Criador, nós somos nada. Essa a verdade que não podemos esquecer.

A imagem do burrico representa plasticamente como devemos ser no trabalho:

> *"Pensai nas características de um burro, agora que vão ficando tão poucos. Não no burro velho e tosco, rancoroso, que se vinga com um coice traiçoeiro, mas no burrico jovem: as orelhas estiradas como antenas, austero na comida, duro no trabalho, com o trote decidido e alegre. Há centenas de animais mais formosos, mais hábeis e mais cruéis. Mas Cristo se fixou nele, para apresentar-se como rei ante o povo que o aclamava"* (S. **Josemaría Escrivá**, *"É Cristo que Passa"*, nº 181).

Guimarães Rosa, em seu conto *"O Burrinho Pedrês"* captou bem essa realidade ao dizer que: *"A estória de um burrinho, como a história de um homem grande, é bem dada no resumo de um só dia de sua vida"* (*"Sagarana"*, Editora Nova Fronteira - 1997 - Rio, p. 18). A descoberta do acadêmico brasileiro é a da grandeza da vida corrente. Os grandes feitos não são possíveis se se descuida do ordinário.

Mons. **Escrivá** apontava para as várias facetas da vida de um burrico que deveriam nos servir de exemplo:

> *"Bendita perseverança a do burrico de nora! - Sempre ao mesmo passo. Sempre as mesmas voltas. - Um dia e outro; todos iguais. Sem isso, não haveria maturidade nos frutos, nem louçania no horto, nem teria aromas o jardim. Leva este pensamento à tua vida interior"* (*"Caminho"*, ponto 998).

5. GRANDEZAS E MISÉRIAS NO MUNDO DO TRABALHO

O nosso trabalho diário não é diferente desse dar voltas em torno da nora, para mover a roda de água ou triturar a cana-de-açúcar nos moinhos. Todos os dias temos umas tarefas concretas para fazer, uma **rotina de trabalho** que se repete e que, aos poucos, vai construindo a nossa vida profissional e as obras nas quais nos empenhamos. As grandes obras são fruto de uma pedra em cima da outra.

Quando nos virmos assim, como um burrico de nora, o nosso trabalho será eficaz. Em primeiro lugar porque estaremos dispostos a **aprender de tudo e de todos**. Sem o orgulho de nos acharmos infalíveis ou superiores.

Um dos defeitos que mais atrapalha no **ambiente de trabalho** é **a vaidade e o orgulho exacerbados**. É o subordinado que não aceita receber uma bronca do superior, pois sempre acha que está certo. É o superior que não admite um erro, e mantém uma decisão desacertada, mesmo percebendo que os demais têm razão. É o colega que se ofende com qualquer comentário, como se fosse ofensivo, levando tudo para o campo pessoal. É o outro que só fala das suas realizações, dos seus trabalhos, como se fossem a coisa mais importante do mundo...

O problema do vaidoso e do orgulhoso é que se colocam numa **vitrine**, e depois **a cobrança externa é proporcional à aparência da imagem que forjaram**, e a queda é proporcional à altura do pedestal em que subiram. **Os nervosismos, as angústias e as preocupações** que surgem quando se deve estar à frente de um empreendimento são fruto, muitas vezes, desse valorizar-se excessivamente. A insegurança ao falar ou presidir pode vir de se estar contemplando continuamente, como num espelho. E não é possível ser, ao mesmo tempo, **protagonista** e **espectador**. São dois programas que não rodam simultaneamente na cabeça! Ao concentrarmos a atenção em nós mesmos, esquecemos o ***"scripti"***.

A preocupação com a própria imagem é o que tira a paz e as forças de tantas pessoas no trabalho: *"Será que o chefe está satisfeito comigo?"; "O que estarão pensando de mim os meus colegas?"; "Será que agradei?".*

O nosso trabalho deve ser **intenso** e não... **tenso**. A tensão vem justamente dessa **preocupação com a própria imagem**. Só quando estivermos desapegados da própria imagem, pois o que importa é o que Deus pensa de nós e o serviço que estejamos prestando aos demais, é que teremos a tranqüilidade para trabalhar em qualquer ambiente ou situação, por mais adversa que se apresente num determinado momento. Só quando **nos aceitarmos tal como somos**, com defeitos e limitações, é que não teremos a preocupação (que desgasta) de querer mostrar uma **imagem que não corresponde à realidade** (que mais cedo ou mais tarde será desfeita).

Certas pessoas, no trabalho, portam-se como se estivessem em academias de musculação: não apenas pela forma de vestir, mas, principalmente, por estarem como que contemplando num espelho os próprios movimentos. É como dizia um "malhador" inveterado: *"É difícil render sem espelho e sem música"*. Como se a nossa vida fosse um filme épico ou video-clip, com telão e trilha sonora!

A epopéia deve ser a do dia-a-dia: *"transformar a prosa diária em decassílabos, verso heróico"* (S. **Josemaría Escrivá**, *"É Cristo que Passa"*, ponto 50). O heroísmo está justamente nessa **descoberta do valor das pequenas coisas**, do realizar bem as pequenas tarefas de cada dia. Não pensar que o nosso dia tem seus momentos importantes - uma entrevista, uma cerimônia, um evento extraordinário - e que o resto é apenas recheio. Se não damos importância ao pequeno, nunca estaremos preparados para receber a responsabilidade pelo grande.

O primeiro Vigário Regional do Opus Dei no Brasil, Mons. **Francisco Xavier de Ayala**, costumava dizer que **todas as atividades** que fazemos durante o dia, por mais prosáicas que fossem, poderiam ser consideradas como um **trabalho** e, como tal, deveriam ser santificadas, sendo realizadas com a maior perfeição possível. Assim, ao acordar, saber arrumar bem a cama, como se fossemos camareiros de hotel. Fazer a barba de manhã como um verdadeiro barbeiro. Procurar dirigir no trânsito com a suavidade e perícia de um bom taxista, que deve satisfazer o cliente e fazer com que o carro dure o máximo possível. E assim por diante.

Dar importância às **coisas pequenas**, às pequenas tarefas de cada dia, valorizando-as, faz com que tenhamos uma **visão mais realista do mundo** e, em conseqüência, não fiquemos frustrados ou paralisados diante dos erros e desacertos que vemos à nossa volta (Cfr. **J. Malvar Fonseca**, *"Coisas Pequenas"*, Quadrante - 1996 - São Paulo). Há pessoas que, diante das manchetes de jornal que mostram a corrupção no governo, a violência na cidade, a degradação dos costumes, entram em depressão e perdem o ânimo para reagir e realizar o trabalho concreto que lhes compete. Outros, partem para cruzadas quixotescas, pensando que seus atos ou realizações irão deixar marcas indeléveis na sociedade.

6. CONCLUSÃO - VISÃO REALISTA E OTIMISTA DO MUNDO

Ora, não podemos nem ficar desanimados com o mundo como ele está (não existem tempos melhores ou piores... existe o tempo em que Deus nos colocou para viver), nem pretender ser **gerentes do mundo**, querendo consertar tudo o que vemos de errado à nossa volta (não somos o modelo da sabedoria ou da perfeição).

Como dizia **Arnold Toynbee**, ao invés de olhar para o macrocosmos, cuja situação talvez nos oprima, olhemos para o microcosmos interior e percebamos que a fonte dos desacertos do mundo está em nós mesmos, no pecado pessoal: se combatemos este, que é possível para nós, estaremos contribuindo enormemente para reverter o quadro de degradação moral que vemos na sociedade:

> *"Ele experimenta, afinal de contas, a mesma crise que seus semelhantes em sua comum provação de vida numa sociedade em desintegração; entretanto, o que é para os outros um obstáculo, para ele é um supremo desafio. Quando o* élan *de desenvolvimento numa sociedade sadia parece ter desaparecido, o indivíduo passivo perde seu domínio sobre os mares*

> *ignotos do Universo; mas a reação alternativa para esta sensação de perda de controle não é olhar para o exterior, para um macrocosmo mergulhado em pecado, mas olhar dentro de seu íntimo e reconhecer a derrota moral como um fracasso de autodomínio. Este senso de pecado pessoal apresenta o mais agudo contraste imaginável com a passiva sensação de deriva; pois, quando a sensação de deriva tem o efeito do ópio, instilando na alma uma insidiosa aquiescência a um pecado que se acredita estar nas circunstâncias externas, para além do controle da vítima, a sensação de pecado tem o efeito de um estímulo, porque conta ao pecador que o mal não é externo, afinal de contas está em seu íntimo, e portanto sujeito à sua vontade"* (*"Um Estudo da História"*, Martins Fontes e Editora da UnB – 1987 – São Paulo, p. 260).

Dar importância ao pequeno e não nos darmos tanta importância, esse é o **segredo da humildade** que devemos ter no trabalho, na família e no relacionamento social. Nossa grandeza está justamente na **aceitação das condições concretas em que vivemos**. Em vez de **viver esperando** as **COTP** (Condições "Ótimas" de Temperatura e Pressão), como aquele amigo que sonhava com a mulher ideal (misto de Miss Brasil com Madre Teresa de Calcutá), o trabalho ideal (Presidente do Brasil sem responsabilidade pelo que diz ou faz), filhos ideais (obedientes, inteligentes, bonitos, dignos da vitrine do colégio, faculdade ou trabalho), patrimônio ideal (duplex no Leblon, Casa de Campo em Tiradentes, Fazenda em São Paulo, iate, jatinho e um apartamento de suporte em Paris), amigos ideais (sintonia total e ao seu gosto) e perfil pessoal ideal (misto de São Tomás, com o Ten. Dick Winters do *"Band of Brothers"*, Cap. Jack Aubrey do *"Mestre dos Mares"*, Min. Moreira Alves do STF e Charlon Heston, de tantos épicos como *"Ben-Hur"*, *"El Cid"* e tantos outros, unindo santidade, coragem, sagacidade e inteligência, com pinta de galã), o que só existe no Hiperurânio de Platão, **aceitar e agradecer** as **CNTP** (Condições Normais de Temperatura e Pressão) nas quais se pode estar vivendo (trabalhando, no entanto, com paciência para melhorá-las): mulher mais gordinha, velhinha, feinha e chatinha; filhos aborrecentes; trabalho desinteressante e estafante (ou desempregado); amigos-da-onça (interesseiros, furões e muitas vezes desleais) e o *euzinho* intragável (vaidoso, sensual, preguiçoso e um pouco limitado de cabeça).

Capítulo XVI

AS GRANDES AMIZADES

1. INTRODUÇÃO

Este é o título do mais conhecido livro escrito por **Raïssa Maritain** (1883-1960), esposa do notável filósofo francês **Jacques Maritain** (1882-1973), falando da **intelectualidade católica francesa** do começo do século XX e da estreita amizade que existia entre seus integrantes (cfr. *"As Grandes Amizades"* , Agir - 1947 - Rio de Janeiro, tradução de Josélia Marques de Oliveira, publicado originalmente em 1941). Obra que tanto influenciou a minha juventude e a do Ministro **Antonio José de Barros Levenhagen**, com quem ingressei no Tribunal Superior do Trabalho em 1999, iniciando fraterna amizade.

O que unia tão intensamente aqueles homens e mulheres de que **Raïssa Maritain** nos conta a história não era apenas compartilhar os **mesmos gostos e preferências**. Isso explica as amizades. O que faz nascer as ***Grandes Amizades*** é a **comunhão dos mesmos valores intelectuais e morais** e o desejo de **difundir a fé** que se possui.

É o que explica as grandes amizades decantadas na literatura, entre **John Ronald Reuel Tolkien** (1892-1973) e **Clive Staples Lewis** (1898-1963), entre **Gilbert Keith Chesterton** (1874-1936), **Hilaire Belloc** (1870-1953) e **George Bernard Shaw** (1856-1950), entre **Antoine de Saint-Exupéry** (1900-1944), **Henri Guillaumet** (1902-1940) e **Jean Mermoz** (1901-1936)... entre o elfo **Legolas** e o anão **Gimli**: algo inimaginável (dentro da lógica do mundo fantástico da Terra Média concebido por **Tolkien**), ao ponto daquele conseguir introduzir este na *Terra Abençoada de Aman*, em face da profunda amizade que se estabeleceu entre ambos (cfr. **J.R.R. Tolkien**, *O Senhor dos Anéis*, Volume Único, Martins Fontes - 2001 - São Paulo, p. 1145).

2. A AMIZADE NA VISÃO INTUITIVA DE SAINT-EXUPÉRY

O **nascer de uma amizade** é bem descrito e radiografado por **Antoine de Saint-Exupéry**, no estilo platônico dos diálogos, em sua pequena grande obra ***"O Pequeno Príncipe"*** (Gallimard - 1946 - Paris; Agir - 1979 - Rio de Janeiro), especialmente no Capítulo XXI, em que se desenvolve o diálogo entre o **Pequeno Príncipe** e a **Raposa** (aqui transcrito em seus melhores momentos):

> *"E foi então que apareceu a raposa:*
> *- Bom dia, disse a raposa.*
> *- Bom dia, respondeu polidamente o principezinho (...) Quem és tu? (...)*
> *- Sou uma raposa, disse a raposa.*
> *- Vem brincar comigo, propôs o principezinho. Estou tão triste...*
> *- Eu não posso brincar contigo, disse a raposa. Não me cativaram ainda (...)*
> *- Que quer dizer cativar? (...)*
> *- Tu não és daqui, disse a raposa. Que procuras? (...)*
> *- (...) Eu procuro amigos. Que quer dizer cativar?*
> *- É uma coisa muito esquecida, disse a raposa. Significa criar laços.*
> *- Criar laços?*
> *- Exatamente, disse a raposa. Tu não és ainda para mim senão um garoto inteiramente igual a cem mil outros garotos. E eu não tenho necessidade de ti. E tu não tens necessidade de mim. Não passo a teus olhos de uma raposa igual a cem mil outras raposas. Mas, se tu me cativas, nós teremos necessidade um do outro. Serás para mim único no mundo. E eu serei para ti única no mundo...*
> *- Começo a compreender, disse o principezinho. Existe uma flor... eu creio que ela me cativou...*
> *- Vês, lá longe os campos de trigo? (...) O trigo é para mim inútil (...) Mas tu tens cabelos cor de ouro. Então será maravilhoso quando me tiveres cativado. O trigo, que é dourado, fará lembrar-me de ti (...) Por favor... cativa-me!*
> *- Bem quisera, disse o principezinho, mas eu não tenho muito tempo. Tenho amigos a descobrir e muitas coisas a conhecer.*
> *- A gente só conhece bem as coisas que cativou, disse a raposa. Os homens não têm mais tempo de conhecer coisa alguma. Compram tudo prontinho nas lojas. Mas como não existem lojas de amigos, os homens não tem mais amigos. Se tu queres um amigo, cativa-me!*
> *- Que é preciso fazer?, perguntou o principezinho.*
> *- É preciso ser paciente, respondeu a raposa. Tu te sentarás primeiro um pouco longe de mim, assim, na relva. Eu te olharei com o canto do olho e tu não me dirás nada. A linguagem é uma fonte de mal-entendidos. Mas, cada dia, te sentarás mais perto... (...) Se tu vens, por exemplo, às quatro da tarde, desde as três começarei a ser feliz. (...) Descobrirei o preço da felicidade! Mas se tu vens a qualquer momento, nunca saberei a hora de preparar o coração... É preciso ritos.*
> *- Que é um rito? Perguntou o principezinho.*
> *- É uma coisa muito esquecida também, disse a raposa. É o que faz com que um dia seja diferente dos outros dias; uma hora, das outras horas.*
> *(...) Assim, o principezinho cativou a raposa. Mas, quando chegou a hora da partida, a raposa disse:*
> *- Ah, eu vou chorar (...) Adeus, disse a raposa. Eis o meu segredo. É muito simples: só se vê bem com o coração. O essencial é invisível para os olhos. (...) Tu te tornas eternamente responsável por aquilo que cativas.*

O principezinho, como se vê, procura amigos porque **está triste**. A amizade é, em primeiro lugar, **fonte de alegria e de consolo**. É com os amigos que nos podemos **abrir e desafogar**, encontrando quem nos quer bem e compreende. Temos **necessidade** deles. *Vae solis*, diziam os romanos: *ai dos sós!*

Mas para isso é preciso **cativar** (*apprivoiser*) os amigos, **ganhar** as pessoas, transformá-las de conhecidas em **amigas**. Senão, não é possível essa **abertura, confiança e procura mútua**. Para isso, a raposa ensina o caminho: é preciso **ter**

paciência e **investir tempo**. Sem **doação** de nós mesmos aos outros, não é possível fazer amigos. **Doação desinteressada**, que só quer o bem do outro. E, como dizia **S. João da Cruz**, *onde não há amor, se coloca amor e se tira amor.*

O diálogo no original é atrativo e vale a pena frisar suas frases antológicas:

> – *Je ne puis pas jouer avec toi, dit le renard. Je ne suis pas apprivoisé (...).*
> – *Qu'est-ce que signifie* apprivoiser?
> – *C'est une chose trop oubliée, dit le renard.* Ça signifie créer des liens *(...) Si tu m'apprivoises, nous aurons besoin l'un de l'autre. Tu seras pour moi unique au monde. Je serai pour toi unique au monde...*

A **necessidade mútua** estabelece a **procura do amigo** nos momentos de alegria e de tristeza, porque a alegria compartilhada aumenta e a tristeza dividida diminui.

Os amigos são únicos: os grandes amigos se contam nos **dedos das mãos**, e é capaz de sobrar dedos. Como o bom vinho, **quanto mais antiga, mais saborosa é a amizade**, e mais fraterna.

Correndo o risco de pecar por omissão (como sempre ocorre nas *nominata* de sessões de posse e cerimônias solenes, e por isso já pedindo *veniam et poenitentiam*), posso referir as amizades daqueles que conheci ao chegar a Brasília, há 30 anos, como as de **Paulo, Gilmar, Guilherme, Walton**... E daquelas que fui fazendo ao longo desses anos brasilienses, entre as quais se destacam **Fran, Gáudio, Leo&Mari, Júlia&Rodrigo**... Há os amigos de infância (meio esquecidos, pela distância): **Robson** e **Fernandinho**. E há os amigos de alhures, como **Ted, Roberto, Pedro e Mônica**...

Todos, no dizer de **Nelson Rodrigues**, são *velhos amigos*, pois a amizade não se mede só pelo tempo, mas pela **intensidade e profundidade**. Buscamos sempre novos amigos, não só se os antigos não correspondem ou se distanciam (o que ocorre não poucas vezes e determina o coeficiente de reposição...), mas pela tendência humana natural a *des amis a découvrir et beaucoup de choses a connaître*, como dizia o *Petit Prince*. O ideal seria **fazer de cada colega um amigo**, de verdade, querido, compreendido. Isso depende, no entanto, da **correspondência** do outro e do tempo de que dispomos para o **convívio** mais próximo.

Em nossa Corte, o **TST**, criou-se o costume de **almoçarmos juntos** durante a semana. Compartilhar as refeições é das coisas que mais unem os homens. Não é por menos que, apesar de alguns debates mais acalorados que possam surgir durante os julgamentos, o reencontro na hora do *pranzo* recompõe os valores e se percebe que o principal é o **convívio fraterno** entre todos nós. Como dizia **Nelson Rodrigues**, *o amigo é o acontecimento, o resto é paisagem...* (e vejam que a do restaurante dos ministros do TST é belíssima, com a vista do lago Paranoá...).

A **expectativa do encontro** com cada **amigo do peito** é sempre excitante e já enche o coração de alegria:

> *– Si tu viens, par exemple, à quatre heures de l'après-midi, dès trois heures je commencerai d'être heureux.*

A **separação** e a **distância** é causa de dor, mas a certeza de que se tem um **ponto de referência**, um **exemplo** e um **porto seguro** ao qual retornar em momentos de tormenta, é um dos ingredientes mais aprazíveis e fortalecedores da amizade (sem esquecer que, nos dias de hoje, o correio eletrônico encurta as distâncias e aproxima as pessoas). Isso fica mais do que assentado na antológica conclusão do citado capítulo do *Petit Prince*:

> *– Tu deviens responsable pour toujours de ce que tu as apprivoisé.*

Somos eternamente **responsáveis** pelos nossos amigos. Nesta vida e pensando na outra. Se, na perspectiva cristã, a amizade é o âmbito próprio do **apostolado**, ou seja, de fazer dos nossos amigos amigos de Deus, então **todo encontro é apostólico**: nossa presença e conversa pode afastar ou aproximar de Deus.

Até **fofocar** pode ter seu estilo apostólico, quando se sabe que ninguém é melhor do que ninguém, que todos temos defeitos... Só a Bailarina, do **Chico Buarque**, é que não tem...

Para **Saint-Exupéry**, seus colegas aviadores **Guillaumet** e **Mermoz** eram **os amigos**, os pontos de referência e de convergência, os exemplos de pessoa humana. Todos os três morrerão em missões de combate, ainda jovens, na 2a. Guerra Mundial. Uma amizade curta, profunda e eterna, lembrada nos difíceis tempos em que prosperou, no *Terra dos Homens* (Nova Fronteira - 2006 - São Paulo).

3. A AMIZADE NA VISÃO ANALÍTICA DE ARISTÓTELES

Enquanto **Platão** filosofava através de seus diálogos (ao estilo do que vimos no *Pequeno Príncipe*), levando o ouvinte ou leitor a inferir das situações concretas as normas e condutas mais desejáveis, **Aristóteles** desenvolvia, em seus escritos, uma análise pormenorizada das questões que se propunha a estudar, dissecando conceitualmente os fenômenos, de modo a tornar mais compreensível a realidade. É o caso da análise que faz da **amizade**, tratada especialmente nos **Livros VIII e IX** do *"Ética a Nicômaco"*.

Para servir de norte às considerações que faremos neste artigo, apresentamos o seguinte resumo tópico dos referidos livros, que mostra bem o **valor** que os antigos davam à **amizade** e como **Aristóteles** faz derivar essa **virtude** daquela relativa à **justiça** (o que aparecer em *itálico* no resumo é transcrição literal ou termo grego):

Livro VIII

1) A **amizade** (*filia*) é uma **virtude** e constitui uma das exigências mais imprescindíveis da vida: ninguém optaria por viver sem amigos, mesmo que possuísse todos os outros bens. E com amigos, conseguimos todos os outros bens. A amizade seria o vínculo que une o Estado.

2) O que desperta a amizade e o amor é a **bondade**, **utilidade** ou o **prazer** que o outro pode proporcionar. A **afeição**, quando é recíproca, se torna **amizade**, desde que haja mútuo **conhecimento dessa benevolência recíproca**.

3) As amizades fundadas na **utilidade** e no **prazer não são verdadeiras e duradouras amizades**, uma vez que cada um só busca o **proveito próprio** (os jovens o prazer e os velhos as vantagens). *A **forma perfeita de amizade*** é aquela entre indivíduos bons e mutuamente semelhantes em matéria de virtude, uma vez que **amam o amigo por si mesmo e desejam o seu bem**.

4) A amizade fundada no **prazer** e, entre homem e mulher, no **amor sexual**, tende a diminuir quando se envelhece e murcha a beleza do ser amado. E a fundada na **vantagem** quando não se extrai mais nada do chamado amigo. Esse tipo de amizade pode existir **entre homens maus** e entre **homens bons com maus**, mas não impera entre os bons, que fundam a amizade em mais sólido apoio. Os homens bons são **amigos absolutamente**, porque querem uns aos outros pelo que são. Os **homens maus** ou que buscam apenas prazer ou vantagem em relação aos outros são **amigos acidentalmente**. Daí se percebe como a palavra ***amigo*** pode ser empregada em sentidos diversos e para situações diferentes, que não caracterizam perfeitamente a amizade.

5) A amizade corresponde tanto à **disposição virtuosa** (ser amigo) quanto à **prática virtuosa** (conviver com o amigo). A **falta de convivência** pode levar à **diminuição da amizade**: *muitos encontram o fim da amizade por falta de conversação com o amigo*. A **mútua aceitação**, quando não se busca a mútua companhia, representa mais o **bom relacionamento** do que a amizade. As **pessoas velhas e rabugentas** não se prestam às amizades, pela dificuldade que os demais têm de conviver com elas. Enquanto o **afeto** é uma **emoção**, que se pode sentir até por uma coisa, a **amizade** é uma **disposição estabelecida**, que só se pode ter com pessoas, pela reciprocidade da afeição.

6) Não é possível ter **muitos amigos** no sentido estrito da palavra, como também não é possível estar apaixonado por mais de uma mulher, pois a amizade supõe **convivência mais estreita** e maior afinidade de interesses. Pessoas detentoras de poder tem mais **bajuladores** que amigos, que lhes dão prazer ou vantagem, mas não verdadeira amizade.

7) Há um tipo de amizade que implica **superioridade de uma parte sobre outra**, como é aquela entre pais e filhos, velhos e jovens, marido e mulher, mandante e mandado. Nelas o **afeto** será **proporcional** à condição de cada parte, mas não segundo a justiça. Daí que, quando a **distância** é muito grande, torna-se mais difícil a amizade.

8) A maioria dos homens está **mais preocupada em receber do que conceder** afeto. Por isso lhes agradam os bajuladores, que, por sua vez, esperam receber vantagens futuras dos poderosos. No entanto, *na sua essência a amizade parece **consistir mais em dar do que em receber afeto***, como se vê com as mães em relação aos filhos, que gozam só de ver os filhos prosperando, independentemente da correspondência. Assim, **o que distingue um bom amigo é o afeto que nos tem**. Isso é o que torna **duradoura** uma amizade. Amigos verdadeiros não se conferem préstimos que sejam moralmente degradantes. Já os **homens maus** não conseguem permanecer leais nem a si mesmos, quanto mais aos outros.

9) A amizade está ligada à virtude da **justiça**, pois supõe a **reciprocidade no afeto**. Daí que *o cometimento da falta se torna crescentemente mais grave proporcionalmente ao grau de intimidade da amizade*. Em **toda parceria** encontramos **direitos mútuos** e algum **sentimento de amizade**: os militares e os membros de uma associação chamam uns aos outros de **"meu amigo"**. Desde as associações menores, como a **família** e as **agremiações profissionais**, até o **Estado**, as relações entre os homens deve ser de **amizade**, o que deve ser fomentado pelo legislador.

10) Os **Estados** podem ser constituídos em **monarquias** (governo de um só), **aristocracias** (governo dos melhores) e **timocracia** (governo dos que tem renda), onde, se os governantes estão bem atendidos em suas necessidades, estarão voltados à busca do **bem comum**. A **degeneração** dessas formas de governo gerará a **tirania** (governo de um só), **oligarquia** (governo de uns poucos) e **democracia** (governo de todos), nas quais os governantes tem como preocupação a satisfação de seus **próprios interesses**. Na própria **sociedade familiar** se poderão verificar essas formas de governo: **monarquia** no governo do pai sobre os filhos, **aristocracia** na divisão de tarefas entre marido e mulher, **timocracia** no escalonamento de autoridade entre os irmãos conforme a idade, **tirania** na centralização de poderes nas mãos do marido e **democracia** quando ninguém manda na casa e todos fazem o que querem.

11) Em cada forma de governo há um **grau de amizade e justiça** entre quem governa e quem é governado, sendo Deus, a pátria e os pais maximamente merecedores de afeto, pelo débito maior que se tem com eles. Nas **formas corrompidas de governo**, torna-se quase **inexistente a amizade** entre governantes e governados, pois aqueles usam estes como instrumentos, sem se preocupar com o seu bem. Não existe amizade entre **senhor e escravo**, enquanto escravo (por ser objeto), mas pode haver enquanto ser humano (por ser pessoa).

12) *Os **pais** amam os filhos como partes de si mesmos, ao passo que os **filhos** amam seus pais como a fonte de sua existência. Os **irmãos** se amam por pertencerem à mesma fonte, uma vez que sua identidade com ela os torna idênticos entre si. A amizade entre irmãos é também grandemente estimulada por sua educação comum e idade semelhante. A **amizade conjugal** parece existir por força do instinto, uma vez que o ser humano é, por natureza, um animal que acasala, ainda mais do que um animal político, na medida em que a **família** é uma instituição mais antiga e mais fundamental do que o **Estado**.* No animal, a união dos sexos é apenas para a **procriação**; no homem também para a **mútua ajuda**. Os filhos ajudam a cimentar essa união.

13) Na amizade fundada na **utilidade** surgem **queixas** de que não se recebe tanto quanto se dá. Nesse tipo de amizade, não há **doações**, mas **favores**, que se espera ver retribuídos e na mesma moeda. Já na amizade fundada no **prazer**, se faltar este, simplesmente cessa a amizade. Só na amizade fundada no **bem** do outro não há queixas ou rupturas.

14) Na amizade entre **rico e pobre**, ao primeiro se tributa honra e ao segundo se dá vantagem pecuniária. Num **Estado**, quem não colabora com o bem público, não pode esperar vantagem pessoal. Nas relações entre **superiores e inferiores** e entre **pais e filhos**, a **retribuição** dos segundos será de acordo com sua **possibilidade** e não segundo o merecimento dos primeiros.

Livro IX

1) As amizades baseadas em **qualidades particulares** dos amigos são **efêmeras**, ao passo que as fundadas no **caráter** (*ethon*) tendem a ser **duradouras**. A quem cabe fixar o que é devido a cada um? Ao credor ou ao devedor? Como quem interesse é que sabe o quanto está disposto a pagar, o **valor** dos bens deve ser fixado pelo **devedor**, segundo a lei da oferta e da procura.

2) A nenhuma pessoa cabe **deferência ilimitada**. Regra geral, deve-se antes **saldar as dívidas** do que prestar favor aos amigos, se não for possível fazer ambas as coisas. Devemos **dar a cada um o que lhe cabe**, diferenciando segundo o **grau de proximidade** e de **mérito**.

3) Uma amizade pode ser **rompida** quando os amigos **mudam seu modo de ser**, se era fundada na utilidade ou no prazer, mas seria crime gravíssimo se se desse a entender que era fundada no bem-querer da pessoa e depois se rompe. Se a mudança é de caráter, não se deve abandonar a amizade, mas ajudar o amigo a se recuperar. Apenas se a corrupção do amigo é **irrecuperável** é que se justificará o **rompimento** da amizade. Já no caso da diferença ser de formação entre amigos de infância, a **distância intelectual ou moral** pode **dificultar** grandemente a continuidade da amizade.

4) *Um amigo é definido como alguém que deseja e promove através da ação o bem real ou aparente de um outro indivíduo (...) alguém que faz companhia ao outro, e alguém que deseja as mesmas coisas que ele deseja, ou alguém que compartilha as alegrias e tristezas do outro (...) O amigo é como* ***um outro eu*** *(....) a amizade de grande intensidade* ***assemelha-se à auto-estima*** *(...)*pois *o* ***homem bom*** *deseja sua própria companhia, pois frui estar sozinho visto que dispõe de memórias agradáveis do pretérito e boas esperanças para o futuro.* Já o **homem mau** vive dilacerado entre a virtude que admira e o vício no qual está atolado, perdendo a auto-estima e buscando a companhia dos outros para esquecer de suas angústias.

5) A **boa vontade** parece ser o início da amizade, tal como o prazer do olhar é o começo do amor. Ninguém se apaixona antes de se sentir atraído pela beleza, mas é possível deleitar-se com a beleza alheia sem necessariamente estar apaixonado; alguém está apaixonado somente se experimentar saudade da pessoa amada. A amizade surge com o **afeto**, que nasce da **benevolência** em relação a quem se percebe seu **valor e virtude**. No caso do **prazer e utilidade**, não há benevolência, mas apenas concupiscência.

6) A **concórdia** entre as pessoas é outro elemento da amizade. **Não significa consenso de opinião**, mas capacidade prática de chegar a um acordo, por terem o interesse no bem comum.

7) Tem **maior amor** pelo amigo o **benfeitor** do que o **beneficiado**, quer humanamente, por poder esperar retribuição futura, enquanto o favorecido tem memória curta, quer por ser **mais trabalhoso**, e portanto mais meritório, dar que receber.

8) Em princípio, o homem não deve amar nenhum ser humano mais do que a si mesmo, mas o parâmetro máximo da amizade é **amar tanto quanto a si mesmo**. O *amante de si mesmo* no sentido pejorativo é aquele que busca primeiro para si os prazeres, dinheiro e honras. Mas o **homem virtuoso** é aquele capaz de **dar a vida pelos amigos**, porque *toma a porção maior de nobreza moral para si mesmo.*

9) Perguntando-nos sobre se os amigos são necessários para a felicidade, conclui-se que, da mesma forma que as **virtudes** são o **maior bem interno** que podemos adquirir, os **amigos** são o **maior bem externo** que se pode ter. Daí se conclui que **o homem feliz necessita de amigos**, até para manifestar sua benevolência. Como a **felicidade** não é só um estado, mas **atividade**, as **ações boas do amigo** causam alegria a si mesmo, pois a atividade e alegria do homem bom ficam potenciadas pelas ações dos amigos, com os quais convive e **compartilha o diálogo e a comunicação de seus pensamentos** numa vida prazerosa, fundada na virtude.

10) Não é possível ter um número muito grande de amigos, pois será difícil conviver mais íntima e diuturnamente, e a amizade exige essa convivência mais estreita. Pessoas de muitos amigos não são reais amigos de ninguém. *Uma amizade intensa só é possível com poucas pessoas.*

11) Precisamos dos amigos tanto na **adversidade** quanto na **prosperidade**. Na tristeza, para ter consolo; na alegria, para compartilhá-la. E a maior felicidade da pessoa é a **companhia dos amigos**, com os quais realiza muitas de suas atividades: **beber e fazer esporte, estudar e filosofar**.

Resumindo o próprio resumo, poderíamos dizer que, para **Aristóteles**, as notas distintivas da verdadeira **amizade** seriam:

a) a **admiração pela excelência alheia** (especialmente moral), que atrai e faz desejar a amizade;

b) o **mútuo afeto**, com cada um dos amigos querendo fundamentalmente **o bem do outro**;

c) a **afinidade de gostos, valores e ideais**, que aproximam, identificam e tornam amigas as pessoas, despertando o bem-querer recíproco;

d) a **convivência habitual**, de modo a que os laços de afeição não se vão tornando tênues;

e) a **troca de atenções e afeição**, nas múltiplas manifestações de amor, cortesia, deferência e ajuda que se notam entre os amigos;

f) o **compartilhamento de alegrias e tristezas**, que consola e anima, fortalece e faz a vida mais feliz.

Como se verifica a teoria na prática? Pinçamos, por gosto pessoal, dois grupos de **amigos franceses** (os de Saint-Exupéry e de Raïssa Maritain) e dois de **amigos ingleses** (os de Chesterton e de Tolkien). E elegemos um da **ficção**, que tanto nos tem atraido ultimamente, servindo de paradigma até para o trabalho no Gabinete, paralelo à labuta num navio de combate, onde a união de todos é o segredo da vitória e da sobrevivência.

4. AS GRANDES AMIZADES DE RAÏSSA MARITAIN

O elemento de aglutinação das **grandes amizades** decantadas por **Raïssa Maritain** foi **Léon Bloy** (1846-1917), com quem ela e seu noivo **Jacques Maritain** travaram contato durante o processo interior da conversão dos dois. Esse processo, terrível na sua coerência, mas fantástico na sua conclusão, começou pela **decepção** de ambos com o **racionalismo** reinante na **Sorbone** no começo do século XX, que apresentava aos jovens universitários franceses uma **visão de mundo puramente mecanicista e materialista** e, portanto, carente de um sentido mais elevado e profundo.

Assim começa **Raïssa** o capítulo III, em que fala de seu ingresso na Sorbone:

> *Dezessete anos! Apenas dezessete anos, e as mais profundas exigências do espírito e da alma já se fazem ouvir. Toda uma vida já foi vivida: a da infância, a da confiança ilimitada. Agora, eis a adolescência, com o seu cunho próprio: uma exigência total. A adolescência enfrenta, realmente, o universo, intima-o a comparecer, a prestar contas, a se explicar e a se justificar, pois já acusa a vida. Enfrenta os seus mestres, com um olhar límpido, um espírito ardente, as mãos bem abertas, vazias ainda de qualquer fruto de ciência ou de sabedoria, mas puras como o seu olhar* (p. 37).

Sentindo, pois, no coração uma sede de infinito e de perenidade, mas vendo a ausência de sentido para o mundo que lhes era apresentado nas aulas, decidem os dois jovens namorados, numa coerência extrema e terrível, que, se ao final de mais um ano de estudos, **não encontrassem respostas cabais** para suas **dúvidas existenciais**, iriam se **suicidar**, pois não valeria a pena viver.

Foi com esse espírito e decisão que se inscreveram nas aulas do Prof. **Henri Bergson** (1859-1941), que ensinava no *Collège de France*, ao lado da Sorbone, animados por um de seus primeiros amigos daqueles tempos: **Charles Péguy** (1873-1914). O **vitalismo** do professor, oposto ao racionalismo vigente, foi um sopro de ar puro na atmosfera intelectual rarefeita na qual estudavam.

Renascendo para a vida, travam contato, através de uma resenha de jornal, com o escritor **Léon Bloy**, que será, a partir de então, o centro aglutinador de um seleto grupo de amigos e escritores. A resenha é do livro *La Femme Pauvre*, em que **Léon Bloy** deixa frases antológicas, que retratam bem a sua vida:

> *Não se entra no Paraíso nem amanhã, nem daqui há dez anos, entra-se hoje, quando se é pobre e crucificado* (escrevia falando da alegria que encontrara na vida de escritor, cheia de necessidades econômicas e embates ideológicos em defesa da fé num mundo racionalista).
>
> *Só há uma tristeza, é de não sermos santos* (pensava em que não se dá para transformar e revolucionar o mundo se não se está disposto a mudar a si mesmo).

Raïssa e **Jacques**, impressionados com o romance, escrevem a **Léon Bloy** e enviam-lhe uma quantia de francos de ajuda financeira. Recebem carta datada de junho de 1905, com a qual começa uma grande e frutuosa amizade, na qual **Léon Bloy** termina:

> *Dentro de um mês terei 59 anos e ainda luto pelo meu pão, é verdade; mas mesmo assim socorri e consolei muitas almas e isso é para o meu coração um paraíso.*

Quanta sabedoria nesse parágrafo, quando pensamos que uma **vida sacrificada** gera muitos **frutos de felicidade para si e para outros**, pois não se fecha no egoísmo de se pensar apenas na própria excelência e bem-estar.

Bloy dedicará a **Raïssa**, a sua judiazinha querida, seu livro *La Salut par Les Juifs*, fazendo-o com as seguintes palavras, que tocam no fundo a alma de Raquel (que esse é o significado do nome russo Raïssa), levando-a, no futuro, ao batismo:

> *A*
> *Raïssa Maritain*
> *Dedico estas páginas*
> *Escritas para a glória católica*
> *ao Deus*
> *de Abrão*
> *de Isaac*
> *e de Jacó.*

As **novas amizades** vão se somando: **Ernest Psichari** (1883-1914), **Pierre e Christine Van Der Meer** e vários outros que seriam os intelectuais que revitalizariam o pensamento francês, europeu e mundial no século XX.

Os **valores cristãos**, que passam a ser o **cimento da amizade** entre esses jovens franceses, discípulos de **Léon Bloy**, são descobertos por **Ernest Psichari** em sua dimensão conformadora da própria **civilização ocidental** numa experiência singular. Desenganado em seu **amor não correspondido** pela irmã de **Jacques**, e desesperado pelas experiências amargas que tem a seguir, chega a tentar o suicídio. Acaba decidindo buscar na **disciplina militar** o meio de colocar ordem em sua vida, como escreverá no *L'Appel des Armes*: *Somos dos que têm sede de se submeter para se tornarem livres.*

Pois bem: será na **Legião Estrangeira**, nos desertos africanos, que se reencontrará consigo mesmo e se encontrará com Deus. E tudo começando pela **amizade** com **Mohammed Fadel**, um jovem mouro que o acompanhará numa longa missão pelo deserto e que impressionava **Psichari** pela sua fé e coerência de vida. *Um dia perguntou-me com verdadeira ansiedade se os franceses acreditavam num só Deus ou em três*, conta **Ernest** em seu *Les Voix qui crient dans le* Désert. Nesse momento se dá conta de que a civilização ocidental e o cristianismo estão umbilicalmente ligados e passa a falar ao amigo como quem vive aquilo que ainda não entende nem acredita. E lá, na solidão das areias infindáveis, tem tempo de sobra para **meditar na vida e em seu sentido mais profundo**. Convertido, paradoxalmente, por um muçulmano, à fé de seus pais, voltará para a França e acabará tombando nos campos de batalha da 1ª Guerra Mundial junto com **Charles Péguy**.

Nesses pouquíssimos exemplos tirados das memórias de **Raïssa**, cuja leitura se recomenda vivamente, se percebe como as **inquietações espirituais** são um terreno propício para se lançar raízes de grandes amizades, que crescem como árvores frondosas pela **comunhão de valores espirituais** e dão flores e frutos de crescimento como pessoas e de serviço real aos demais.

5. A LONGA E CONTURBADA AMIZADE ENTRE J.R.R.TOLKIEN E C.S.LEWIS

Amizade semelhante, cimentada não só pelos **gostos literários comuns**, mas pelos **valores cristãos compartilhados e defendidos**, é aquela que será vivenciada, com momentos de maior proximidade ou afastamento, durante 40 anos, por **J.R.R. Tolkien** e **C.S.Lewis**, tão bem retratada no livro de **Colin Duriez** *O Dom da Amizade* (Editora Nova Fronteira - 2006 - Rio de Janeiro, tradução de Ronald Kyrmse), como também na biografia do escritor sul-africano escrita por **Paulino Arguijo** (*Tolkien*, Ediciones Palabra - 1992 - Madrid).

Não é por menos que a obra prima de **Tolkien** *O Senhor dos Anéis* (publicada atualmente pela Martins Fontes em suas várias edições) só tenha sido concluída graças ao alento de **Lewis**, para quem **Tolkien** passava os originais, esperando suas críticas e opinião. Já **Lewis** se inspirou no mundo fantástico da *Terra Média* para criar as suas *Crônicas de Nárnia* (publicadas no Brasil pela Martins Fontes em 1997), com um mundo não menos fantástico, tendo ambas as obras sido recentemente levadas às telas do cinema, com milhões de espectadores se deliciando com as aventuras vividas nessas sagas, restauradoras de grandes ideais na alma de todos.

Cada um acabou figurando na obra do outro plasmado num personagem, que sintetiza bem o modo de ser do amigo: o jeito de ser, falar e pensar de **Lewis** está representado no **Barbárvore** da saga dos anéis. E **Tolkien** é, nitidamente, o Dr. **Elwin Ramson** das obras de ficção científica escritas por **Lewis**.

É interessante notar, na relação **Tolkien-Lewis**, a preocupação do primeiro na conversão do segundo de seu **ateísmo**. **Tolkien** havia recebido a **fé católica** de sua mãe **Mabel**, valorizando-a como seu **maior tesouro**, pois viu como custou para sua mãe vivê-la, em face das incompreensões e discriminações que sofreu, percebendo o valor que ela dava à sua fé.

A **fé** de **Tolkien** segue na linha direta da tradição da mais expoente figura do catolicismo inglês, que foi o Cardeal **John Henry Newman** (uma ótima biografia do Cardeal é *Newman: 1801-1890*, escrita por **José Morales Marin**, Rialp - 1990 - Madri). Como **Tolkien**, **Newman** foi **professor em Oxford** e, como *fellow* da Universidade, liderou o que ficou conhecido como o *Movimento de Oxford*, que pretendia encontrar no **anglicanismo** a **via média** entre o **catolicismo**, que consideravam inflexível e esclerosado, e o **protestantismo**, que lhes parecia flexível demais com doutrinas e ritos. A tarefa que **Newman** se propôs era a de demonstrar que o **cristianismo original dos primeiros tempos da Igreja** só havia sido preservado na **Igreja Anglicana**. Após 5 anos de estudos meticulosos dos primeiros escritores eclesiásticos - os denominados *Padres da Igreja* - chegava, no entanto e humildemente, à conclusão de que, não obstante falhas pessoais de clérigos e leigos que se pudessem encontrar na Igreja Católica, inclusive de papas, era ela que havia **preservado de forma miraculosa a doutrina original de Cristo** em seu **Credo**.

Newman pediu, então, com toda simplicidade, para ser admitido na Igreja Católica (o que ocorreu em 9 de outubro de 1845) e veio a fundar o **Oratório de S. Felipe Néri** em **Birmingham** (em 2 de fevereiro de 1849), no qual **Mabel** e sua irmã **May** serão recebidas, tendo o Pe. **Francis Xavier Morgan**, pároco do Oratório, não só ajudado a família **Tolkien**, mas educado **John Ronald** e **Hilary Arthur**, desenvolvendo neles as convicções morais e religiosas que viverão e defenderão até o final de suas vidas.

Tolkien conseguirá, através de sua amizade literária, trazer **Lewis** para a fé cristã, ainda que, apesar do esforço, não tenha conseguido fazer que passasse da Igreja da Inglaterra para a Igreja Católica. É certo que, no final da vida de ambos, haverá um **esfriamento** dessa amizade, motivado possivelmente por uma **decepção** de **Tolkien** com o amigo, achando que teria emulado seu mundo imaginário, sem reconhecimento referencial e com distorção conceptiva. Seria justo o aborrecimento de **Tolkien**?

De qualquer modo, **Lewis**, uma vez convertido, escreverá alguns livros de fantástica sabedoria, tais como *Mero Cristianismo*, *O Grande Abismo*, *O Sentido do Sofrimento* e, que nos interessa mais por agora, *Os Quatro Amores* (Martins Fontes - 2005 - São Paulo), no qual fala da **amizade**.

Os **quatro amores**, numa escala crescente de importância e densidade, seriam:

a) amor de complacência (ou afeição), quando alguma coisa ou pessoa nos agrada;

b) amor de concupiscência (ou *eros*), quando alguma coisa ou pessoa nos atrai e a queremos para nós;

c) amor de benevolência (ou caridade), unicamente pessoal, quando queremos não a pessoa para nós, mas o bem e felicidade do outro;

d) amor de amizade, que é a mútua benevolência ou bem-querer correspondido.

Ora, como já víamos acima, só há verdadeira amizade onde há **doação**. Daí que **Lewis** fizesse uma segunda distinção no campo do amor:

a) amor-necessidade, que todos temos, de sermos queridos e compreendidos;

b) amor-doação, que é a essência do amor, pela entrega sacrificada à pessoa amada, pois, do contrário, o que há é egoísmo e não amor.

Escreve **Lewis** que, na **relação do homem com Deus**, o amor do homem é amor-necessidade e o de Deus amor-doação. No entanto, como o binômio necessidade-doação é conformativo de todo amor humano, a correspondência do homem ao amor de Deus se plasma na **doação ao próximo por amor a Deus**.

Também lembra o insigne professor de Oxford que a amizade surge quando duas pessoas se **admiram** e descobrem que têm uma **visão das coisas** que, em parte, é **comum somente a elas**. E se essa amizade é verdadeira, o fato de encontrarem um **amigo comum**, com essa mesma visão, **não faz enfraquecer** a amizade entre ambos, mas ainda a reforça, pois a amizade não é possessiva, mas tende a estender-se a outros, sempre que possível.

Muito do que **Lewis** escreveu sobre o **amor** e o **sofrimento** nas verdadeiras amizades fica excepcionalmente retratado no filme ***Terra das Sombras*** (*Shadowlands* - 1993), em que o escritor inglês é representado pelo ator **Anthony Hopkins** e a escritora americana com quem desenvolve uma grande amizade - **Joy Greesham** - pela atriz **Debra Winger**.

6. A SINGULAR AMIZADE ENTRE G.K. CHESTERTON E G. B. SHAW

Ao pensar na **singular amizade** que se desenvolveu entre **Gilbert Keith Chesterton** e **George Bernard Shaw**, lembrei-me dos 2 anos em que trabalhei na assessoria jurídica do Presidente **Fernando Henrique Cardoso**, no Palácio do Planalto (1997-1999), passando por não menos singular experiência.

Ao ter de debater com senadores e deputados no Congresso os projetos de lei enviados pelo governo, ao me apresentar, ouvia amiúde o seguinte comentário: ***"Você é filho do Ives? Gosto muito de seu pai; sou amigo dele!"***. O comentário, com essas ou semelhantes expressões, era feito por **parlamentares dos mais diferentes partidos e linhas ideológicas**, do governo e da oposição, o que me fez buscar uma explicação para o fenômeno, já que meu pai, em seus artigos, palestras e conferências, sempre foi contundente ao defender seus pontos de vista.

E encontrei a resposta na **forma** como sempre se relacionou com as pessoas: **atacava as idéias** que entendia equivocadas, mas **prestigiava as pessoas** que as defendiam, no que tinham de nobre e idealista. A **atenção** que tinha com todos, especialmente os mais simples, a quem chamava de *"professor fulano... professora fulana"* (quando perguntavam o porquê do título, recebiam como resposta que *sempre aprendia alguma coisa com eles*), talvez dê uma pista para compreender esse **amplo bem-querer**.

Divirto-me ainda ao ver minha mãe, quando meu pai chama pessoas que ela nem conhece, de *grande amigo*, revidar: ***Ives, grandes amigos temos poucos na vida!*** Ao que meu pai contesta que no seu caso é diferente. Chego à conclusão de que tem **dilatado o coração** (sempre cheio de detalhes para com todos, sem esquecer do que lhe dizem ou pedem, o que sempre me admirou).

Essas reminiscências, como dizia, vêm-me à cabeça ao pensar na **amizade** que se estabeleceu entre **Bernard Shaw**, renomado escritor inglês, e aquele que seria seu eterno **algoz** intelectual, **G.K. Chesterton**, notável jornalista e polemista, com amplo círculo de amizades, bem descritas por **Luis Ignácio Seco** (*Chesterton - Un Escritor para todos los tiempos*, Ediciones Palabra - 1997 - Madrid).

O bem-querer entre **Chesterton** e **Shaw**, pelas afinidades intelectuais, não necessariamente ideológicas que tinham, era de tal ordem que, nos debates públicos que travavam em programa de rádio na BBC de Londres, assistido ao vivo nos próprios estúdios por pequenas multidões de fãs, as ridicularizações das incoerências racionalistas de **Shaw** feitas por **Chesterton** arrancavam estrondosas gargalhadas do público, sem que, pelo carinho de amigo com que eram feitas, desgostassem efetivamente **Shaw**, remarcado pessimista.

Shaw definia **Chesterton** como um *querubim gigantesco*: um menino disfarçado de adulto, com sua cara gorda e redonda e sua expressão infantil, compensada por uma enorme capacidade de trabalho e uma inteligência privilegiada, em permanente ebulição.

Para se ter uma idéia da transparência de **Chesterton** e de como sabia criticar idéias sem ferir as pessoas que as defendiam, publica em 1905 um livro que cairá como uma bomba nos meios intelectuais ingleses: ***Heretics***, obra em que ataca, com fino humor e numa lógica desconcertante, todos os ídolos literários da época, por considerar que, através deles, estaria se dando o envenenamento intelectual de toda uma geração. Assim, condena como hereges a **George Moore** (1873-1958), pelo seu subjetivismo ético, a **Bernard Shaw**, por seu socialismo desumanizador, a **Rudyard Kipling** (1865-1936), por seu imperialismo discriminatório, a **H. G. Wells** (1866-1946), por seu historicismo naturalista, e a **Oscar Wilde** (1854-1900), por seu esteticismo aético. Os amigos não escapam de sua pena, que esgrime com elegância e sem ira.

Hereges termina por consagrá-lo e granjear-lhe **novos e importantes amigos**, provenientes de distintos círculos literários: **Joseph Conrad** (1857-1924), **Henry James** (1843-1916), **Baden Powell** (1857-1941), **Winston Churchill** (1874-1965) e **Thomas Hardy** (1840-1928), entre os mais destacados. O segredo de sua **popularidade** é a força da sua **autenticidade**, que defende aquilo em que realmente acredita e não por mera retórica ou interesse pessoal.

O ano de 1908 vê publicadas duas **obras-primas** de **Chesterton**: *The Man Who Was Thursday* e *Orthodoxy*. O primeiro, que recebe o cognome de *A Nigthmare* (Um Pesadelo), é um romance alegórico em que **Chesterton**, de forma divertida, mas profunda, expõe, através dos personagens da novela, suas próprias crises espirituais dos anos de juventude. Em *O Homem que foi Quinta-feira*, a mensagem básica (entre as muitas que se podem tirar) é a de que **tanto o bem quanto o mal provêm da mesma origem**: não há, no universo, um princípio do bem e outro do mal. O mal é apenas a ausência do bem devido (permitido, em face da liberdade humana). A luta entre a anarquia e a ordem, que permeia todo o livro, em cujo desenrolar os anarquistas (que recebem os nomes dos dias da semana) vão descobrindo que são todos policiais infiltrados na organização anarquista comandada pelo "Domingo", o enigmático personagem central do livro, é o pano de fundo para a exposição de suas teses. O livro recebeu, de pronto, as críticas positivas de **C. S. Lewis** e de **Ronald Knox** (1888-1957), que encorpam o nutrido clã de seus amigos.

Já *Ortodoxia* será a resposta a um desafio. Um tal **G. S. Street** publica, nesse ano, o livro *G.K. Chesterton – Estudo Crítico*, reconhecendo o talento de **Chesterton**, mas criticando acerbamente suas obras, ao fundamento de que destruir e atacar todo mundo é fácil, como o fez em *Hereges*; difícil mesmo é construir uma visão sólida e coerente do mundo. Conclui o estudo dizendo: *Começarei a preocupar-*

-me de definir minha própria filosofia quando Chesterton nos tenha mostrado a sua. **Chesterton** não se faz de rogado: vai para casa preparar a resposta, *sempre disposto a escrever um livro à menor provocação.*

Trata-se, efetivamente, de uma de suas obras-primas. Nela traça os parâmetros de suas **mais arraigadas crenças** e dá testemunho de seu próprio **processo interior de conversão**. Brotam, assim, algumas de suas **idéias-chave**: **1)** o racionalismo exacerbado, separado do senso comum, conduz ao suicídio do pensamento; **2)** o reconhecimento do caráter democrático da tradição (dar o direito de voto aos nossos antepassados); **3)** a teoria da felicidade condicional (moral do país das fadas, onde tudo é permitido, em troca de uma pequena coisa que é negada); **4)** o acerto paradoxal da doutrina cristã (o ponto de equilíbrio entre virtudes contrárias); **5)** o otimismo e a alegria como o segredo que o próprio Deus escondia em sua passagem pela terra, dificilmente compreendidos em toda a sua dimensão pelo homem.

Em 1909 escreve um ensaio sobre seu amigo e principal rival de debates **"George Bernard Shaw"**, no qual discute mais as idéias do vegetariano socialista ateu irlandês do que os fatos de sua vida, dizendo, numa expressão que retrata o que é uma amizade verdadeira: ***"sou o único que o entende e não estou de acordo com ele"***. Ou seja, gosto tanto de meu amigo que, se puder, quero melhorá-lo no que vejo que não anda bem.

Há uma **foto curiosíssima** dessa época, em que aparecerem **Chesterton** e **Shaw vestidos de *cowboys***, quando aceitaram participar de um **filme de *Western*** dirigido pelo célebre autor de *Peter Pan*, **James Barrie** (1860-1937). O filme, que começou a ser rodado em 1914 e não foi para frente, proporcionou momentos divertidos para os dois amigos, prelúdio de *"O Gordo e o Magro"*:

> **Chesterton**: – *Bernard, quem o vir pensará que estamos passando fome na Inglaterra.*
> **Shaw**: – *Gilbert, quem o vir pensará que és a causa dessa fome.*

Outro amigo de **Chesterton** se tornará **personagem** de seus **romances policiais**. Trata-se do sacerdote católico irlandês, Pe. **John O'Connor**, que o admira e lhe agradece por suas obras, e que se transformará no **Pe. Brown**, um clérigo *baixinho, de rosto afável e expressão de duende*, como o definirá **Chesterton**, inspirado na figura do Pe. **O'Connor**. Assim, sairão publicados *A Inocência do Padre Brown* (1911), *A Sabedoria do Padre Brown* (1914), *A Incredulidade do Padre Brown* (1926), *O Segredo do Padre Brown* (1927) e *O Escândalo do Padre Brown* (1935).

Uma decisão, que vinha amadurecendo ao longo de 10 anos, é finalmente concretizada por **Chesterton:** sua **conversão ao catolicismo**. Já a havia anunciado ao Pe. **O'Connor** em 1912, mas não chegava a ultimá-la. Seus amigos **Maurice Baring** (convertido em 1909) e o Pe. **Ronald Knox** serão os que mais o ajudarão a dar esse passo, superando os preconceitos tipicamente britânicos em relação à Igreja de Roma (**Baring**, além disso, pedirá a muita gente que reze pela conversão de **Chesterton**). Finalmente, em 1922, **Chesterton** pede ao Pe. **O'Connor** que venha a **Top Meadow** para conversar com **Frances**. Esta, apesar de não ver com clareza a sua própria mudança do anglicanismo, diz que ficará aliviada ao ver o marido seguindo o caminho que vê, com evidência, ser o seu. **Chesterton** então se prepara para o grande passo de sua vida: estuda, como uma criança, o **pequeno catecismo** que o Pe. **O'Connor** lhe dá, faz sua confissão com esse sacerdote, a profissão de fé católica, e recebe o batismo *sub conditione* no domingo, 30 de julho de 1922.

Chesterton dará a notícia de sua conversão ao amigo **Belloc** numa carta em que dirá: *A Igreja Católica é o lar natural do espírito humano. A estranha perspectiva da vida, que ao princípio parece um quebra-cabeça sem sentido, tomada sob esse ponto de vista, adquire ordem e sentido.* Quando se sabe da novidade pela imprensa, chegam-lhe cartas de felicitações de todo o mundo, que não compreendia porque havia tardado tanto. Tratou-se, no entanto, de um **processo lento e profundo**, ao estilo de **Chesterton**, que só se decidiu definitivamente ao perceber, participando de uma conferência sobre controle da natalidade, em que os anglicanos sustentavam a necessidade de adaptar a moral aos novos tempos, que aquela já não era a sua Igreja: os tempos é que deveriam abrir-se à moral cristã.

Já não tendo o peso de um jornal para dirigir, **Chesterton** dedica os anos de 1923 e 1924 a preparar, com pausa e tranqüilidade, aquela que será, para alguns, a sua melhor obra: *The Everlasting Man*, publicada em 1925. *O Homem Eterno* segue na esteira de *Ortodoxia* (sendo-lhe uma continuação), no qual **Chesterton** expõe sua **filosofia da História**: uma verdadeira novela da Humanidade, em que fala do homem, desde suas origens, e do *Homem que fez o Mundo*, **Jesus Cristo**. Mais uma vez, dirige a obra especialmente aos seus amigos, especialmente os que ainda são céticos: **H. G. Wells** e **Bernard Shaw** (a obra é verdadeiro contraponto à *História Universal* de **Wells**, opondo à visão cética, naturalista e evolucionista deste, um panorama do homem mais realista e condizente com o que conhecemos pelos vestígios históricos).

Em 1925 **Chesterton** começa a publicar no *GK's Weekly* os capítulos de *A Volta de Dom Quixote*, uma novela semanal em **defesa da Idade Média**. O capítulo inaugural já atrai o público e elucida o título: vai ser representada uma peça teatral num colégio e os alunos não encontram quem possa representar o rei; propondo ao bibliotecário da escola que o faça, ele se desculpa, por ser entendido apenas em civilizações antigas; convencido pelos alunos, passa a estudar o período histórico e seu personagem; a peça é um sucesso, especialmente pela representação perfeita do rei; mas qual não é a surpresa geral ao verem, à tarde, passeando pela escola, o bibliotecário, ainda com as vestes "reais", falando como se ainda estivesse na Idade Média. Os demais capítulos vão se seguindo, com as mais divertidas situações do bibliotecário, encarando todos os problemas modernos à luz do pensamento medieval, que os resolveria melhor.

Este último livro pode ser o resumo da **quixotesca vida** de alguém que, levado pela **amizade**, *faz-se tudo para todos, para salvar a todos* (I Cor 9, 22), na conhecida expressão de **São Paulo**.

7. AS GRANDES AMIZADES NA LITERATURA DE FICÇÃO: *O MESTRE DOS MARES* DE PATRICK O'BRIAN

As amizades entre pessoas tão diferentes, mostrando também o **caráter complementar de temperamentos** que faz nascer a amizade, é bem retratada na **literatura**, como são exemplos, para não nos estendermos demais, a série de 20 livros de **Patrick O'Brien** (1914-2000), protagonizados pelo Capitão da Marinha Inglesa **Jack Aubrey** e o Médico Irlandês-Catalão **Stephen Maturin**, levados ao cinema no filme *O Mestre dos Mares*, de **Peter Weir**, estrelado por **Russell Crowe**.

O renomado ator americano **Charlton Heston** (1923-2008), protagonista de épicos como ***Os 10 Mandamentos, Bem-Hur*** e ***El Cid***, e fã dos livros de **O'Brian**, assim se expressa sobre a **amizade** de **Jack Aubrey** e **Stephen Maturin**:

> *Sua amizade é a mais atraente e interessante que conheço na literatura. A maioria das amizades de ficção são simplesmente declaradas pelo autor. Dâmon e Pítias, Athos e D'Artagnan, Huck Finn e o Negro Jim são todos personagens maravilhosos, mas sua amizade não é explorada de modo significativo. Até mesmo aquele par famoso, Sherlock Holmes e o Dr. Watson, que experimentei como ator, fazem muito pouco como amigos além de seguir juntos as tramas de Conan Doyle. Com Aubrey e Maturin os leitores passam a entender e gostar de sua amizade talvez tanto quanto eles próprios* (*As Armas e o Homem*, apêndice de *A Fragata Surprise*, Record – 2007 – Rio de Janeiro, p. 411).

O primarismo impulsivo combinado com um moralismo vitoriano de **Jack** contrastando com o sentimentalismo racionalista de **Stephen**, que tudo esquadrinha e tenta mensurar e explicar, fazem uma combinação que arranca boas gargalhadas do leitor, obviamente no bom estilo do humor inglês, sutil e velado, nunca grosseiro.

Alguns comentários de **Maturin**, descrevendo o amigo capitão, mostram bem o senso comum de comandante de **Jack**, que sabe **compreender seus subordinados** e os **querer de verdade**. Sobre a inspeção que fazia ao navio: *viu o que deveria ser visto e ficou cego para o que não deveria ser visto*. Sabe **passar por cima os defeitos**, enquanto não os puder superar.

Jack sentia, no navio, mais do que nunca a **necessidade de um amigo**, pois se sabia **isolado no comando**. Para a tripulação, o capitão era um *deles*, ou seja, dos distantes homens do poder, enquanto os membros da tripulação eram *dos nossos*. A saída do capitão do navio era comentada como *Jeová já não está entre nós*, tal a distância criada na Marinha (o comandante não podia ser *popular*). Como combinar **autoridade** e amizade? Em **Stephen**, **Jack** tinha o **amigo ideal**, pois não sendo marinheiro, não sentia aquela distância, e sendo o único nessas condições no navio, era seu desaguadouro.

O amável trato mútuo era bem inglês (seguem algumas expressões tiradas dos vários livros *O Mestre dos Mares, O Capitão, A Fragata Surprise, O Lado mais Distante do Mundo*, editados no Brasil Pela Record):

- Stephen, poderia dar-nos o benefício das suas luzes? (...)
- Jack, dou pouca importância aos almirantes na escala dos seres inteligentes (...)
- Stephen, vamos nos atrasar se você não desfraldar um pouco mais de pano! (...)
- Jack, a vantagem de não se saber nadar é não alongar a agonia de um naufrágio (...)
- Stephen, notei que o seu coração estava abandonando o posto (...)
- Jack, a amizade dá o direito, mais do que o dever, de dizer as verdades (...)
- *Stephen*, não se necessita de recompensa pela virtude, pois a virtude é a própria recompensa (...)
- Jack, a insistência na justificativa é a prova da mentira (...)
- Stephen, na guerra, ter um navio é tão importante para um marinheiro como ter um esposa (...).
- Jack, Butler teve ontem sua primeira experiência na angústia do comando...

As observações mútuas mostram **diferentes pontos de vista** e a **liberdade de expressão** de cada um para com o outro, divertidas na sua forma, suficientes para **bons entendedores e amigos de longa data**.

Por outro lado, pensando no navio que irá comandar por muitos anos, o *HMS Suprise*, **Jack** fala a **Stephen** sobre o **sentido do coleguismo**, tendendo para a amizade, que deve haver em qualquer **equipe de trabalho**:

Sem haver um bom entendimento entre os oficiais, um navio não consegue ser feliz: e um navio feliz é o seu bom navio de combate.

Patrick O'Brien, no livro *A Fragata Surprise*, tem um trecho que coincide admiravelmente com a visão de **Saint-Exupéry** sobre os **ritos** e as **rotinas** como dando um **encanto às relações humanas** e às amizades, por mais que o dia-a-dia possa parecer monótono:

Era a palavra verdadeira: assim que a "Surprise" tinha virado para o sul, passando pelo Ceilão e indo para o mar de Java, a rotina tomou conta de todos. O raspar das pedras no convés, o som dos clambazes e da água nos conveses às primeiras luzes; macas entrincheiradas, o desjejum e seus cheiros agradáveis; a sucessão invariável dos quartos de serviço; passagem meridiana e a altura do sol, jantar, grogue; Rosbife da Velha Inglaterra ao soar do tambor, para os oficiais; festa moderada; paradas, o toque de recolher, o troar vespertino dos canhões, velas de gávea rizadas, o estabelecimento da tabela de serviço; e depois as noites longas, quentes, iluminadas pelas estrelas, frequentemente passadas no tombadilho, com Jack guiando seus dois aspirantes inteligentes através das intricadas delícias da navegação astronômica. Essa vida, com seu padrão rígido pontuado pelo som agudo e imperativo dos toques de sinos, parecia assumir algo da natureza da eternidade enquanto eles se desviavam em direção ao equador, atravessando-o a noventa e um graus de longitude a leste de Greenwich. As paradas das divisões, da formatura para verificação da presença, igreja, os Artigos de Guerra, marcavam a devida ordem do tempo, mais do que sua passagem; e antes que fossem repetidas duas vezes a maior parte do pessoal da fragata sentia o passado e o futuro se turvar, diminuindo quase até a insignificância. Uma impressão ainda mais forte porque a "Surprise" estava de novo num mar solitário, duas mil milhas de água azul-escura sem jamais uma ilha para romper sua curvatura perfeita e nem o mais leve cheiro de terra até mesmo na brisa mais forte – o navio era um mundo contido em si mesmo, nadando entre dois horizontes perpetuamente renovados. Mais forte

> *ainda porque nessas águas não havia uma impaciência ansiosa para ver além do horizonte a leste: eles navegavam sem qualquer relação com um inimigo, nem com qualquer presa de guerra potencial. Os holandeses estavam entocados; os franceses tinham desaparecido; os portugueses eram amigos* (p. 277).

Nessa viagem singular, levando o representante da Coroa Inglesa para estabelecer relações diplomáticas com a Indonésia, que adoece gravemente, **Stephen** reflete sobre sua **missão de médico**:

> *Este era um caso em que a atenção hipocrática deveria tomar o lugar dos medicamentos; o paciente estava fraco demais, a doença era muito pouco entendida, para qualquer medida radical; e ele ficava sentado à beira da cama do Sr. Stanhope um quarto depois do outro enquanto o navio se deslocava em silêncio pelo mar fosforescente. Essa, refletiu, era sua verdadeira ocupação; isto, e não a perseguição autodestrutiva de uma mulher que estava muito fora do seu alcance.*

É que, no período em que viveram na Inglaterra, **Jack** e **Stephen** haviam sido **amantes da mesma mulher**, **Diana Villiers**, ao que **Jack**, percebendo a influência que a *beldade* ainda tinha sobre o amigo, tenta livrá-lo dela. As aventuras pelas quais cada um deles passa para ajudar o outro nas várias situações do período das **Guerras Napoleônicas** é a melhor descrição dos **sacrifícios que toda a amizade supõe**, feitos com gosto, quando é para o amigo.

8. O GRANDE AMIGO

Pensando em todas as qualidades elencadas por **Aristóteles** e outros autores que tratam do tema da amizade, quem não sonha em ter o **amigo ideal**? **Milton Nascimento** já decantava esse amigo nas conhecidas estrofes: *Amigo é coisa pra se guardar debaixo de 7 chaves... do lado esquerdo do peito... dentro do coração...* **Roberto Carlos** fez o mesmo ao cantar o *Amigo*, reconhecendo que é quem *me diz as verdades com frases abertas, amigo você é o mais certo das horas incertas.* Ou seja, não é o adulador, mas o **apoio que leva para cima**, precisamente nos momentos em que estamos no caminho errado.

Tolkien, falando da morte de sua mãe, faz uma revelação pouco comum para o recato e discrição de um inglês:

> *Testemunhei, compreendendo pela metade, os sofrimentos heróicos e a morte prematura de minha mãe, que me conduziu à Igreja; e recebi a espantosa caridade de Francis Morgan.* ***Mas apaixonei-me pelo Santíssimo Sacramento desde o começo*** (cfr. **Duriez**, op. cit., p. 25) (grifos nossos).

É notável a confissão de **Tolkien** de seu **amor precoce à Eucaristia**. Teria ele descoberto, desde cedo, que o **Grande Amigo** estava escondido no Sacrário?

Quando a cidade do **Rio de Janeiro** foi eleita para sediar a **Olimpíada de 2016**, o jornal *Correio Braziliense* publicou na capa uma foto do **Cristo Redentor** do Corcovado, de página inteira, com a manchete *sui generis*, mas que dizia muito: ***Nosso Senhor dos Anéis*** (referência óbvia aos Anéis Olímpicos, de uma parte, e ao livro, levado ao cinema, de **Tolkien**, de outra). Mas penso que diz um pouco mais, servindo de reflexão sobre o papel de Cristo em nossas vidas.

S. **Josemaría Escrivá**, em seu clássico *Caminho*, tem 3 pontos que apontam para essa mesma **descoberta da maior das amizades** que podemos ter na vida:

> *422. Jesus é teu amigo. – O Amigo. – Com coração de carne como o teu. – Com olhos de olhar amabilíssimo, que choraram por Lázaro... – E, tanto como Lázaro, te ama a ti.*
> *426. Em Cristo temos todos os ideais: porque é Rei, é Amor, é Deus.*
> *537. Quando te aproximares do Sacrário, pensa que Ele!... faz vinte séculos que te espera.*

Quem ainda não fez a **experiência** de, num dia de extremo desânimo e abatimento, **passar por uma igreja, entrar e ficar sentado num banco, olhando para o Sacrário**, e descobrir que lá está Alguém que prometeu *"vinde a mim todos os que estais fatigados e sobrecarregados e eu os aliviarei; tomai sobre vós o meu jugo e aprendei de mim que sou manso e humilde de coração e encontrareis repouso para as vossas almas; pois o meu jugo é suave e a minha carga leve"* (Mt 11, 28-30), e que consegue, efetivamente, aliviar o coração, num diálogo inefável, porque é **O Amigo**, não sabe o que está perdendo... e ainda não entendeu nada do que é a **verdadeira amizade**!

9. CONCLUSÃO

Ao concluir estas singelas reflexões sobre a **amizade** e suas **características**, vem-me à cabeça a **despedida recente** do Ministro **José Simpliciano Fernandes**, do Tribunal Superior do Trabalho. Despedida sentida, diante de sua precoce jubilação. Despedida doída, pela amizade que criou com todos os colegas, decantada na última sessão de que participou na Corte, pelo seu trato **amável** sem ser bajulador, **brincalhão** sem ser vulgar, **espiritualizado** sem ser piegas, **firme** sem ser opressivo, **conversador** sem deixar de ouvir, **dado** sem esperar retorno.

Falou-se repetidas vezes nessa ocasião sobre **santidade**. Penso que santos só os temos nos Céus. Na Terra somos todos pecadores, ainda que possamos sinceramente buscar a santidade. E ser **boa praça** não é sinônimo de ser santo. Até porque o santo é, não raramente, **sinal de contradição** no ambiente em que vive, lembrando com a vida algumas obrigações que preferiríamos esquecer.

Penso, de qualquer forma, que o **Feliciano**, pois é assim que o chamo, por seu perene bom humor (a mim me chama carinhosamente de **Ivezinho**), soube **cultivar as amizades** e **ser um grande amigo**. Oxalá o convívio com ele durante tantos anos me ajude a ser melhor amigo de meus colegas (**de todos**), **compreendendo-os e querendo-os, aprendendo deles e respeitando-os** como são, na esperança, no entanto, de que possam sempre ser melhores, com a **graça de Deus**.

Capítulo XVII

LIMITAÇÕES E DEFEITOS: O QUE ACEITAR E O QUE MUDAR

1. INTRODUÇÃO

Em geral, as pessoas tem uma **visão equivocada** do que sejam **limitações e defeitos** e também se portam de modo equivocado ao tratar com eles. Assim, de um lado, tentam **superar suas limitações**, querendo ser e chegar onde não tem condições de viver. Exemplos típicos são os daquele que **aspira a um cargo além da sua envergadura** (não tem perfil para aquilo, desconhece a matéria e nem terá tempo para estudar e especializar-se nela), daquele que **gasta mais do que tem** (sem aceitar a limitação dos seus haveres presentes ou de sua capacidade de gerar renda futura tão elevada) ou daquele que **não aceita sua constituição física** (e vive se quebrando, por praticar esportes radicais para seu biótipo ou faixa etária... o bendito futebol de final de semana).

Outro dia, quando me pediram, num hotel, o número do **cartão de crédito**, disse que não tinha. Só de débito. E comentei jocosamente, *a latere* com o colega que me acompanhava: *"Isso é que é pobreza!"*. Ele, no entanto, rapidamente retrucou: *"Isso é que é riqueza! Você gasta o que tem. Eu, com meu cartão de crédito, gasto o que não tenho..."*. Realmente, essa tem sido uma marca iniludível da sociedade moderna, que conduziu à **crise financeira de setembro de 2008**: crédito fácil no mercado, sem a verificação sobre se as pessoas tem condições de pagar os bens de consumo adquiridos, muitas vezes compulsivamente. O importante é **produzir e consumir**. O velho adágio cartesiano *"je pense, donc je suis"* foi substituído pelo moderno *"I shop, therefore I am"*.

Se é difícil aceitar as limitações, mais ainda é mudar os defeitos. Daí que, as pessoas tendam a **aceitar seus defeitos** com naturalidade, tirando-lhes importância, como se estivessem irremediavelmente incrustados em sua natureza. É o **alcoólatra** que diz só beber socialmente; é o **mulherengo** que repete constantemente a frase da Escritura – *"é... a carne é fraca..."* –; é o **atrasado contumaz**, sempre com sua desculpa pela importância do que estava fazendo antes ou sobre a conspiração cósmica contra sua pontualidade; é o **eterno desordenado**, que perde as coisas e esquece os compromissos, por não acreditar na eficácia da agenda e de seguir o conselho daquela professora de Francês: *"Une place pour chaque chose; chaque chose a sa place..."*.

Assim, **Aceitam-se os defeitos e se rebelam contra as limitações**, quando, conhecida a diferença entre limitações e defeitos, deveriam combater estes e aceitar aqueles. Onde está, pois, a **diferença**? São sinônimos ou tem sentidos distintos e equívocos esses dois termos?

2. AS LIMITAÇÕES

As **limitações** dizem respeito à nossa **constituição física e anímica**: alto ou baixo, gordo ou magro, mais ou menos inteligente, temperamentalmente mais expansivo ou mais retraído, etc.

Costumam os moralistas distinguir entre **temperamento** e **caráter**. Enquanto o primeiro é o **dado fático bruto**, ou o constitutivo anímico de nosso ser, o segundo é o **elemento construído**, através da prática das virtudes.

Assim, há **traços temperamentais que podemos trabalhar** e ter sobre eles um certo domínio, enquanto **outros estão tão arraigados** que sempre os teremos como característica de nosso modo de ser.

Na série de romances de **Patrick O'Brian** sobre *O Mestre dos Mares*, os dois personagens principais, apesar de ingleses, ou seja, muito comedidos, contidos e discretos, têm **temperamentos bem diferentes**, que se complementam, gerando uma amizade íntima e forte.

Jack Aubrey, o comandante da Fragata *Surprise*, é todo exuberância, primarismo em seus sentimentos, fortes e extravasados nas ordens que dá e nos combates que trava. Já **Stephen Maturin** é o cirurgião do navio, filósofo e cientista, que mantém seu diário anotando suas mais profundas especulações sobre a condição humana.

No livro *A Fragata Surprise* (Record – 2007 – Rio de Janeiro), que é o terceiro da série, há uma passagem que mostra a **diferença entre o estado bruto do temperamento e o caráter trabalhado**, quando aquele aflora em momentos de maior tensão. **Maturin** é ferido num duelo e, após a operação em que é retirada a bala que se alojou abaixo de seu coração, entra em estado febril e delirante, **destrancando sua mente mais secreta**, o que faz **Aubrey** permanecer em seu leito de doente, pois não desejava que mais ninguém lhe ouvisse as confissões:

> *"Afora segredos oficiais, havia coisa que Jack não desejava que nenhum outro homem escutasse. Sentia vergonha de ouvi-las; para um homem orgulhoso como Stephen (e nesse sentido Lúcifer não chegaria aos pés dele) seria a morte saber que mesmo o amigo mais íntimo ouvira suas nuas afirmações de desejo e todas as suas fraquezas desnudas como no Dia do Juízo (...) Ele havia considerado Stephen o próprio filósofo, forte, praticamente intocado pelos sentimentos comuns, seguro de si e com toda a razão; não tinha maior respeito por nenhum homem da terra. Este Stephen, tão passional, tão totalmente subjugado por Diana e tão cheio de todo tipo de dúvidas o deixava pasmo; não estaria mais perdido se encontrasse a Surprise privada de suas âncoras, do lastro e da agulha magnética"* (pp. 382-383).

Uma das limitações que temos é, justamente, a **constituição física**, da qual um dos componentes é a **idade**: a cada fase da vida temos condições de fazer umas coisas e não de outras. A melhor descrição que conheço desse tipo de limitação etária é a que **Marguerite Yourcenar** (1903-1987) faz no primeiro capítulo de suas ***"Memórias de Adriano"*** (Editora Nova Fronteira - 1980 - Rio de Janeiro, tradução de Martha Calderaro; publicação original de 1951), quando o velho Imperador Romano olha para trás, para o passado, pensando no que era capaz e fez ao longo da vida. Aos 10 anos, amante das corridas (*"correr, mesmo no mais curto percurso, ser-me-ia hoje tão impossível quanto para a pesada estátua de um César"*), aos 20 da caça; aos 30 da equitação (*"A renúncia à equitação é sacrifício mais penoso ainda; uma fera não era senão um adversário; o cavalo era um amigo"*); aos 40 da natação (*"De cada arte praticada, retiro hoje um conhecimento que me compensa em parte dos prazeres perdidos"*); aos 50 dos banquetes (*"comer em excesso é hábito romano; eu, porém, fui sóbrio por volúpia"*); mas aos 60 anos, pensando também nos amores de sua vida, olhava para traz, vendo a que estava limitado com sua idade e doença...*"Confesso que a razão permanece confusa em presença do prodígio do amor, da estranha obsessão que faz com que essa mesma carne, que tão pouco nos preocupa quando compõe nosso corpo, limitando-nos somente a lavá-la, nutri-la e, se possível, impedi-la de sofrer, possa inspirar-nos uma tal paixão de carícias simplesmente porque é animada por uma personalidade diferente da nossa e porque representa certos traços de beleza sobre os quais, aliás, os melhores juízes não estariam de acordo"* (...) *"Tais conceitos sobre o amor poderiam conduzir-me a uma carreira de sedutor. Se não a empreendi foi, sem dúvida, por ter feito coisa melhor"* (...). E termina por reclamar da insônia que o acossa: *"De todas as venturas que lentamente me abandonam, o sono é uma das mais preciosas, embora seja das mais comuns também. Um homem que dorme pouco e mal, apoiado sobre dezenas de almofadas, medita com vagar sobre essa volúpia diferente".*

Na História Universal, um dos maiores exemplos de **não aceitação das próprias limitações**, levando-se toda uma nação à completa exaustão e destruição, foi a **continuidade da 2ª Guerra Mundial** pelos alemães, não obstante já estivesse perdida desde o desembarque na Normandia. A **obstinação germânica**, impulsionada pelo fanatismo de seu ***Führer***, é bem descrita na obra-prima de estudo histórico do período ***"Ascensão e Queda do III Reich"***, de **William Shirer** (Editora Civilização Brasileira S/A - 1962 - Rio de Janeiro, 2ª Edição, Tradução de Pedro Pomar, 4 Volumes) e fez com que a agonia alemã e dos povos submetidos ao seu jugo, além da perda de vidas de aliados e das potências do Eixo, se estendesse ainda por mais um ano.

Saber se dá para começar um projeto e quando está na hora de parar não é pouca ciência.

3. OS DEFEITOS

Os **defeitos** são **ausência de virtudes** que poderíamos e deveríamos ter. Os **7 pecados capitais** elencam as raízes de nossos principais defeitos: **soberba, luxúria, preguiça, ira, inveja, gula e avareza**. São qualidades nocivas ao nosso comportamento, que nos envilecem e corrompem.

Logo no primeiro capítulo do livro *"Caminho"*, de S. **Josemaría Escrivá**, dedicado ao tema do *"Caráter"*, um dos primeiros pontos de meditação é bem incisivo e cai como luva para nossa reflexão sobre as limitações e os defeitos, o temperamento e o caráter:

> *"Não digas: "Eu sou assim.... são coisas do meu caráter". São coisas da tua falta de caráter. Sê homem - "esto vir"* (ponto 4).

Os defeitos ou **vícios** são hábitos maus adquiridos e que, uma vez arraigados, são mais difíceis de se tirar, mas não tarefa impossível. **Três coisas são essenciais** para se vencer um defeito e perder um vício:

a) reconhecer que se tem o defeito - acabar com os eufemismos ou com a visão benevolente que temos de nós mesmos (dar nome aos bois);

b) lutar contra o defeito - praticar as ações da virtude contrária ao vício (moderação no comer, para o guloso; generosidade para o avarento; contar até dez para o irado...);

c) não desistir diante das derrotas - sabendo seguir o conselho da música - *"levanta, sacode a poeira e dá volta por cima"* - ou o lema daquele general -*"de derrota em derrota, até a vitória final!"*.

Temos uma dificuldade enorme de reconhecer nossos defeitos: **supervalorizamos nossas qualidades** e **depreciamos nossos defeitos**. **Luiz Marins**, em sua obra de administração de pessoal (divertidamente ilustrada pelo **Negreiros**) chamada *"Só Não Erra Quem Não Faz"* (Landscape - 2008 - São Paulo), vai elencando em cada capítulo os **vícios que desenvolvemos em nosso trabalho**, que devemos combater e que podemos pendurar nos 7 vícios capitais:

a) inveja - hábito de reclamar de tudo e de todos; só falar mal dos outros; sempre com dó de si mesmo (vitimismo); criador de caso, que tudo contesta e com todos encrenca; volúvel que não dá segurança a ninguém;

b) ira - viver dando broncas e gritando com as pessoas; sempre mau-humorado, de cara fechada e de mal com o mundo;

c) orgulho - arrogância de se achar melhor do que os demais; não ouvir ou prestar atenção aos outros; não precisar de ajuda; tornar-se inacessível e indisponível, o que leva ao isolamento e ao fracasso; viver dando desculpas, por não reconhecer que também é falível; intolerância para com erros que todos podem cometer e que são a marca de quem está produzindo; falar muito e de forma empolada, complicada e sem objetividade; suscetibilidade enfermiça que se ofende por tudo e por nada;

d) preguiça – cansaço crônico para tudo o que não seja desfrutar da vida; o fulano que se fossilizou, ancorado no passado (só olha pelo retrovisor e bate no carro da frente) e não sabendo conviver com as inovações e com ter de aprender coisas novas (vive se economizando); pensar antes de falar; medo de se "sujar" e colocar a mão na "m". o fulano que vive adiando os compromissos, não cumpre os prazos e horários, não decide nunca e está sempre atrasado;

e) avareza – desprezo pelos detalhes e pelas pessoas, esquecendo de dar retorno, de agradecer e de reconhecer os méritos alheios (não sabe elogiar); ativismo que estressa e que faz perder o sentido do descanso e da contemplação (não se tem tempo para os outros, só para a própria carreira e profissão, numa ambição doentia);

i) gula – desconta na comida as insatisfações em outros campos, virando uma bola;

j) luxúria – assédio sexual, do que não vê nas colegas e subordinadas pessoas mas apenas possíveis objetos de prazer (cantadas veladas ou explícitas); viciado em baixaria na internet...

O campo de luta é vastíssimo, se buscamos o **aperfeiçoamento profissional e pessoal**. Mas, para **começar**, seguir o conselho antigo de **Sócrates**: ***"Conhece-te a mesmo"***. E uma boa maneira, é, para quem está casado, perguntar ao outro cônjuge: *"Quais são os meus modos de ser que te chateiam?"*. Saberão descrever os nossos defeitos melhor do que ninguém. É fácil ver os defeitos dos outros, porque não estamos imersos nele, mas com os nossos temos muita benevolência.

Até hoje não encontrei, nos clássicos da Literatura Universal, melhores exemplos descritivos dos **recantos sombrios da alma humana**, de suas **motivações e fraquezas**, do que dois grandes escritores russos: **Fiódor Dostoiévski** (1821-1881) e **Leon Tolstoi** (1828-1910).

Do primeiro, os romances que mais me atraíram, desde a juventude, foram ***"Os Irmãos Karamázovi"*** (Ediouro – 1981 – Rio de Janeiro, tradução de Natália Nunes e Oscar Mendes) e ***"O Idiota"***. A diferença de temperamento dos 3 irmãos Karamázovi – **Dimítri**, o idealista violento e desregrado; **Ivan**, o intelectual ensimesmado e frio; e **Aliócha**, o religioso singelo e confiante (sem falar no filho ilegítimo **Smierdiákov**, corrompido parricida) – representando as três facetas que resumem a alma russa – a **passional**, a **racional** e a **mística** –, fazem com que, ao longo da estória, nos vamos identificando com um ou com outro, reconhecendo nos diálogos e reflexões dos personagens, nossas próprias **angústias, dilemas e esperanças**, verificando como umas podem ser superados e outras sublimadas bastando que se reconheça as fraquezas e se as queira vencer. Olhando de fora, parece tão fácil...

Em ***"O Idiota"*** (Editora 34 – 2002 – São Paulo, tradução de Paulo Bezerra), o que mais me impressionou foi o contraste entre a **aceitação das próprias limitações** por parte do personagem que dá nome ao livro, o Príncipe **Liev Nikoláievitch Míchkin**, com a epilepsia que o constrangia, e o **orgulho profundo** de **Aglaia**

Ivánovna, que perde o seu amor, por não querer manifestá-lo primeiro. A densidade e complexidade das personalidades prende e extasia o leitor, identificando seus próprios modos de agir, pensar e sentir. Poderia ser diferente o desenlace do drama?

Drama não menos polarizante é o ***"Ana Karênina"*** de **Tolstoi** (Abril Cultural - 1971 - São Paulo, tradução de João Gaspar Simões), cuja primeira frase parece ser um resumo conpacto de todo o livro: *"Todas as famílias felizes se parecem entre si; as infelizes são infelizes cada uma à sua maneira"*. Haveria, então, um modo único de ser feliz, e muitos caminhos para a infelicidade?

Na **concepção aristotélica** de ***Eudaemonia*** (felicidade), ela estaria na **excelência moral**, que supõe a **conjugação das quatro virtudes cardeais** (prudência, justiça, fortaleza e temperança, com todas as demais que a elas se ligam). Assim, pela **unidade da ordem moral**, não é possível alcançar a excelência e a perfeição se se claudica numa delas. Assim, a felicidade supõe não abdicar da luta em nenhuma das frentes, enquanto a infelicidade varia segundo o front no qual se entregou os pontos. No caso de **Ana Karênina,** foi entregar-se à paixão extra-conjugal pelo Príncipe **Vronski**, não obstante a bela família que tinha, com filho e marido exemplares. O drama interior de uma alma dividida é bem retratado no livro.

Mas a obra-prima de **Tolstoi** é, indubitavelmente, ***"Guerra e Paz"*** (Editora Itatiaia - 1983 - Belo Horizonte, 2 volumes, Tradução de Oscar Mendes). Nele, o período napoleônico, sob o prisma da Rússia, é tão bem retratado, numa trama que envolve tantos ambientes e famílias inteiras de personagens principais (a edição inglesa da *Britannica Great Books* - 1952 - London, que elege este como principal livro de Tolstoi, traz logo no início um elenco das principais famílias e seus membros, para facilitar a vida do leitor), que, na época em que o li pela primeira vez, quando não passava dos 14 anos, tendo todos os atrativos de uma Fazenda em Avaré para aproveitar as férias escolares - cavalos, açude, futebol, campos e bosques, gado e plantação de café, animais domésticos e pomares -, lembro-me de passar horas a fio na rede da varanda, lendo as aventuras e desventuras do Conde **Pedro Bezukhov** e da jovem e inocente Condessa **Natásha Rostóva**, do valente Príncipe **André Bolkonski** e de sua adorável esposa **Lisa Bolkonskaya**, do inescrupuloso Príncipe **Anatole Kurágin** e de sua sensual irmã **Helena Kurágina**, imaginando em quadros as passagens de festas e batalhas, com conquistas e derrotas, tanto no campo bélico, quanto no afetivo, a ponto de pensar que a realidade estava ali, no livro, e não na natureza que tinha a meu dispor.

Pois bem, a lição que se tira desse romance histórico é a de que a vida é feita de muitas pequenas derrotas e vitórias, e que, se **não se abandona a luta contra os próprios defeitos** e se **percebe a necessidade da mudança**, o resultado final pode ser altamente positivo, de uma forma muito diferente do que imaginávamos no início. Assim, **também a felicidade tem vias distintas**, concretizando-se de modos nem planejados, nem sonhados.

4. O QUE MUDAR E O QUE ACEITAR

Dizem que as expectativas no casamento são diametralmente opostas entre marido e mulher, e as frustrações decorrem da ausência de realismo nesse campo. Enquanto o homem espera que **a mulher não mude** na sua formosura, a mulher espera que **o marido mude** nos seus defeitos.

Esse é um bom exemplo da **diferença entre limitações e defeitos** sob o prisma da mudança: não dá para esperar que a beleza física permaneça indefinidamente (trata-se de uma limitação e contingência da natureza e do tempo), como também não dá para esperar que os defeitos arraigados se superem da noite para o dia (mas, havendo disposição, se consegue mudar).

Há uma frase lapidar no filme *"Melhor é Impossível"* (1997), com Jack Nicholson e Helen Hunt, que dá a pista do mecanismo capaz de provocar uma mudança no modo de ser, de modo a se vencer os defeitos temperamentais. É a que o escritor maníaco diz para a garçonete com a qual começa uma verdadeira amizade: ***"Você é uma pessoa que faz a gente querer ser melhor!"***.

Ou seja, o **amor** é capaz de **promover a mudança**, por apresentar um motivo forte para ser diferente, de modo a agradar a quem se ama. Por outro lado, o **amor** faz **aceitar as limitações** de quem se ama, pois se ama do modo que é.

Chesterton fala-nos do paradoxo desse **aceitar e querer mudar**:

> *"Ninguém duvida que o homem comum consiga harmonizar-se com este mundo, no entanto, não basta que tenhamos força suficiente para nos harmonizarmos com ele: é preciso que tenhamos força bastante para fazê-lo progredir. Poderá o homem odiá-lo o bastante para mudá-lo e, ainda assim, amá-lo o suficiente para julgá-lo merecedor de mudança?"* (*"Ortodoxia"*, LTr – 2001 – São Paulo, p. 99).

Trata-se, portanto, de **amar tanto**, que se quer o que é defeituoso por si mesmo, mas se quer também que seja melhor.

Por um lado, quanto às **limitações**, são um **dado da natureza** que devemos aceitar e começar a trabalhar a partir dele. Assim, se temos **pouca cabeça**, teremos que compensar com mais estudo o que outros alcançam com a simples assistência às aulas. Se tempos a **tendência fisiológica a engordar**, podemos fazer regimes, mas sempre sujeitos a mais baixos que altos no controle do peso. Se a pessoa nasceu com algum **defeito físico**, não dá para desconversar e tentar viver se enganando ou complexado porque se é limitado de cabeça, careca, feio, baixinho, gordo, diabético, hipertenso, etc.

Mas os **defeitos**, estes sim, podemos e devemos **combater**. Não adiante querer **mudar o mundo**, com tantos projetos de reforma social, se não se está disposto a **mudar o próprio interior**. Os grandes problemas sociais **não são problemas de estruturas**, mas de **abandono da luta interior** por ser melhores. Em vez da **revolução exterior**, promover em primeiro lugar uma **revolução interior** que nos faça melhores homens e cidadãos.

Um dos romances mais pessimistas que já li foi ***"Os Buddenbrook - Decadência duma Família"*** (Círculo do Livro - 1975 - São Paulo), de **Thomas Mann** (1875-1955). Retrata 50 anos da História da Alemanha, a partir de 1835, sob a ótica das vicissitudes de uma família da burguesia germânica. O que impressiona é ver os **defeitos de criança** dos personagens sendo carregados e agravados pela vida afora. Tony (Antoniette) Buddenbrook mantém seu temperamento difícil de conviver até o final do livro, acabando com seu casamento, justamente porque nunca houve preocupação por mudar e melhorar.

É possível mudar! Mais: o temperamento é apenas o ponto de partida. Explorar seus aspectos positivos (interatividade, afabilidade) e combater seus aspectos negativos (passividade, irascibilidade) é a nossa tarefa na vida.

No mundo empresarial de uma economia globalizada e de extrema competitividade , o segredo do sucesso e a da sobrevivência está na **capacidade de mudar e com rapidez**: reconhecer os erros, ver as escleroses e perceber o que há de novo exigindo **respostas criativas para os desafios do meio** (cfr. **Arnold Toynbee**, *Um Estudo da História,* Ed. UnB-Martins Fontes - 1987 - Brasília).

Há um autor que aprecio especialmente por seus **romances históricos**. Trata-se de **Louis De Wohl**, anglo-germânico, a quem o Papa **Pio XII**, conhecendo seu gênio literário, propôs escrever **biografias de santos**, mostrando a vida heróica de homens e mulheres empenhados em viver o ideal cristão nas mais distintas condições e épocas.

Louis De Wohl seguiu o conselho e, graças a ele, temos uma coleção fantástica de biografias romanceadas de grandes santos, onde, a par dos personagens históricos e os dados verídicos, há os personagens de ficção, cuja trama prende do começo ao fim. Cada época é bem retratada é se fixam os acontecimentos que nela se deram. As lutas dos personagens para mudar e vencer seus defeitos fica bem retratada, em **derrotas e vitórias**, como se pode ver em (a edição brasileira é das Paulinas, mas se encontra esgotada, a inglesa é da J.B. Lippincott Company):

a) ***"La Lanza - Historia del Centurión Longinos"*** (Palabra - 1995 - Madrid; original *"The Spear"*);

b) ***"El Mensajero del Rey - Novela sobre San Pablo y su Tiempo"*** (Palabra - 1991 - Madrid; original *"The Glorious Folly"*);

c) ***"El Arbol Viviente - Historia de la Emperatriz Santa Elena"*** (Palabra - 1986 - Madrid; original *"The Living Wood"*);

d) ***"Venciste, Galileo! - Historia del Emperador Juliano el Apóstata"*** (Palabra - 1997 - Madrid; original: *"Imperial Renegade"*);

e) ***"Atila - El Azote de Dios"*** (Palabra - 1997 - Madrid; original: *"Attila The Hun"*);

f) ***"Corazón Inquieto - La Vida de San Agustín"*** (Palabra - 1998 - Madrid; original: *"The Restless Flame"*);

g) ***"Ciudadelas de Dios - Novela sobre San Benito de Nursia y su Tiempo"*** (Palabra - 1997 - Madrid; original: *"Citadel of God"*);

h) ***"El Mendigo Alegre - Historia de San Francisco de Asis"*** (Palabra - 1997 - Madrid, original: *"The Joyful Beggar"*);

i) *"La Luz Apacible - Novela sobre Santo Tomás de Aquino y su Tiempo"* (Palabra - 1996 - Madrid; original: *"The Quiet Light"*);

j) *"As Asalto del Cielo - Historia de Santa Catalina de Siena"* (Palabra - 1988 - Madrid; original: *"Lay Siege to Heaven"*);

k) *"Juana de Arco - La Chica Soldado"* (Palabra - 2005 - Madrid; original - *The Girl Soldier"*);

l) *"El Hilo de Oro - Vida y Epoca de San Ignacio de Loyola"* (Palabra - 1989 - Madrid; original: *"The Golden Thread"*);

m) *"El Último Cruzado - La Vida de Don Juan de Austria"* (Palabra - 1997 - Madrid; original: *"The Last Crusader"*).

Alessandro Manzoni (1785-1873), outro mestre da Literatura Universal, tem no romance ***"Os Noivos"*** (Abril Cultural - 1971 - São Paulo, Tradução de Marina Guaspari, publicado originalmente em 1824) uma das melhores descrições da **mudança** de um personagem que o escritor, jocosamente, designa como ***O Inominado***, para preservar sua imagem, já que, sendo o Senhor Todo-Poderoso da Região de Milão, espezinhando e oprimindo ricos e pobres, passa por um **processo de conversão** que o faz sair de seu orgulho, procurar o Cardeal, S. **Carlos Borromeu** (1538-1584), e tentar reparar por sua vida pregressa, especialmente as perfídias que cometera com os noivos Renzo e Lúcia...

Exemplo marcante, no entanto, e mais realista, é o retratado no clássico de **Henry Morton Robinson** (1898-1961), ***"O Cardeal"*** (Editora Mérito S/A - 1964 - São Paulo, 7ª edição, tradução de José Geraldo Vieira), que conta a vida de **Stephen Fermoyle**, sacerdote norte-americano recém ordenado em Roma, e todos os dramas interiores de quem **quer ser fiel à sua vocação, não obstante as tentações que sofre em todos os campos das fraquezas humanas**, desde o atrativo feminino, à discussão do aborto em família, às perseguições da Ku-Kux-Klan, à agruras de um pároco de cidade pequena, às batalhas no campo das idéias para defender, já como bispo, a fé e a moral num mundo em transição.

5. CONCLUSÃO

A sociedade só melhorará se cada um de seus membros, em vez de reclamar das estruturas sociais, estiver decidido a **mudar interiormente**. Os defeitos dos outros e das estruturas sociais estão patentes para nós. Podemos apontá-los e descrevê-los com pormenores e abundância de exemplos. O que não vemos ou não queremos mudar e nosso modo chato, arrogante, mexeriqueiro, sensual, desordenado, intemperante e acomodado de ser.

Se a **mudança** não é **consciente**, são os fatores externos que prevalecerão e mudarão para pior nosso ambiente e condições de vida. **Eric Durschmied** titulou de modo interessante o livro em que narra as grandes batalhas da humanidade: ***"Fora de Controle - Como o Acaso e a Estupidez Mudaram a História do Mundo"*** (Ediouro - 2003 - Rio de Janeiro, tradução de Lólio Lourenço de Oliveira).

Nesse livro, ao explicar as causas da **derrota francesa na Batalha de Azincourt** (25/10/1415), na qual brilhou a coragem e humildade de **Henrique V**, atribuía-a principalmente à **prepotência francesa**, não sabendo controlar nem a cabeça, nem o coração. Assim se pode resumir a situação e o desenrolar dos acontecimentos, que fizeram a França perder também a 2ª fase da **Guerra dos 100 Anos**:

a) O **exército inglês** comandado pelo rei Henrique V (28 anos) contava com **apenas 5.000 homens** (1.000 cavaleiros e 4.000 arqueiros), **famintos e fatigados** da batalha de Harfleur e da marcha, tendo pela frente a fina nata da cavalaria pesada francesa (10.000 cavaleiros e 15.000 infantes), comandados pelo **Condestável da França Charles D'Albret** (Conde de Dreux).

b) Vendo a desproporcional inferioridade inglesa, **os nobres franceses decidem atacar, sem levar em conta que o terreno fora recém arrado e chovera a noite inteira**.

c) Os arqueiros ingleses provocaram suficientemente os franceses, que estes **desencadearam a carga de cavalaria no meio da lama, inviabilizando o impacto**.

d) Os arqueiros ingleses, mirando nas cavalgaduras, derrubaram os cavaleiros franceses, que ficaram totalmente vulneráveis com suas pesadas armaduras (**massacre da nobreza francesa**).

e) Fluellen de Gales, a mando de Henrique, **mata todos os prisioneiros franceses** (após saber do ataque francês à retaguarda inglesa, matando os pagens e carregadores, infringindo as leis de guerra da época), para poder enfrentar a infantaria que vinha.

Antes de ler o livro de Eric Durschmied, nunca entendera como os ingleses puderam superar uma desvantagem de 5 para 1. Mas **Shakespeare** retrata bem o espírito inglês na batalha, um tanto épico, mas suficientemente esclarecedor da vantagem de **valorizar os subordinados**, descendo do pedestal do orgulho. São estimulantes as palavras que **Shakespeare** coloca na boca do Rei, no **discurso que precede o combate** (*"King Henry V"*, Britannica Great Books - 1952 - London, Act 4 - Scene 3 - English Camp, before the battle of Agincourt):

> ***"Westmoreland***
> *O that we now had here*
> *But one ten thousand of those men in England*
> *That do no work to-day!*
>
> ***King Henry***
> *What's he that wishes so?*
> *My cousin Westmoreland? No, my fair cousin:*
> ***If we are mark'd to die, we are enow***
> ***To do our country loss; and if to live,***
> ***The fewer men, the greater share of honour.***
> *God's will! I pray thee, wish not one man more.*

By Jove, I am not covetous for gold,
Nor care I who doth feed upon my cost;
It yearns me not if men my garments wear;
Such outward things dwell not in my desires:
But if it be a sin to covet honour,
I am the most offending soul alive.
No, faith, my coz, wish not a man from England:
God's peace! I would not lose so great an honour
As one man more, methinks, would share from me
For the best hope I have. O, do not wish one more!
Rather proclaim it, Westmoreland, through my host,
That he which hath no stomach this fight,
Let him depart; his passport shall be made
And crowns for convoy put into his purse:
We would not die in that man's company
That fears his fellowship to die with us.
This day is called the feast of Crispian:
He that outlives this day, and comes safe home,
Will stand a tip-toe when the day is named,
And rouse him at the name of Crispian.
He that shall live this day, and see old age,
Will yearly on the vigil feast his neighbours,
And say 'To-morrow is Saint Crispian:'
Then will he strip his sleeve and show his scars.
And say 'These wounds I had on Crispin's day.'
Old men forget: yet all shall be forgot,
But he'll remember with advantages
What feats he did that day: then shall our names.
Familiar in his mouth as household words
Harry the king, Bedford and Exeter,
Warwick and Talbot, Salisbury and Gloucester,
Be in their flowing cups freshly remember'd.
This story shall the good man teach his son;
And Crispin Crispian shall ne'er go by,
From this day to the ending of the world,
But we in it shall be remember'd;
We few, we happy few, we band of brothers;
For he to-day that sheds his blood with me
Shall be my brother; be he ne'er so vile,
This day shall gentle his condition:
And gentlemen in England now a-bed
Shall think themselves accursed they were not here,
And hold their manhoods cheap whiles any speaks
That fought with us upon Saint Crispin's day" (grifos nossos).

Quando o heraldo francês aparece no campo inglês para propor a rendição e um resgate pelo Rei, este responde apenas: "Outro resgate, meu gentil arauto, não heis de obter além destes meus membros, que, se ficarem como tenho idéia de deixá-los, bem pouco hão de valer". Ou seja, o **desprendimento** de Henrique em relação ao seu destino, **desde que lutasse com denodo**, foi um dos segredos da vitória. Repetindo **Luiz Marins, não podemos nos economizar**: para mudar o mundo para melhor, temos que começar a árdua tarefa de mudar-nos a nós mesmos, que assim, pelo exemplo e pela palavra poderemos **contagiar muitos com nossos ideais, sonhos e esperanças**. Assim, após a batalha da nossa vida, poderá ser dito para cada um de nós o que o heraldo francês disse ao Rei Henrique: ***"The day is yours"*** (linguagem da época que apontava para quem havia ganhado a batalha). E poderemos cantar, como Henrique V fez com seus soldados, após tão memorável vitória: ***"Non nobis, Domine, non nobis, sed nomine tuo da gloriam!"***.

Capítulo XVIII

O JUÍZO DA HISTÓRIA

1. INTRODUÇÃO

Quando ingressei no Tribunal Superior do Trabalho na qualidade de Ministro, nos idos de 1999, já tendo lá servido como funcionário e procurador desde 1983, tive a ventura de ver presente em minha posse não apenas meus pais, mas principalmente meu avô português, que, aos 101 anos, era só orgulho e felicidade. Na ocasião, lembrando as raízes lusitanas, recebi de presente de uma amiga de minha mãe, a Sarita, um belíssimo livro, ricamente encadernado, tendo por título **"História de Portugal"**, de João Ameal (Livraria Tavares Martins - 1958 - Porto, 4ª edição), verdadeira relíquia de família.

O acervo de processos recebido e o desejo de enfrentá-lo com todas as energias do corpo e da alma fez-me depositar o livro na estante de casa e lá deixá-lo, engalanando a sala de estar com o visual de sua grossa lombada, onde permaneceu por 10 anos, até despertar-me sinceramente o interesse e a curiosidade, sem uma razão determinada. Ou melhor, tendo lido **"São Tomás de Aquino"** do mesmo autor, e o prefácio que escreveu para a edição portuguesa do **"Ortodoxia"** de Chesterton, tais circunstâncias já me haviam feito namorar essa volumosa obra, que anunciava narrar a história portuguesa, dos seus primórdios até ao ano de 1940, em que publicada sua 1ª edição.

Apanhando recentemente o livro e decidido a lê-lo, chocaram-me as primeiras linhas da introdução, onde o autor se perguntava: *"Que é a História? Uma ciência? Uma arte? Uma ética?"* (p. VII). Francamente (pensei), como podia o ilustre acadêmico português confundir **História** com Ética, o ser com o dever ser? Quase abandonei, de chofre, a leitura, decepcionado. No entanto, as linhas e páginas que se seguiram foram para mim uma **descoberta** e um **alento**.

Respondia o autor à última de suas perguntas iniciais dizendo: *"Para outros, consiste em apresentar uma **galeria de modelos** na qual se possa **distinguir o bem do mal**, o exemplo a seguir e o erro a evitar e portanto donde resulte uma série de normas úteis à orientação dos contemporâneos: é a **História-Ética**"* (p. VII, grifos nossos). Confesso que nunca me havia ocorrido tal concepção da narrativa histórica. No entanto, a idéia do **aproveitamento da experiência histórica para bem agir** já me vinha de certo modo incutida tanto pela leitura da **"Evolução da Cidade de Deus"** de Etienne Gilson (Herder - 1965 - São Paulo), quanto das aulas do mestrado na UnB com o Ministro Moreira Alves e de seu livro **"Direito Romano"** (Forense - 1990 - Rio).

Mas o encanto com a História de Portugal de João Ameal não parou por aí. As idéias que se seguiram foram ainda mais impactantes, quando escrevia: *"**A História é vida** - tal o axioma inicial a propor. E não apenas vida dos outros - de outros tempos, de outros seres - **mas a nossa vida, antes de nós*** (...) *Se nos pedissem que arriscássemos uma definição, sugeriríamos: **a História constitui, para o verdadeiro historiador, um exame de consciência**"* (p. VIII, grifos nossos).

Eis aí descrito, da forma mais apropriada que já vi, o **juízo da História**: seremos julgados pelos nossos atos e decisões, nas suas conseqüências e motivações, não apenas por **Deus** (que é o que mais importa), mas também pelas **gerações que nos sucederão**, que, com a **perspectiva do tempo**, poderão aquilatar melhor nossos acertos e erros, grandezas e misérias, heroísmos e vilanias, pois terão a **objetividade** que nos falta para julgar das próprias ações.

Mas podemos já **deflagrar esse exame de consciência pessoal**, como o fazia João Ameal ao reconhecer a insuficiência do resultado de seu trabalho em ordem à grandeza do objeto estudado: *"Salve-nos ainda o desassombro e a boa fé com que nos sujeitamos* à triste e honrosa lei da condição humana: ***o hábito incurável que todos temos de lançar ombros a tarefas maiores do que nós...**"* (p. XV, grifos nossos).

2. AS CAUSAS E MOTIVAÇÕES DOS FATOS HISTÓRICOS

Max Weber (1864-1920), ilustre sociólogo alemão, que reconhecia, na esteira de **Aristóteles**, que a **ciência** é o **conhecimento pelas causas**, perquiria sobre as **causas dos fenômenos sociais**, resumindo-as em sua obra *"Economia e Sociedade"* (1922) numa tipologia ideal, assim expressa:

- **comportamento racional em relação a um fim** - objetivo claramente fixado pelo agente, planejado e perseguido, como o engenheiro que constrói uma casa, tendo em vista um projeto prévio;
- **ação racional em relação a um valor** - motivação transcendente ao sujeito, como o marido que afasta a tentação de adultério por fidelidade à esposa;
- **ação afetiva** - ditada pela paixão ou estado de espírito do momento;
- **ação tradicional** - ditada pelos hábitos e costumes adquiridos.

No caso da **história**, dizia **Weber** que o pesquisador pode, para explicar os fatos históricos, buscar na sociologia (ocupada com as regularidades do comportamento humano) as **possíveis causas do agir concreto** dos protagonistas do fato, devendo determinar o **peso que cada causa isoladamente teve no acontecimento**: constroem possibilidades do que teria ocorrido sem determinada causa. Se for verossímil que o acontecimento não teria ocorrido sem ela, trata-se de causa principal, senão pode ser causa secundária ou nem ser causa.

Weber, nessa linha, rejeitava o **determinismo marxista** de reduzir as causas históricas ao **fator econômico** (ainda que seja fator relevante), chegando a aplicar a sua teoria a um **caso concreto de causalidade religiosa sobre fenômeno econômico** em *"A Ética Protestante e o Espírito do Capitalismo"* (1905). Em sua visão, o **capitalismo**, que conjugaria a vontade do lucro com a disciplina racional do trabalho (e não por conquista ou aventura), teria tido sua **força propulsora na ética calvinista**:

- crença na predestinação universal para céu ou inferno;
- o sucesso nos negócios seria o sinal da predestinação para o céu;
- empenho no trabalho, para superar a angústia sobre a salvação;
- desapego do mundo, que leva a não consumir, mas reinvestir o lucro.

Posteriormente, as **3 Escolas Vienenses de Psicoterapia** ofereceram, sucessivamente, diferentes explicações sobre a **motivação do agir humano:**

a) Sigmund Freud (1856-1939) – Considerava o **instinto sexual** (a libido) o principal fator motivador do comportamento humano (*"O Ego e o Id"*);

b) Alfred Adler (1870-1937) – Discípulo de Freud, rompeu com o mestre e rejeitou a psicanálise, sustentando que não seria o "princípio do prazer" que explicaria o comportamento humano, mas a **"vontade de poder"**, ou seja, o desejo de se sobrepor aos outros e de que reconheçam sua superioridade. A competição com os outros geraria o "complexo de inferioridade", cuja superação se daria através do mecanismo da "compensação", de buscar atividades diferentes nas quais possa se sobressair (*"Compreendendo a Natureza Humana"*).

c) Viktor Frankl (1905-1997) – Fundador da Logoterapia, que esteve preso num campo de concentração nazista por ser judeu, opôs-se às explicações de Freud e Adler, sustentando que o comportamento humano tem por motor a **"sede de sentido"**, isto é, a necessidade de encontrar utilidade e sentido para a própria existência (*"Psicoterapia e Sentido da Vida"*).

Em que pese a teoria de **Frankl** ser mais abrangente das motivações do agir humano e menos reducionista, poderíamos estabelecer relação entre as **teorias psicológicas** e a **teoria sociológica** de **Weber**, quanto às motivações ou causas dos fenômenos sociais, compactando-as em 3 espécies:

a) motivação racional – por fins (como o poder) ou valores (como ser útil);

b) motivação passional – pelo amor (libido) ou pelo ódio (inveja, vingança);

c) motivação habitual – por tradição (assumida) ou comodismo (simples inércia).

Ora, ao se tentar compreender os **fatos sociais** do presente e do passado, a **causalidade** assim dissecada apresenta-se em **2 planos básicos**:

a) plano retórico ostensivo – do discurso que busca justificar racionalmente a ação e que, na maioria dos casos, esconde as reais intenções ou motivações do agente;

b) plano real subjacente – do verdadeiro motivo que ensejou a ação, de caráter mais passional que racional e, justamente por isso, inconfessável, sendo, muitas vezes, sequer admitido pelo agente.

Cabe, pois, ao historiador e aos que analisam, para tentar compreender, os acontecimentos do presente e do passado, perquirir sobre quais as **verdadeiras causas** do sucesso ou insucesso de determinadas políticas, projetos e ações. O **juízo da história**, que já começa no presente – ainda que sem a perspectiva do tempo, essencial para se aquilatar a verdadeira dimensão das escolhas e opções feitas – e se consuma no futuro, leva em conta, desse modo, **as ações e suas causas**: não apenas o que aconteceu, mas também, como dizia Sir **Hugh Trevor-Roper** (nº 1914-2003), catedrático de História da Universidade de Oxford, a visão das **possibilidades perdidas**, do que **poderia ter acontecido e não aconteceu e por quê** (*"History and Imagination"* – 1980).

Ora, **Carl Schmitt** (1888-1985), filósofo político alemão, era contundente ao afirmar que, da mesma forma que a Ética dividia os homens em bons e maus e a Estética em belos e feios, a **Política** os dividia em **amigos e inimigos**, sendo pura retórica os programas ideológicos ou humanitários dos partidos políticos, já que seu objetivo era simplesmente a **conquista do poder**, não para servir a sociedade, mas para servir-se dela (cfr. *"O Conceito do Político"*, Vozes – 1992 – Petrópolis, tradução de Álvaro Valls). **Ives Gandra Martins** (pai), em sua *"Uma Breve Teoria do Poder"* (RT – 2009 – São Paulo), apresenta essa mesma **visão pessimista do homem no Poder**, analisando historicamente regimes e governos e mostrando como é generalizada a tendência dos **detentores do poder**, de **se servirem da sociedade** e não de estarem a serviço desta.

Traçada a moldura causal para enquadrar e julgar os fatos sociais sob a perspectiva histórica, cabe indagar se o modelo corresponde à realidade, ou seja, as **políticas públicas, os empreendimentos sociais, as grandes realizações econômicas, culturais e artísticas** têm como motor **a razão ou a paixão**?

Estou cada vez mais convencido, pelo estudo da História e pela vivência concreta no setor público – Judiciário, Executivo e Legislativo –, que os modelos sociológicos traçados por **Weber** e **Schmitt** não se distanciam da realidade. Os **grandes estadistas, os verdadeiros homens públicos**, os empresários com sensibilidade social, os sindicalistas com capacidade de harmonização, os artistas com consciência e responsabilidade por seu papel de ícones comportamentais, **não são a regra**, porque a ***"ação racional em relação a valores"*** também não o é. Para isso seria necessário, como o fez João Ameal, um **exame de consciência, sincero e diário** sobre as próprias ações, não visando ao lucro, à vantagem pessoal, ao modo de subir, vencer, dominar ou prevalecer, mas ao **juízo de Deus e dos homens** sobre o que engrandece e enobrece o homem e o que o avilta e corrompe.

A História recordam sem número de **exemplos emblemáticos de causas passionais** explicativas dos eventos históricos, mais ou menos revestidas com a retórica de uma motivação racional, podendo-se referir, entre tantos, a paixão de **Marco Aurélio** (83-30 a.C.) por Cleópatra, levando à guerra fratricida contra Otávio Augusto; a inveja de **Herodes** (73-4 a.C.) em relação a Cristo, que mandando matar as crianças de Belém; a depravação de **Nero** (37-68), desencadeando a primeira grande perseguição e martírio dos cristãos; a avareza de **Felipe IV, o**

Belo (1268-1314), da França, perseguindo e destruindo a Ordem dos Templários, com base nas mais infames acusações falsas, para se apoderar de seus bens; a luxúria de **Henrique VIII** (1491-1547), que provocou o cisma da Igreja Anglicana; o caso de **D. Pedro I** (1798-1834) com a Marquesa de Santos, que o fez maltratar a Imperatriz D. Leopoldina, o perder o apoio popular; o ódio de **Adolf Hitler** (1889-1945) aos judeus, causa de seu extermínio em massa; a vaidade dos Generais **George S. Patton** (1885-1945) e **Bernard L. Montgomery** (1887-1976) sacrificando muitos soldados na disputa de quem chegaria primeiro a Berlim na 2ª Guerra Mundial, perdendo para os russos; a prepotência do General **Leopoldo Galtieri** (1926-2003), que levou a Argentina à fracassada Guerra das Malvinas contra os ingleses em 1982, custando tantas vidas a dois países cristãos...

Na literatura de ficção, o exemplo paradigmático do **agir passional**, pautado pela **inveja**, é o de **Morgoth** e **Sauron**, sempre empenhados em destruir tudo o que de bom faz Eru e os Vala, tal como contado nos livros *"O Silmarillion"* e *"O Senhor dos Anéis"*, de **J.R.R. Tolkien**. Impressiona pensar que, para alguns seres, o sentido da existência possa ser o de destruir o que outros constroem, apenas por ódio, inveja, ciúme ou desejo de vingança. O clássico de **Alexandre Dumas**, *"O Conde de Monte Cristo"* é outro exemplo emblemático de como o desejo de vingança que pauta a vida de muitas pessoas não realiza nem satisfaz ninguém, trazendo apenas mais tristeza e desconsolo, para si e para os outros.

3. PROGRESSO, ESTAGNAÇÃO, DECADÊNCIA E RETROCESSO

No fundo, o **comportamento passional**, justamente pela sua **irracionalidade**, não contribui diretamente para o progresso civilizatório da Humanidade. Pode, ocasionalmente, atendê-lo, de forma oblíqua e inesperada. No geral, **conduz ao retrocesso e à decadência das civilizações**, tal como ensinava **Arnold Toynbee** (1889-1975), catedrático de História da Universidade de Oxford, em seu *"Um Estudo da História"* (Martins Fontes - 1980 - São Paulo), no qual desenvolve sua concepção da gênese, desenvolvimento e declínio das civilizações, ligada às **respostas criativas aos desafios** que o meio, quer ambiental, quer humano, apresenta ao homem de cada época ou lugar.

Pelo mecanismo da **mimese**, os líderes (minoria criativa) atrairiam a massa social para sua imitação, sendo seguidos mecanicamente pela grande maioria não criativa. Nesse sentido, enquanto houver respostas criativas por parte da minoria dominante, que engendram novos desafios e novas respostas bem sucedidas, haverá desenvolvimento da civilização. A **decadência das civilizações** teria por sintoma básico o cisma social entre a **minoria dominante,** antes criativa, mas que agora tenta manter a liderança já não pelo prestígio e serviço, mas pela força, pois que preocupada apenas com a satisfação de seus vícios (**decadência moral**), e o **proletariado interno,** constituído pela massa social que antes seguia por mimese os líderes criativos e agora, despida de seus direitos básicos, incuba seus próprios líderes.

O **comportamento** meramente **habitual**, da maioria amorfa e mimética, que se deixa conduzir, sem refletir, por modismos e padrões estabelecidos pelos *mass media*, aferrada às rotinas e tradições, temerosa das mudanças e inovações que não sejam aplaudidas pelos meios de comunicação social, só conduz à **estagnação da sociedade e das civilizações**. Sobre ele nos fala, ainda que indiretamente, mas com expressões impactantes, **Gaston Bachelard** (1884-1962), catedrático de Filosofia da Ciência na Sorbone, em seu *"A Formação do Espírito Científico"* (1938): *"O espírito nunca é jovem quando se apresenta à cultura científica. Pelo contrário, é muito velho, porque tem a idade dos seus preconceitos"*. Por isso completava, ironicamente: *"Os grandes homens são úteis para a ciência na primeira metade de sua vida e nocivos na segunda metade"*. E por quê? Porque se deixam levar por seus **preconceitos** e outras paixões menos nobres, como a **inveja** e a **vaidade**, para não admitirem soluções melhores do que as suas.

Apenas o **comportamento racional**, especialmente se ligado a **valores**, tem o condão de promover o **progresso** da sociedade e da civilização, uma vez que, para a razão, o que importa é a **solução do problema**, independentemente de quem a tenha proposto ou engendrado.

Dizia um amigo – e o repito amiúde – que os **grandes problemas profissionais** não são problemas técnicos, mas de **relacionamento**. Os problemas técnicos se estudam e se resolvem, com engenho e arte. O que atrapalha são as **vaidades, suscetibilidades, invejas, ciúmes** e outros defeitos que fazem com que as melhores soluções sejam, muitas vezes, preteridas, já que combatidas por aqueles que não as engendraram, e pelo simples fato de que a idéia não é própria, mas alheia.

A **descontinuidade** no campo das obras públicas, em regimes democráticos de alternância no poder, é sinal claro de que a motivação é passional e não racional, pois o bem não é bem em si mas quando feito pelo seu partido e o mal não é mal em si, mas quando praticado pelo adversário. Quantos não tem que dizer, ao assumirem cargos públicos eletivos: *"Esqueçam o que eu disse, fiz ou escrevi..."*. Sinal de **incongruência** entre discurso e vida.

Já nos regimes despóticos, a luta pelo formação de **grupos ou partidos hegemônicos**, não afeitos ao diálogo e ao pluralismo de idéias, as obras e realizações acabam sendo efêmeras, fadadas ao insucesso e à revisão, uma vez que a violência, física ou psicológica, não é apta nem a vencer, nem a convencer.

Se a História, como dizia Sir **Hugh Trevor-Roper**, é também **o que não aconteceu**, poderemos julgar muitos pelo que **deixaram de fazer ou impediram que outros fizessem**, escravos que foram de seus preconceitos, dos quais não conseguiram se libertar.

4. CONCLUSÃO

Heraldo das glórias de Portugal, **Camões** escrevia logo no início dos *"Lusíadas"*:

> *"E aqueles que por obras valorosas*
> *se* vão da lei da morte libertando,
> *cantando espalharei por toda parte,*
> *se a tanto me ajudar engenho e arte".*

Não é demais pensar que **obras valorosas** só se realizam por um **agir racional fundado em valores**. Esse é o ideal a ser buscado e vivenciado.

Assim, voltando à concepção da **História-Ética** de João Ameal, concluímos que o juízo que se fará dos nossos atos, omissões e realizações, não deixará de levar em conta as **motivações**, nobres ou vis, altruístas ou egoístas, magnânimas ou mesquinhas, agregadoras ou partidaristas, bem como os **resultados**, positivos ou negativos, duradouros ou efêmeros, reais ou aparentes, de nosso decidir e agir.

Se conseguirmos realizar diariamente o **exame de consciência** que nos propõe, será possível **reconhecer as motivações menos nobres** e **retificar o rumo** de nossos projetos e planos, de modo a que possamos ser eficazes em nosso agir, em prol da sociedade em que vivemos, e não meramente usufrutuários do patrimônio cultural e econômico por outros edificado. Tudo dependerá da **sinceridade** do exame e da **coragem** na retificação. Nesse caso, o juízo da história será benévolo e justo para conosco, pois a dureza ficou por nossa conta ao nos julgarmos a nós mesmos.

POSFÁCIO

Este posfácio é filho direto do prefácio. Ao ler as reflexões que o Prof. Carlos Alberto Di Franco nele desenvolveu, para esta 2ª edição, bateu a tentação de retornar à obra, para nela acrescentar mais uma ou duas pinceladas. No fundo, para não abrir um capítulo novo, a figura do posfácio veio bem a calhar.

E por que a tentação? O que instigou a voltar à carga? Foram um tema, um livro e um autor novos, já que a temática da obra é a Ética e o pano de fundo a Ficção.

O tema, atualíssimo, é o do direito à informação versus o direito à privacidade. O livro e o autor, achados recentes deste que ora escreve, são *"Viagem a Alfa Centauri"* de Michael D. O'Brien. E a tentação não resistida foi a de coloca-lo no rol daqueles livros e autores recomendáveis como paradigmáticos na formação dos valores éticos e sua defesa, seguindo na tradição inglesa de Chesterton, Tolkien e Lewis.

Dado o estilo coloquial de *"Ética e Ficção"*, que recolhe os artigos escritos há tempos para o site *"Valinor"*, dedicado à obra de Tolkien, sigo neste posfácio o mesmo tom, de conversa com o leitor e de revelações pessoais.

Ao final de uma extenuante e conflituosa sessão de julgamento em meu tribunal, à qual tive de presidir, queria esfriar a cabeça mergulhando-a num mundo bem diferente, da ficção científica. Sai do Tribunal rumo à livraria mais próxima, à busca de um livro que me atraísse nesse campo. Que surpresa ao encontrar na estante dessa temática um volumoso livro - gosto de livros volumosos, em que as estórias demoram a acabar - com o título sugestivo de *"Viagem a Alfa Centauri"* e de um autor canadense de que nunca tinha ouvido falar, já que a própria publicação era recente.

Maior surpresa foi chegar em casa e descobrir que esse autor já era lá conhecido e apreciado por outro de seus instigantes livros, *"Padre Elias - Um Apocalipse"*. A avidez literária foi tão forte que comecei a ler ambos os livros simultaneamente.

Trata-se de duas distopias utópicas. O paradoxo *a la Chesterton* de tal assertiva se justifica pelo fato de ambos os romances mostrarem a que extremos de desumanização nos podem levar a cultura pós-moderna do "politicamente correto" conjugada ao uso indiscriminado das novas tecnologias, ainda que o viés final das obras seja otimista.

Enquanto o *"Padre Elias"* foi devorado ávida e rapidamente, pelo seu estilo de romance policial, apresentando um futuro presente, se o apocalipse estivesse acontecendo hoje, a "Viagem" foi curtida lentamente, pelo seu formato de diário de viagem de longa duração, que vai mostrando, numa arguta visão psicológica e sociológica, os valores da liberdade, da amizade e da transcendência, diante de uma micro sociedade de cunho totalitário, num futuro mais remoto.

A "Viagem" é um livro que surpreende a cada parte lida, pois vai maturando o conhecimento dos personagens e circunstâncias, na visão do Dr. Neil de Hoyos, autor do diário e duplo Nobel de Física, cujo agnosticismo vai sendo contrastado com a fé e esperança de seu amigo Dariush, diante de um controle social estrito na *Kosmos*, nave que realiza a viagem de décadas a Alfa Centauri.

Misto otimista de *"Admirável Mundo Novo"* (Aldous Huxley) e *"1984"* (George Orwell), *"A Viagem"* alberga com certa centralidade o tema da liberdade frente ao controle social que padroniza o comportamento e o modo de pensar de toda a comunidade. E o principal instrumento é a vigilância total e constante dos meios de comunicação e redes sociais.

O contraste de concepções sobre o que é bom para a sociedade, entre o Dr. Hoyos e o Dr. Larson, chefe do Departamento de Integração Social da nave, retrata em todas as suas dimensões o debate atual entre direito à privacidade e direito à informação, entre liberdade e bem comum, e como conjugar tais valores na proporção adequada sob o prisma ético.

Como neste livro de *"Ética e Ficção"* os exemplos ilustrativos para as questões éticas são tirados de obras literárias e cinematográficas, merece referência um filme assistido concomitantemente à leitura da "Viagem" e que alerta para os perigos a que nossa sociedade altamente tecnológica está sujeita. Trata-se do filme *"Jason Bourne"* (2016), último da sequência Bourne.

Para mim, o diálogo central de todo filme é aquele que se passa entre o diretor de operações especiais da CIA e o presidente da principal empresa de informática americana. Este último anunciava em público um programa que garantia a absoluta privacidade a seus usuários. E o diretor da CIA buscava convencê-lo de permitir que a CIA tivesse acesso a todos esses dados, em nome da segurança nacional.

Parece repetição do debate que recentemente dividiu a opinião pública no Brasil, em torno da Operação Lava-Jato e as 10 medidas anticorrupção a serem votadas no Congresso Nacional para melhor respaldá-la. Ao menos uma delas não merece aplausos e traz preocupação, fazendo pesar desproporcionalmente a balança da justiça para o lado do interesse público em detrimento do direito à privacidade. Trata-se da possibilidade do uso em juízo de provas obtidas ilicitamente.

Em que pese a admiração que nutro por toda a equipe do Ministério Público que integra a Operação Lava-Jato, aos quais tive a honra de entregar o Prêmio Innovare e visitar em seu QG de Curitiba, nunca lhes outorgaria tão amplos poderes de investigação, a bem da própria sociedade e daqueles que a compõem.

A possibilidade de utilização judicial de provas ilicitamente obtidas traz embutida a possibilidade de amplo monitoramento de todos os indivíduos da sociedade, em verdadeiro atentado ao direito à privacidade, sendo que, de hoje para amanhã, se alguma atividade ilícita é descoberta em relação a alguém, pode a autoridade policial ou do MP vir a afirmar que, como já desconfiava dessa pessoa, é que começou a monitorá-la em suas conversas telefônicas ou mensagens computacionais. Ou seja, a privacidade deixou de existir. E com ela a própria segurança frente a um Estado que se tornaria totalitário, como o *"Leviatã"* de Hobbes.

No clássico do cinema *"O homem que não vendeu sua alma"* (1963), premiado com o Oscar de melhor filme do ano, Sir Thomas Moore, ex-Chanceler do Reino da Inglaterra, é julgado por traição ao Rei Henrique VIII, ao não assinar o documento que permitia o divórcio do rei e o tornava chefe da Igreja da Inglaterra. No julgamento, Robert Bolt, roteirista do filme, coloca um diálogo interessante entre os juízes e o réu. Perguntam-lhe a certa altura: *"O senhor daria o privilégio da lei ao diabo?".* Ao que ele responde: *"Naturalmente que sim, para minha própria segurança!"*. Ou seja, não se pode, diante da suspeita ou certeza prática do comportamento criminoso de alguém, privá-lo das garantias processuais e legais de defesa, pois se hoje é o criminoso que está sendo acusado, amanhã pode ser o inocente e não terá como se defender.

Nesse sentido, as garantias ao devido processo legal, à ampla defesa e à liberdade e privacidade não podem ser atropeladas diante do risco de muitos possam fazer mau uso da liberdade. Isto porque a premissa básica de todo comportamento ético é a liberdade. Onde não há liberdade, não se pode falar em comportamento bom ou mau, pois sem voluntariedade, se esta é substituída pela coação ou automatismo, não existe ato propriamente humano. Com efeito, não existe amor ou comportamento eticamente meritório sob coação. O melhor do ser humano só se desenvolve no clima da liberdade. E toda liberdade tem seus riscos, que são os de escolher mal. É algo ínsito à liberdade. Mas o que não se pode é castrá-la. É natural que um sistema legal estabeleça limites à liberdade, mas não ao ponto de exercer um completo patrulhamento de nossas ações.

Ou seja, nem a sociedade repressiva de Freud, nem a sociedade permissiva de Reich. O equilíbrio de Aristóteles com o espírito aventureiro de Tolkien para se viver na sociedade pós-moderna da era da informática, submetida às vantagens e aos perigos do acesso fácil a tudo e a todos, ao bom e ao ruim, ao que edifica e ao que destrói. Em suma, aprender a bem administrar a própria liberdade.

Enfim, não queria encerrar *"Ética e Ficção"* sem trazer à baila "Viagem a Alfa Centauri", recomendar a leitura de Michael D. O'Brien e inserir a temática da liberdade e privacidade frente ao direito à informação e à segurança social, pois são campos em que o enfoque ético é o que deve dar a última palavra.

S. José dos Pinhais, 13 de janeiro de 2017

Ives Gandra da Silva Martins Filho

BIBLIOGRAFIA

Abba, Giuseppe - *"Felicidad, Vida Buena y Virtud"* (Eunsa - 1992 - Barcelona)

Alexander, Caroline - *"Endurance"* (Companhia das Letras - 1999 - São Paulo)

Ambrose, Stephen, *"Band of Brothers"* (Pocket Books - 2001 - London; *"Band of Brothers - Companhia de Heróis"*, Bertrand Brasil - 2008 - Rio de Janeiro, 4a. Edição)

_______ - *"Azul Sem Fim"* (Bertrand Brasil - 2007 - Rio de Janeiro)

Ameal, João - *"História de Portugal"* (Livraria Tavares Martins - 1958 - Porto, 4ª edição)

Aquino, Tomás de - *"Suma Teológica"* (Edições Loyola - 2003 - São Paulo, 9 Volumes, Tradução coordenada por Carlos-Josaphat Pinto de Oliveira, 2ª edição)

Arguijo, Paulino - *"Tolkien"* (Ediciones Palabra - 1992 - Madrid)

Aristóteles - *"Ética a Nicômaco"* (EDIPRO - 2002 - São Paulo, Tradução de Edson Bini)

Boyd, Ian e **Caldecott, Stratford** - *"A Hidden Presence: The Catholic Imagination of J.R.R. Tolkien"* (The Chesterton Press - 2003 - South Orange)

Cardona, Carlos - *"Metafisica de la Opción Intelectual"* (Rialp - 1973 - Madrid)

Chesterton, Gilbert Keith - *"Ortodoxia"* (LTr - 2001 - São Paulo, Tradução de Cláudia Albuquerque Tavares, com apresentação, notas e anexo de Ives Gandra Martins Filho)

Chevrot, Georges - *"Sermão da Montanha"* (Quadrante - 1988 - São Paulo)

Cifuentes, Rafael Llano - *"Fortaleza"* (Quadrante - 1991 - São Paulo)

Dostoievski, Fiódor - *"Os Irmãos Karamázovi"* (Ediouro - 1981 - Rio de Janeiro, tradução de Natália Nunes e Oscar Mendes)

_______ - *"O Idiota"* (Editora 34 - 2002 - São Paulo, tradução de Paulo Bezerra)

Duriez, Colin - *"J.R.R. Tolkien Handbook"* (Baker Books - 1992 - Michigan)

_______ - *"O Dom da Amizade"* (Editora Nova Fronteira - 2006 - Rio de Janeiro, tradução de Ronald Kyrmse)

Durschmied, Eric - *"Fora de Controle - Como o Acaso e a Estupidez Mudaram a História do Mundo"* (Ediouro - 2003 - Rio de Janeiro, tradução de Lólio Lourenço de Oliveira)

Escrivá, Josemaría - *"Caminho"* (Quadrante - São Paulo - 1999, 9ª edição)

Faus, Francisco - *"A Preguiça"* (Quadrante - 1993 - São Paulo).

Fonseca, Joaquim Malvar - *"Coisas Pequenas"* (Quadrante - 1996 - São Paulo)

Gilson, Etienne - *"Evolução da Cidade de Deus"* (Herder - 1965 - São Paulo)

Goldratt, Eliyahu - *"A Meta"* (Nobel - 2003 - São Paulo)

Goldstein, Rebecca - *"Incompletude"* (Companhia das Letras - 2008 - São Paulo, Tradução de Ivo Korytowski)

Jaeger, Werner, *"Paidéia"* (Martins Fontes - 2003 - São Paulo)

Krakauer, John - *"No Ar Rarefeito"* (Companhia das Letras - 1998 - São Paulo)

Lewis, C. S. - *"As Crônicas de Narnia"* (Martins Fontes - 1997 - São Paulo)

_______ - *"Os Quatro Amores"* (Martins Fontes - 2005 - São Paulo)

MacIntyre, Alasdair - *"Depois da Virtude"* (EDUSC - 2001 - Bauru, Tradução de Jussara Simões)

Manzoni, Alessandro - *"Os Noivos"* (Abril Cultural - 1971 - São Paulo, Tradução de Marina Guaspari)

Marin, José Morales - *"Newman: 1801-1890"* (Rialp - 1990 - Madrid)

Maritain, Raissa - *"As Gandes Amizades"* (Agir - 1947 - Rio de Janeiro, tradução de Josélia Marques de Oliveira)

Martins, Ives Gandra da Silva - *"Um Advogado em Brasília"* (MP - 2009 - São Paulo)

_______ - *"Uma Breve Teoria do Poder"* (RT - 2009 - São Paulo)

Martins Filho, Ives Gandra da Silva - *"Manual Esquemático de História da Filosofia"* (LTr - São Paulo - 2004, 3a. Edição)

_______ - *"O Mundo do Senhor dos Anéis"* (Martins Fontes - 2006 - São Paulo, 2ª Edição)

Moreira Alves, José Carlos - *"Direito Romano"* (Forense - 1990 - Rio).

Morton, Louis - *"Primeiro a Alemanha: O Conceito Básico da Estratégia Aliada na Segunda Guerra Mundial", in "As Grandes Decisões Estratégicas"* (Ed. Bibliex - 1977 - Rio, tradução Álvaro Galvão)

Muhlstein, Anka - *"Vitória"* (Companhia das Letras - 1999 - São Paulo)

O'Brian, Patrick - *"A Fragata Surprise"* (Record - 2007 - Rio de Janeiro, Tradução de Alves Calado)

_______ - *"O Mestre dos Mares"* (Record - 2004 - Rio de Janeiro)

Orwell, George - *"1984"* (Companhia Editora Nacional - 1984 - São Paulo)

_______ - *"Revolução dos Bichos* (Editora Globo - 1993 - São Paulo)

Pieper, Josef - *"As Virtudes Fundamentais"* (Aster - 1960 - Lisboa)

_______ - *"Que é Filosofar? Que é Acadêmico?"* (EPU - 1981 - São Paulo)

Pinckaers, Servais - *"Las Fuentes de la Moral Cristiana"* (Eunsa - 2000 - Pamplona, 2a. Edição)

Reale, Giovani e **Antiseri, Dario** - *"História da Filosofia"* (Edições Paulinas - 1990 - São Paulo, 3 Volumes)

Rhonheimer, Martin - *"La Perspectiva de la Moral - Fundamentos de la Ética Filosófica"* (Rialp - 2000 - Madrid)

Robinson, Henry Morton - *"O Cardeal"* (Editora Mérito S/A - 1964 - São Paulo, 7ª edição, tradução de José Geraldo Vieira)

Rops, Daniel - *"História da Igreja"* (Quadrante - 1988 a 2007 - São Paulo, 10 Volumes)

Ryan, Cornelius - *"Uma Ponte Longe Demais"* (Biblioteca do Exército Editora - 1978 - Rio)

Saint-Exupéry, Antoine de - *"Le Petit Prince"* (Gallimard - 1946 - Paris; *"O Pequeno Príncipe"*, Agir - 1979 - Rio de Janeiro)

_______ - *"Terra dos Homens"* (Nova Fronteira - 2006 - São Paulo. Tradução de Rubem Braga)

Sansweet, Stephen J. - *"The Complet Star Wars Encyclopedia"* (Ballantine Books - 2008 - New York)

Seco, Luis Ignácio - *"Chesterton - Un Escritor para todos los tiempos"* (Ediciones Palabra - 1997 - Madrid)

Shakespeare, William - *"King Henry V"* (Britannica Great Books - 1952 - London)

Simoncini, Ada - *"O Pudor"* (Quadrante - 1991 - São Paulo)

Tolkien, J. R. R. - *"O Senhor dos Anéis"* (Martins Fontes - 2001 - São Paulo, Volume único)

_______ - *"O Silmarillion"* (Martins Fontes - 2001 - São Paulo)

Tolstoi, Leon - *"Guerra e Paz"* (Editora Itatiaia - 1983 - Belo Horizonte, 2 volumes, Tradução de Oscar Mendes)

_______ - *"Ana Karenina"*(Abril Cultural - 1971 - São Paulo, tradução de João Gaspar Simões)

Toynbee, Arnold - *"Um Estudo da História"* (Ed. UnB-Martins Fontes - 1987 - Brasília)

Wohl, Louis De - *"La Lanza - Historia del Centurión Longinos"* (Palabra - 1995 - Madrid; original *"The Spear"*)

_______ - *"El Mensajero del Rey - Novela sobre San Pablo y su Tiempo"* (Palabra - 1991 - Madrid; original *"The Glorious Folly"*);

______ – *"El Arbol Viviente – Historia de la Emperatriz Santa Elena"* (Palabra – 1986 – Madrid; original *"The Living Wood"*);

______ – *"Venciste, Galileo! – Historia del Emperador Juliano el Apóstata"* (Palabra – 1997 – Madrid; original: *"Imperial Renegade"*);

______ – *"Atila – El Azote de Dios"* (Palabra – 1997 – Madrid; original: *"Attila The Hun"*);

______ – *"Corazón Inquieto – La Vida de San Agustín"* (Palabra – 1998 – Madrid; original: *"The Restless Flame"*);

______ – *"Ciudadelas de Dios – Novela sobre San Benito de Nursia y su Tiempo"* (Palabra – 1997 – Madrid; original: *"Citadel of God"*);

______ – *"El Mendigo Alegre – Historia de San Francisco de Asis"* (Palabra – 1997 – Madrid, original: *"The Joyful Beggar"*);

______ – *"La Luz Apacible – Novela sobre Santo Tomás de Aquino y su Tiempo"* (Palabra – 1996 – Madrid; original: *"The Quiet Light"*);

______ – *"As Asalto del Cielo – Historia de Santa Catalina de Siena"* (Palabra – 1988 – Madrid; original: *"Lay Siege to Heaven"*);

______ – *"Juana de Arco – La Chica Soldado"* (Palabra – 2005 – Madrid; original – *The Girl Soldier"*);

______ – *"El Hilo de Oro – Vida y Epoca de San Ignacio de Loyola"* (Palabra – 1989 – Madrid; original: *"The Golden Thread"*);

______ – *"El Último Cruzado – La Vida de Don Juan de Austria"* (Palabra – 1997 – Madrid; original: *"The Last Crusader"*).

Zweig, Stefan – *"Maria Antonieta"* (Livraria Civilização Editora – 1980 – Porto)

______ – *"O Minuto Decisivo de Waterloo"* (Livraria Civilização Editora – 1937 – Porto)

Impressão e acabamento:
Grupo Smart Printer
Soluções em impressão